劳动政策导论

主 编 赵祖平

副主编 李杏果

内容提要

本书定位为导论性质,侧重于介绍劳动政策的基本概念、基础理论和基本方法。

本书系统分析了劳动政策所涵盖的领域、劳动政策的主要内容,有助于读者对劳动政策的全貌拥有整体认识;在立足于中国实际的同时,对其他国家的劳动政策进行分析,以帮助读者全面了解世界范围内劳动政策的概貌,把握劳动政策产生、演变及调整的一般规律。在写作中,作者力求用浅显易懂的语言,将理论与实践相结合,在分析基础理论的同时,注重介绍实际的劳动政策内容。

本书适用于公共管理和劳动科学学科领域的本科生专业教学、相关学科的学生拓展知识领域,以及为劳动和工会领域的工作者提供系统的理论框架和案例分析。

图书在版编目(CIP)数据

劳动政策导论/赵祖平主编. —上海:上海交通大学出版社,2014(2019 重印)
ISBN 978-7-313-11900-1

Ⅰ.劳... Ⅱ.赵... Ⅲ.劳动政策—中国 Ⅳ.F249.20

中国版本图书馆 CIP 数据核字(2014)第 186198 号

劳动政策导论

主　　编:赵祖平
出版发行:上海交通大学出版社　　　　　　地　　址:上海市番禺路 951 号
邮政编码:200030　　　　　　　　　　　　电　　话:021-64071208
印　　制:当纳利(上海)信息技术有限公司　　经　　销:全国新华书店
开　　本:710mm×1000mm 1/16　　　　　印　　张:14.75
字　　数:274 千字
版　　次:2014 年 8 月第 1 版　　　　　　　印　　次:2019 年 7 月第 2 次印刷
书　　号:ISBN 978-7-313-11900-1/ F
定　　价:59.00 元

前　　言

改革开放后,我国从计划经济体制迈向市场经济体制。伴随着市场经济的发展,我国的劳动关系领域出现革命性变化。国有企事业单位的改革使劳动关系从传统的行政管理关系走向市场化。民营、外资经济的发展,进一步推动着劳动关系朝市场化、契约化的方向发展。中国加入 WTO 后,经济全球化对劳动关系的影响日益明显。在工业化、市场化和经济全球化的共同作用下,我国的劳动问题日益凸显,劳动关系开始不稳定,甚至在局部地区爆发了集体劳资冲突事件。

为缓解日益凸显的劳动问题,我国自 2003 年以来不断加快劳动政策的制定和完善进程。劳动政策是公共政策的一个子系统,是公共权力机关为建立和完善劳动制度,保障劳动者的合法权益,促进社会和谐与经济发展,而进行的政策制定和政策选择过程,是公共权力机关对劳动问题的积极回应、对劳动关系的积极调整。尤其是 2007 年以来,我国相继出台《劳动合同法》、《就业促进法》、《劳动争议调解仲裁法》等劳动法律,对缓解劳资冲突、推动劳动关系的法制化、契约化发挥出积极作用,劳动政策在公共政策系统中的地位也越来越重要。

2013 年 11 月党的十八届三中全会发布的《中共中央关于全面深化改革若干重大问题的决定》指出,"要健全促进就业创业体制机制。建立经济发展和扩大就业的联动机制,健全政府促进就业责任制度。规范招人用人制度,消除城乡、行业、身份、性别等一切影响平等就业的制度障碍和就业歧视。完善扶持创业的优惠政策,形成政府激励创业、社会支持创业、劳动者勇于创业新机制。完善城乡均等的公共就业创业服务体系,构建劳动者终身职业培训体系。增强失业保险制度预防失业、促进就业功能,完善就业失业监测统计制度。创新劳动关系协调机制,畅通职工表达合理诉求渠道。""促进以高校毕业生为重点的青年就业和农村转移劳动力、城镇困难人员、退役军人就业。结合产业升级开发更多适合高校毕业生的就业岗位。政府购买基层公共管理和社会服务岗位更多用于吸纳高校毕业生就业。健全鼓励高校毕业生到基层工作的服务保障机制,提高公务员定向招录和事业单位优先招聘比例。实行激励高校毕业生自主创业政策,整合发展国家和省级高校毕业生就业创业基金。实施离校未就业高校毕业生就业促进计划,把未就业的纳入就业见习、技能培训等就业准备活动之中,对有特殊困难的实行全程就业服务。"这为我国今后一段时期劳动政策的完善提供了原则,指明了方向。

与劳动政策相关的主体较多,既包括政府,也包括广大劳动者、雇主、工会组织、雇主组织等。如何看待现实中存在的诸多劳动问题,如何理解现有劳动政策的内容,如何推动现有劳动政策的完善,如何使劳动政策在实践中能得到有效执行,如何最终确保劳动政策目标的实现,这些既是理论界亟待研究和回答的理论问题,也是各主体密切关注的现实问题。

学术界对我国劳动政策的分门别类研究可谓汗牛充栋,但是目前市场上对劳动政策基础理论和基本框架进行系统介绍还比较少,尤其是缺少针对本科教学的教材。本书取名《劳动政策导论》,旨在使劳动政策的初学者对劳动政策的基本框架拥有整体上的认识和把握,我们力求用浅显平实的语言,使初学者能理解劳动政策的知识框架,了解劳动政策的基本研究领域,初步掌握劳动政策的主体理论和方法,理清劳动政策过程的基本脉络,以帮助初学者更好地分析和把握现实的劳动问题。

本书共分三个部分,第一部分包括第一章至第三章,介绍劳动政策的基础理论;第二部分包括第四章至第七章,对劳动政策的具体领域进行了较为详尽的分析;第三部分即第八章和第九章,介绍了我国当前的劳动关系政策和劳动关系三方协商机制。具体而言,第一章讲述劳动政策的含义,历史,表现形式,特征、类型和作用;第二章侧重于分析劳动政策主体、客体和劳动政策环境;第三章阐述劳动政策过程,包括政策制定、执行、评估和终结;第四章关注劳动力市场政策,主要分析劳动力市场准入政策、就业政策与就业服务、劳动力培训政策;第五章介绍劳动条件政策,主要分析国内外的劳动标准以及职业安全卫生政策;第六章介绍当前的工资政策,着重分析了工资支付政策以及宏观指导与调控政策、收入分配的调节政策;第七章分析与劳工相关的社会保障政策,包括养老保险政策、医疗保险政策、失业保险政策、生育保险政策、工伤保险政策以及社会救助政策;第八章聚焦于劳动关系政策,着重分析结社政策、集体协商与集体谈判政策、劳动争议解决政策以及罢工政策;第九章介绍我国三方协商机制的建立和发展、组织形式和运行方式、工会与政府联席会议制度,以及在和谐劳动关系与和谐社会建设中的作用。

本书的特点体现为以下三个方面:一是侧重于介绍劳动政策的基本概念、基础理论和基本方法。鉴于现有劳动政策教材缺乏的现实,本书定位为导论性质,因此在写作过程中,我们力求用浅显易懂的语言,帮助读者了解与劳动政策相关的基本概念、基础理论和劳动政策分析的基本方法;二是较为系统的劳动政策介绍。我们聚焦于劳动政策,系统分析了劳动政策所涵盖的领域、劳动政策的主要内容,帮助读者对劳动政策的全貌拥有整体认识;三是比较劳动政策分析。在具体的劳动政策领域中,我们立足于中国实际,但同时对其他国家的劳动政策进行比较,帮助读者拓展视野,全面了解世界范围内劳动政策的概貌,把握劳动政策产生、演变及调整的一般规律。

在我国,系统的劳动政策理论研究还处于学习和起步阶段,希望本书的出版有助于提升学术界对劳动政策的研究兴趣,推动劳动政策研究在我国的深入发展。由于编者学识所限,书中难免有错误和疏漏,敬请同行不吝赐教,欢迎读者批评指正。

编者

2014 年 5 月于北京

目　　录

第一章　绪论

恩格斯说,劳动创造了人本身,劳动使猿变成了人,劳动是整个人类生活的第一个基本条件。自从人类能够制造工具以来,人类的劳动方式和劳动条件就在不断改善,在不断劳动的过程中,人类的生存条件不断改善,社会不断向前发展。在人类不断文明化的过程中,关于劳动的各种规范和制度也发展了起来,进一步完善了劳动和劳动过程,时至今日,世界各国已经普遍建立起了自己的劳动政策体系。劳动政策的内容规定,直接影响着劳动的方式、手段、条件、过程等方方面面,并进而影响着人类生活的质量和社会发展的状况。对劳动政策体系的学习,先要从劳动和劳动政策的内涵开始入手。

第一节　劳动政策的涵义

一、劳动

劳动不仅创造了人本身,而且也创造了人类生存和发展所需要的一系列条件。劳动作为人类维持自我生存和发展的唯一手段,一般是指人们为了实现某种目的而进行的体力或脑力活动。但如何准确对劳动的概念进行界定,国内外学界并未达成一致。其中,比较典型的有如下几种:19 世纪英国政治经济学家约翰·穆勒(John Mill)认为,"劳动或是体力的,或是脑力的;说得更明白些,这一区别乃是或是肌肉的或是神经的;在劳动这一观念中,不仅应包括所做的努力本身,还应包括在某一职业中因进行思考或使用肌肉而引起的一切不愉快的感觉,一切肉体上的不适或精神上的烦恼,或者两者兼而有之"[①];当代美国经济学家保罗·萨缪尔森(Paul Samuelson)认为,"劳动由生产过程中所消耗的人力的时间——在汽车制造厂或农场上的劳动、在学校里的教学——所组成。劳动是任何一种经济制度下最常见和最重要的生产要素"[②];马克思认为,"劳动首先是人以自己的活动来引起、调整和控制人和自然之间物质交换的过程",劳动力的使用就是劳动本身[③]。

---

① [英]约翰·穆勒. 政治经济学原理(上卷)[M]. 北京:商务印书馆,1991:36.
② [美]保罗·萨缪尔森. 经济学(上)[M]. 北京:中国发展出版社,1992:39.
③ 中共中央马克思恩格斯列宁斯大林著作编译局. 马克思恩格斯全集第 23 卷[M]. 北京:人民出版社,2008:201-202.

结合马克思主义经典作家和国内外相关学者的论述,我们可以将劳动理解为人类有目的的使用自身体力和智力进行生产活动的过程,它是最基本的生产要素,是人类生存和发展的基本手段,是一个专属于人类社会的范畴。劳动的基本特征包括:①劳动的主体是人。只有人才是劳动的主体,所有劳动都是人的活动,是人以自身的体力和脑力活动来调整和控制人与自然之间的物质交换的活动,其他动物的活动、机器的活动以及自然界的物理和化学变化等都不属于劳动;②劳动具有目的性。人的劳动是为了实现某种物质财富的创造或其他目的而进行的,所有的劳动都是人们有目的的自觉的活动,这是人类劳动与动物本能活动的一个主要区别。劳动的目的是多样的,包括物质财富的创造和精神财富的创造;③劳动的形式是多样的。劳动既包括体力劳动,也包括脑力劳动,在一般情况下,劳动的过程通常是脑力劳动和体力劳动的结合。

二、劳动政策

劳动政策(Labor Policy,德语 Arbeitspolitik)一词最初见于 19 世纪德国旧历史学派经济学家的著作中,19 世纪 80 年代之后该词逐渐流行起来,各工业化市场经济国家均建立起一套自己的劳动政策体系。但不同的国家对于劳动政策的理解有很大的不同,由于对劳动政策理解的不同,各国所建立起来的劳动政策体系也有很大差别。至今,人们关于劳动政策的内涵和范围也没有达成一致意见。总体来说,对劳动政策的理解有狭义和广义两种,狭义的理解认为劳动政策是指那些专门针对劳动者或劳动阶层而设立的公共政策,如关于工资标准、劳动时间、劳动条件、劳动救济等的政策规定;广义的理解则将劳动政策延伸到那些对劳动问题有重要影响的政治、经济及社会政策方面,如国家的所有制结构、经济发展战略、产业规划等,只要与劳动者权益相关,均可归为劳动政策的范围。实际上,对劳动政策的理解狭义和广义的并没有本质的冲突,狭义的理解确立了劳动政策的基本范围,广义的理解在包括和承认狭义理解的基础上,扩大了劳动政策的范围。一般来说,在劳动政策的研究过程中,我们可以狭义内容作为主要研究对象,而以广义内容作为研究背景或解释政策变化的因素。现在,从公共政策的角度来理解劳动政策已成为非常重要的一种视角。按照公共政策的视角来看,劳动政策作为公共政策的一种,是专门为解决劳动问题而设立的政策措施,其目的在于保护劳动者的合法权益,实现经济和社会的更好发展。据此,我们可以将劳动政策理解为公共权力机关为建立和完善符合国家实际情况的劳动制度,保障劳动者的合法权益,促进经济和社会的更好发展,而进行的政策制定和政策选择的过程,是公共权力机关对劳动问题的积极回应,是对劳动关系的积极调整。

对劳动政策内涵的理解需要把握以下几点:

（1）劳动政策的制定主体是公共权力机关。劳动政策作为一种公共政策，只有公共权力机关才有权制定。劳动政策的制定主体主要包括国家的立法部门、行政部门、司法部门以及重要的有社会约束力的其他社会组织，如全国性工会、行业协会等，个体或者一般的企业法人不是劳动政策的制定主体。

（2）劳动政策的调整对象是各种劳动问题。所谓劳动问题是指在劳动领域发生的、劳动者个体或者群体遭遇的不公平的、令人不快的各种问题和事件，比如失业、虐待劳工、拖欠工资、恶劣的工作环境、劳动损伤、劳工罢工、使用童工、缺乏社会保障，等等。劳动问题随着时代的发展和社会的复杂而呈现出不断增多的趋势。

（3）劳动政策的范围主要是劳动领域的各项政策。对于劳动政策范围的界定，不同学科，如经济学、法学，提出了不同的方面，但概括来说劳动政策的范围主要是劳动领域的各项政策，这些政策基本可以分为四大方面：劳动力市场政策，如劳动力市场准入政策、就业政策、培训政策等；劳动条件政策，如工资制度、工作时间规定、安全生产制度等；劳动关系政策，如雇佣合同制度、工会制度、劳动争议解决政策等；劳工福利及社会保障政策，如养老、医疗、失业、工伤等保险制度[①]。

第二节　劳动政策的发展历史

现代劳动政策体系是伴随现代劳动关系的出现而逐渐确立的，它最早产生于资本主义和工业化后的西方各国，随后其他国家在西方的影响下也陆续建立起自己的劳动政策体系来。一部劳动政策的发展历史很大程度上是一部劳动现实的发展历史，劳动现实的状况是劳动政策提出的依据，劳动现实的改变构成了劳动政策变化的前提。各国劳动政策建立和发展的历史无不反映了这一点。西方发达国家作为最早建立劳动政策体系的国家，其历史发展经验无疑对其他国家产生了重要影响，对西方国家劳动政策发展的历史经验进行学习和借鉴是非常有价值的。我国劳动政策的建立相对较晚，但在立足国情和借鉴他国经验基础上所获得的发展却非常迅速，我国现已逐步建立起一套有中国特色的劳动政策体系来。

一、西方发达国家劳动政策的历史

劳动政策作为社会政策的重要组成部分，发端于 19 世纪的西方工业国家，当时在资本主义和工业革命的直接刺激下，劳资雇佣关系扩展到社会生活的各个领域，由于缺乏有效的国家政策调节，资本家与工人之间的关系处于恶劣的状态，劳工问题非常突出，社会矛盾的激化最终促使国家进行了劳动立法，以达到缓和劳资

---

① 李秋香.劳动政策与分析[M].上海:华东理工大学出版社,2010:22.

矛盾,稳定和促进经济发展的目的。1802 年英国所颁布的《学徒健康及道德条例》被视为现代劳动政策的开端,此后各工业国纷纷效仿建立起自己的劳动政策体系,把劳动政策作为社会经济政策的重要组成部分,力图通过一定的劳动政策来缓和劳资矛盾,保持经济的发展和资本主义社会的稳定。由于在不同的历史时期,资本主义社会经济结构的具体特点不同,占主导地位的指导思想不同,各时期的劳动政策的特征也很不相同。大致说来,19 世纪以来西方发达国家劳动政策的发展历史经过了三个时期。

1. 19 世纪到 20 世纪 30 年代之前的劳动政策

19 世纪以来,伴随产业革命的扩展和科学技术进步的加快,各资本主义国家的经济发展呈现蓬勃向上的态势,资本主义经济的发展经历了一段灿烂辉煌的时期。该时期,各国在经济发展方面主要奉行自由主义的政策,占据主导地位的经济发展理论是亚当·斯密提出的古典自由主义经济理论。该理论认为在经济发展过程中,市场作为一只“看不见的手”会自动进行调节,使社会的总需求和总供给自动达到平衡,价格机制作为市场机制的核心会自动调节资源的流动,实现资源分配最优。在这一理论体系中,经济发展并不需要政府的积极介入,政府的职能只限于在市场不起作用的地方,以不损害公民利益的方式行使极为有限而必要的管理权。在劳动就业方面,该理论坚持市场化的就业机制,认为在工资率的自动引导下,借助劳动力市场,并通过劳动力的自由流动及生存竞争等,可以自动实现劳动力资源在各种不同用途之间进行最有效的分配,政府对此并不需要加以干预。在这一理论的指导下,当时各发达国家并没有制定政府主动干预的劳动政策,在多数劳动领域采取的都是自由放任的做法,政府主要发挥保护者或“守夜人”的作用,比如,在劳动就业方面采取的主要是依靠市场机制进行调节,政府则对劳工的正常权利进行监督维护。这一时期的劳动政策主要是对劳动阶级的救济,所规定的内容主要是对劳工阶级的保护,其社会意义较为显著,但却没有多少经济效果,比如针对日益严重的失业问题,政府采取的主要措施是发放失业救济金[①]。

2. 20 世纪 30 年代到 70 年代中期的劳动政策

1929—1933 年,资本主义世界爆发了空前严重的经济危机,生产水平大幅下降,企业大量破产,工人失业严重,经济持续萧条。危机造成资本主义国家工人失业人数高达 3 000 万,主要资本主义国家的失业率超过 20%,其中美国的失业率高达 25%,工业生产总值下降幅度超过 55%[②]。这场危机不仅沉重打击了资本主义

---

① 石伟平,付雪凌.发达国家就业培训政策的历史沿革与走向[J].职教通讯,2007(11):22-25.
② 石伟平,付雪凌.发达国家就业培训政策的历史沿革与走向[J].职教通讯,2007(11):22-25.

国家的经济发展,也使人们对传统的古典自由主义经济理论失去信心,因为它无法解释何以出现经济危机,也无法指导人们如何有效应对危机。在此背景下,英国经济学家凯恩斯提出了政府干预的理论。凯恩斯认为商品的有效需求不足是造成经济衰退的主要原因,市场本身不足以使有效需求提高到充分就业的水平,国家应采用扩张性的经济政策,扩大政府开支,刺激资本家增加投资,通过增加有效需求促进经济增长和实现充分就业。以凯恩斯主义作为核心指导思想,美国通过罗斯福新政的实施带动美国走出了经济危机,此后这一理论在今后相当长的一段时期里成为指导各国经济发展的主导理论。在劳动关系领域,各国普遍调整了先前实施的劳动政策,注重发挥政府在劳动领域的积极干预作用,尤其是在促进充分就业和加强社会保障方面。

政府对经济发展和劳动政策的积极作用,在第二次世界大战结束后伴随国家垄断资本主义的发展而不断得到加强。战后,西方各国普遍对资本主义生产关系进行了自我调整,扩张性的财政和金融政策缓解了生产过剩的危机,促进了战后资本主义经济的恢复和发展。从 20 世纪 50 年代中期到 70 年代中期这 20 年的时间,是资本主义发展的一个黄金时期,这一时期西方发达国家国民生产总值年均增长率高达 5.5％左右。与此同时,各国政府进一步加强了对劳动领域的全面干预,形成了一整套制度化和规范化的法律体系和调整机制,对今后劳动政策的发展产生了重要影响。战后各国普遍将充分就业作为政府的一项重要职能加以推进,并提升到立法的高度,比如,美国政府在 1946 年通过的《就业法》中就宣称,利用一切可能的手段,调动一切可能的资源,为人们创造更多的就业机会,乃是联邦政府的职责及主要的政策目标。尤其是以英国为首的福利国家的出现,意味着社会保障制度的完善和社会福利水平的提高到了一个前所未有的高度,表明了政府在劳动政策领域所产生的巨大影响。这一时期发达国家制定的劳动政策主要表现在:通过运用宏观经济政策来增加岗位需求,促进充分就业;强化职业培训,提高就业人员的素质,优化劳动力供给结构;建立福利国家,为劳动者提供高水平的社会福利,发挥社会保障制度在劳动保障和促进就业方面的积极作用等[1]。

这一时期的劳动政策在促进就业和提高劳动者的福利水平方面,发挥了非常重要的作用,但从 70 年代中期以后,西方国家的经济发展陷入滞涨时期,高失业率与高通货膨胀率同时存在,再加上经济全球化等因素的影响,发达国家的劳动就业政策进行了新一轮的重大调整。

3. 20 世纪 70 年代中期之后的劳动政策

自 20 世纪 70 年代中期之后,西方发达国家经济发展陷入滞涨阶段,国家面临

---

① 李秋香.劳动政策与分析[M].上海:华东理工大学出版社,2010:25.

严重的大规模失业问题,即使在经济恢复和扩张时期,发达国家仍然存在着庞大的失业人口,失业问题成为困扰发达国家的一个长期性问题。二战之后由于科技革命的发展所带来的新技术的应用,也加重了发达国家的失业问题,由科学技术迅速的更新换代所引起的结构性失业,成为影响发达国家充分就业的一个重要因素。除此之外,经济全球化的迅速发展也对发达国家的劳动政策产生了广泛而深刻的影响。经济全球化所带来的资本自由流动不仅加速了全球产业结构调整的进程,也使原来的劳动关系体系及其调整方式受到严重挑战。在此背景下,西方发达国家逐渐放弃凯恩斯主义的劳动就业政策,转而奉行多样化的劳动就业政策。概括来说,70 年代中期以后西方发达国家劳动就业政策可以分为三种基本的模式,即以英美国家为代表的新自由主义的劳动就业政策、以瑞典等北欧国家为代表的合作主义的劳动就业政策,及以法国和西班牙等欧洲大陆国家为代表的保守主义的劳动就业政策。

新自由主义是以古典自由主义为基础建立起来的一种理论体系,其基本主张是强调私有化,反对公有制;强调市场调节,反对国家干预;强调自由流动,反对过多管制。自 20 世纪 80 年代后,随着英国首相撒切尔夫人的上台和美国里根总统的改革,新自由主义逐渐成为英美国家的基本施政理念,并对世界其他国家和地区的改革也产生了或多或少的影响。新自由主义在劳动政策方面的核心思想是,政府将促进就业的宏观需求管理转变为微观供给管理,通过减税,刺激资本投入和劳动力供给,以促进经济发展和增加就业;推行劳动力市场灵活化政策,减少政府和工会对生产的过多干预。在具体的劳动政策方面,其主要的做法是实施大规模减税,以刺激资本投入和增加就业;实施劳动力市场灵活化政策,减少政府的过多干预;实施劳动力市场的激活化政策,缩减社会福利开支[①]。

合作主义又称法团主义、统合主义,实施法团主义的典型国家是荷兰、奥地利以及以瑞典为代表的北欧国家。法团主义实质是一个利益代表系统,其主要特征是将公民社会中的组织化利益纳入到国家的决策结构中去,该"利益代表系统由一些组织化的功能单位构成,它们被组合进一个有明确责任(义务)的、数量限定的、非竞争性的、有层级秩序的,功能分化的结构安排之中。这些功能单位得到国家的认可(如果不是由国家建立的话),它们被授予本领域内的绝对代表地位,作为交换,它们的需求表达,领袖选择,组织支持等方面的行动受到国家的一定控制"[②]。法团主义在劳动就业政策方面的基本特征是,强调国家的作用与维持充分就业政策;充分就业与国家福利相结合;充分发挥三方合作机制的作用,加强劳资之间的

---

①　李秋香.劳动政策与分析[M].上海:华东理工大学出版社,2010:28-29.

②　张静.法团主义[M].北京:中国社会科学出版社,2005:19.

合作;注重发挥社会组织和工团的作用,维持社会稳定。

保守主义的劳动就业政策以法国、德国和西班牙等欧洲大陆国家为代表,这些国家没有采用英美式的新自由主义政策,而是坚持传统的"欧洲模式",在缩减劳动供给的同时,强调实施就业保护和社会保护,就业保护主要通过加强立法来实现,社会保护则主要通过失业救济等社会保障体系来实现。为促进就业,在保留传统正规就业形式的同时,欧洲大陆国家也适当放松了对非典型就业形式的管制。

90年代中期之后,持续深入的经济全球化在加速全球产业结构调整的同时,也对西方发达国家国内劳动就业政策带来了更大的挑战,如何抵消其他国家对国内劳动就业的影响,以及平衡国内劳资双方的相互关系,成为政府在制定劳动政策时必须考虑的重点问题。先前各国为降低失业率所采取的劳动力市场灵活化政策,这时候也出现了收入差距扩大和社会排斥等问题,严重威胁了劳动力市场尤其是弱势群体的安全性。因此,如何在劳动力市场改革中将灵活性与安全性统一起来,成为西方各国所面临的一个重要问题。欧盟国家尤其是丹麦走在了这一问题的前列,丹麦的劳动力市场模式被公认为灵活安全性的成功典范,丹麦模式也被称为"金三角"模式,是高度的外部数量灵活性、高度的就业安全性和社会安全性与积极劳动力市场政策的有机结合。这一模式使丹麦的失业率快速下降,就业率稳步上升,在实现就业增长的同时没有拉大贫富差距,保持了较低的通货膨胀率。

二、我国劳动政策的历史

在中国,由于工业发展落后,生产力水平低,劳动政策特别是劳动福利政策的起步大大晚于西方国家。北洋军阀统治时期,迫于国际劳工组织的压力,政府曾颁布过涉及劳工保护的《矿业条例》、《矿工待遇条例》和《暂行工厂通则》等,但由于战争频繁社会动荡,这些法令等同于一纸空文。南京国民政府建立后,政府曾于30年代开始倡导劳工福利,并采取了逐步推进的措施,到抗战时期,劳工福利得到高度重视并大力推广,至抗战胜利时已形成了体系和规模,并取得了一定的成就。新中国成立后,我国的劳动政策体系迅速建立和发展,到十一届三中全会后逐步形成了有中国特色的劳动政策体系。我国劳动政策的发展可以划分为三个时期,一是新中国成立后到改革开放前;二是改革开放后到20世纪90年代末;三是21世纪初到现在。

1. 新中国成立后到改革开放前的劳动政策

新中国成立后,摆在党和政府面前的是一个非常严峻的形势,国家政权需要巩固,经济和社会生活需要重新设计。在劳动就业领域,新中国既面临全国范围的大失业,同时又急需大量的国家建设人才。为此,党和政府先后制定了一系列关于劳动就业方面的政策。针对旧社会遗留下来的大批失业人员,国家采取了不同的措施进行应对:针对国民党政府遗留下来的原有人员采取"包下来"的政策,对失业工人采取社会救济和扩大就业相结合的政策,对知识分子也采取了统一登记和分别安置的做法。随着社会主义计划经济体系的确立,在劳动用工方面也逐渐实现了全国统一,国家采取"统包统配"的劳动政策,对劳动人事进行统一管理。在工资制度方面,国家通过多次工资改革,最终确立了全国统一的工资分配制度,实行工资按劳分配的原则,讲求工资分配的公平公正。在劳动关系与社会保障方面,1951年国家颁布了《中华人民共和国劳动保险条例》,开始建立起社会保障制度来,随后党和政府又陆续出台了一系列配套劳动政策法规,逐渐建立起自己的劳动与社会保障体系来。

　　改革开放之前,我国劳动政策的最大特征就是浓厚的计划经济特征,劳动关系类型单一,国家控制了企业劳动关系的各个领域,从劳动者的就业、工资分配、社会保险、劳动保护到退休养老,等等,都是由政府统一控制的,政府通过行政指令对经济发展和劳动人事进行管理,剥夺了企业和个人的自主权。国家对企业和个人具有绝对的支配权,企业和个人则对国家具有很强的依赖性。这种劳动关系局面的形成从根本上说,是由我国所实行的计划经济体制决定的,计划经济在劳动关系领域就体现为国家对劳动关系的全面控制。就劳动就业政策实施的效果来说,这一时期的劳动政策大致符合我国当时的社会情况,保证了国家建设对劳动力的大量需求,使劳动力得到充分运用,促进了经济和社会的发展,同时,也提高了劳动者家庭收入的总体水平,改善了劳动者的生活。但它的消极方面也比较明显,这一制度限制了劳动者和用人单位之间的自主性,不能使劳动力资源得到优化配置,也不能充分调动劳动者工作的积极性,同时,这种劳动体系也并未实现真正的公平,在城市人口和农村人口之间制造了巨大的差距[①]。

　　2. 改革开放后到 20 世纪 90 年代末的劳动政策

　　1978 年召开的党的十一届三中全会是我国历史发展上的重要转折点,会议果断做出实现政府职能重心转移的决定,将政府职能重心由政治职能转向经济职能,确立起以经济建设为中心的发展思路,并且在今后的实践中逐渐确立起由计划经济体制向市场经济体制转变的基本发展方向,这一转变构成今后中国经济和社会发展的主要特征。伴随市场经济体制的改革,我国的劳动政策和劳动关系特征也发生了重大的变化,一套具有中国特色社会主义的劳动政策体系逐渐开始形成。

　　改革开放初期,党和政府在劳动就业制度方面进行了一些初步探索,力图打破传统劳动就业制度的弊端,建立起符合国情发展需要的劳动就业制度。政策的改

---

① 管华. 论我国劳动就业制度与社会保障制度的演变和改革[J]. 当代经理人,2006(4):13-14.

变首先发生在就业领域,为解决当时存在的严重的城市失业问题,国家提出了实行在政府统筹规划下,由劳动部门介绍就业、自愿组织起来就业和自谋职业相结合的"三结合"就业方针,这是一项重要突破,打破了由国家完全解决就业的旧框架。劳动合同制也在改革开放之初被引入和逐渐传播,这一制度首先出现在刚刚出现的外资企业中,其后在深圳和上海进行了试点,80年代中期后进行了更大范围的推广,劳动合同制的出现对打破原来僵化的用工制度发挥了重要作用。为解决长期困扰我国的"铁饭碗"和"大锅饭"制度,1986年国务院发布了关于国营企业进行劳动制度改革的"四项规定",即关于劳动合同、招工、辞退违纪职工以及待业保险等四个方面的规定,这四项规定的发布为劳动制度的进一步改革构建了广泛的法律框架。除此之外,在工资方面也进行了重大改革,大部分企业逐渐打破了计划经济时期的等级工资制,建立起岗位技能工资制。在社会保障方面,部分地区开始探索新的养老保险方式和医疗制度改革,为今后社会保障制度的深化改革提供了经验。

总体来说,改革开放初期是传统的劳动用工制度和分配制度逐渐被打破,劳动关系双方向独立的劳动关系主体转变的过程,它打破了传统计划经济体制的框架,为新的现代劳动就业和社会保障制度的出现奠定了基础。自1992年党的十四大明确宣布我国经济体制改革的目标是建立社会主义市场经济体制之时起,我国的劳动就业和社会保障制度的发展就进入一个全新的阶段。

党的十四大之后,为了建立与社会主义市场经济体制相适应的劳动政策体系,党和政府加快了劳动力市场体系的建设,全面推进就业、用工和工资等方面的市场化改革,同时也加快了与劳动力市场相适应的多层次社会保障体制改革。90年代为加快经济结构转型,党和政府对国有企业进行了大规模改革,采取了减员增效、下岗分流、兼并破产等措施,顺利推进了经济结构的转型,但也产生了大量国企职工失业的问题。90年代中后期,党和政府的劳动政策重点转向下岗职工的再就业问题,提出在国家政策指导下,实施劳动者自主择业、市场调节就业和政府促进就业相结合的政策,即建立市场导向的就业机制。在此过程中,政府也开展了卓有成效的"再就业工程",帮助解决了大量职工的再就业问题。在社会保障制度方面,为了配合国企改革,我国逐步建立了下岗职工基本生活保障制度、失业保险制度、城市居民最低生活保障制度和养老、医疗保险制度,保障了绝大多数下岗职工的基本生活。同时,这一时期我国在加强劳动者权益的维护和推进就业与社会保障制度的公平公正方面,也取得了不小的进步。

总体而言,这一时期我国劳动关系的转型是伴随着经济体制的转型而进行的,逐渐实现了由计划经济的劳动关系向市场经济的劳动关系的转变,这种转变打破了原来国家统揽的劳动用工、劳动管理和劳动分配的计划经济的劳动制度,建立起以市场为基础的、以市场规则为依据的劳动用工、劳动管理和劳动分配的市场经济的制度。这一时期,我国劳动与社会保障制度的改革取得了重大的成果,逐步建立了城市居民最低生活保障制度、养老保险制度、医疗保险制度和失业保险制度等,一套与市场经济体系相适应的社会保障体系逐渐建立起来。

　　3. 21世纪初到现在的劳动政策

　　进入新世纪后,我国的劳动政策又有了新的发展,其中最大的改变发生在农民工劳动政策领域,从过去忽视农民工权益保护到开始着手制定更多保护农民工权益的制度规定。1992年后国家放宽对农民工进城务工的条件,大量农民工背井离乡由农村迁移到城市工作和居住,但由于政策法规的落后,农民工长期遭受歧视性对待,农民工权益受到很大损害。自2000年下半年起,国家开始清理对农民进程就业的各种不合理限制,同时积极推进就业、医保、教育等方面的配套安排,为农民工融入城市创造良好条件。2003年国务院发布的1号文件对农民工问题作了6方面的规定:取消对农民工的歧视性政策规定以及不合理收费等;解决拖欠克扣农民工工资问题,保障农民工权益;解决农民工子女义务教育问题;对农民工进行职业培训;改善农民工在城市的生活居住条件和工作环境;对农民工进城务工搞好跟踪服务①。同年8月开始实施的《城市生活无着落的流浪乞讨人员救助管理办法》,终止了对农民工的强制收容、遣送制度。2004年国务院1号文件首次提出农民工是产业工人重要组成部分的提法,同年所实施的《工伤保险条例》首次将农民工纳入工伤保险范围。此后,国家在户籍制度、医疗制度、住房制度和教育制度等方面进行了更多的改革,不断加大对农民工权益的公平对待。农民工政策的改变是新世纪后我国劳动政策的重要发展,意味着我国的劳动政策在维护社会公平方面有了巨大的进步。

　　在劳动就业方面,国家继续关注城镇职工尤其是国有企业下岗职工的就业问题,但政策的重点已经转向了创业扶持、资金援助、技能培训和改善创业环境等方面。在社会保障制度方面,2006年的一份中央文件指出,要逐步建立社会保险、社会救助、社会福利和慈善事业相衔接的覆盖城乡的社会保障体系,更加注重推进社会保障体系的公平性。

　　总体来说,进入新世纪后我国劳动政策的体系已经越来越完善,一套覆盖面广泛而且相对公平的劳动政策体系已经建立起来,尤其是其公平性的提升成为新世纪后中国劳动政策发展的一个主要特征。但是由于诸多历史和现实因素的制约,我国的劳动政策仍然有很多的不足,如制度的体系化程度低、政策的公正性仍有待改进、实际执行效果不良等,今后我们在劳动政策方面仍有很大的改进空间。

---

　　①　盛昕.改革开放30年中国农民工政策的演进及发展[J].学术交流,2008(4):21-24.

第三节　劳动政策的表现形式

劳动政策属于国家公共政策的范畴,是现代国家国家职能扩张的重要表现形式。在不同的国家体制之下,其具体表现形式既有共同之处,也有不同之处。本节将简述西方发达国家和我国劳动政策的表现形式。

一、西方发达国家劳动政策的表现形式

1. 宪法

宪法是一个国家的根本大法。在西方发达国家的宪法中,有些与劳动政策直接相关,具体规定了与劳动者权益有关的一些政策。如德国《基本法》第十二章第一款规定:所有德国人都有权自由选择其职业、工作地点及学习或训练地点。职业事务可根据法律而加以调控[①]。有些宪法条文虽然与劳动政策相关性较低,但是宪法规定的制度和原则对劳动者权益的实现有着重要的影响。

2. 国会立法

议会在国家生活中取得支配地位是西方资产阶级革命胜利的重要标志,议会在国家政治生活中具有重要地位,19 世纪被西方人称之为议会的世纪,议会被认为无所不能。议会作为代议制民主的具体实现形式,反映着社会中不同政治力量的声音。随着包括工人阶级在内的劳动者群体力量的逐渐壮大,议会通过的法律被动地反映着劳动者的利益。西方发达国家统治阶级中的进步力量为了更好地维护其统治地位,也主动通过议会制定的法律来保障劳动者的权利。国会立法是国家一般意志的反映。国会立法对于劳动者权益的实现具有重大影响。如 1947 年美国国会通过了《塔夫脱—哈特莱法》,这一法律限制了工会的权利,禁止工会将工会基金用于政治活动,规定劳资双方在要求废除或改变集体合同时,必须在 60 天前通知对方,在此期间禁止罢工或关厂,而由联邦调解局进行调解[②]。成熟完善的国会立法也往往涵盖了与劳动者有关的诸多方面,如劳动关系的建立与结束、对劳动者劳动条件的保护等。

3. 行政决策

行政决策包括政府首脑决策、政府部门决策。行政部门的决策包括行政法规、行政规章、行政命令、行政条例、行政计划等形式。20 世纪以来,行政部门的职能得到了迅速的扩张,西方发达国家由议会万能走向了行政部门万能,国家发展进入

---

① 张千帆.西方宪政体系(下)[M].北京:中国政法大学出版社,2001:648.

② 关怀.劳动法[M].北京:中国人民大学出版社,2008:31.

了行政国家的时代。行政机关在执行国会立法的过程中,行政机关往往根据其掌握的大量业务信息对其制定实施细则、规章等,这些都属于公共政策的范畴。劳动政策的表现形式之一就是这些行政决策形式。如 20 世纪 60 年代美国总统林登·约翰逊倡导的"伟大社会"运动,开创了很多新的福利计划,如为穷人和中产阶级的黑人提供就业等①。

4. 法院判决

在一些西方发达国家法院判决是法律的重要组成部分与重要渊源。法院对具体案例的判决,具有普遍的适用性。实行英美法系的国家,法官判决有法律效力。英美法系普通法除了成文法之外,还有判例法,判例法来自于法官的判决,推崇遵循先例的原则②。美国的最高法院通过司法审查的形式可以推翻国会法律和总统命令。司法审查就是一种法院判决。法院判决也是劳动政策的重要表现形式。如美国最高法院通过违宪审查多次判决罗斯福新政违宪。在实行大陆法系的国家,法院判决一般需要遵循法律规定,法院的裁决对于以后的判决没有影响,但是有些实行大陆法系的国家,设有最高法院,如法国最高法院,可以撤销下级法院的判决,同时它对法律进行的解释,下级法院必须遵守③。

5. 超国家劳动政策

超国家劳动政策指的是劳动政策的制定者并非主权国家,而是一些国际性组织制定的、对于主权国家的国内劳动政策具有一定约束力的公共政策。最突出的表现是国际劳工组织制定的一系列国际劳工公约。诸如国际劳工公约此类的涉及劳工权利的国际组织条约对于民族国家的国内劳动政策具有一定的影响,可以将其看做类劳动政策。从宽泛的意义来理解,劳动政策的具体表现形式之一就是超国家的劳动政策。随着全球化影响的逐渐加深,现代民族国家拥有国家主权,具有对国内事务最高的约束力这一特征发生了变化。国际组织条约对于各个国家的国内事务也有一定的约束力。这种约束力的强弱由于各国政治体制、价值观的不同是不一样的,但是国际组织的条约对于国内劳动政策的影响是无法回避的。如国际劳工组织制定的一系列关于劳工权益的规范性文件对于各国的国内政策具有越来越大的影响。得到各国批准的国际劳工公约,批准条约的国家有义务履行其做出的承诺,国际劳工组织也有程序监督其执行国际劳工公约的情况。超国家劳动政策还是正在发展中的一种事物,应该引起研究者的重视。

---

① [美]小约瑟夫·斯图尔特,等. 公共政策导论[M]. 韩红,译. 北京:中国人民大学出版社,2011:175.

② 罗豪才,吴撷英. 资本主义国家的宪法和政治制度[M]. 北京:北京大学出版社,1997:269.

③ 罗豪才,吴撷英. 资本主义国家的宪法和政治制度[M]. 北京:北京大学出版社,1997:304.

二、中国劳动政策的表现形式

1. 人民代表大会立法

全国人民代表大会是我国最高国家权力机关,全国人大常委会是全国人民代表大会的常设机关。我国现行宪法第五十八条规定"全国人民代表大会和全国人民代表大会常务委员会行使国家立法权"。从我国的立法实践来看,大量法律是由全国人大常委会制定的。从实际的立法过程来看,全国人民代表大会及全国人大常委会在立法过程中的作用越来越重要,从近年来全国人大常委会审议法律的过程来看,一项法律草案一般要经过全国人大常委会会议多次审议才会通过。人大决策包括宪法制定与修改,法律制定、修改与废除等形式。宪法和法律中有很多内容属于劳动政策的范畴。如宪法第四十二条规定"国家通过各种途径,创造劳动就业条件,加强劳动保护,改善劳动条件,并在发展生产的基础上,提高劳动报酬和福利待遇"。2007年全国人大制定了《劳动合同法》,其立法宗旨在《劳动合同法》第一条中得到了说明,即"为了完善劳动合同制度,明确劳动合同双方当事人的权利和义务,保护劳动者的合法权益,构建和发展和谐稳定的劳动关系"。20世纪80年代以来,部分地方人民代表大会和地方人大常委会拥有了制定地方性法规、自治性法规的权力,这些法规一般适用于本辖区,不得与全国人大制定的法律相冲突。这些法规也包含着大量劳动政策的内容,往往与本辖区内工作的劳动者的权益紧密相关。

2. 行政决策

与西方国家的行政机关类似,我国行政机关在执行法律的过程中会制定实施细则、规章以更好地执行法律。一方面因为我国的法律体系建设有一个历史过程;另一方面即使在我国社会主义法律体系逐步完善的情况下,法律也不能涵盖迅速变化的社会中出现的各种新问题、新现象。行政部门的决策是行政机关具有自由裁量权的一种重要表现。行政决策的表现形式为行政法规、行政规章、行政命令、行政决定等。一些行政法规在经过一定时期的实施之后,行政部门获得了一些政策执行的经验,经过完善有可能经过立法程序变为人大通过的法律。行政决策是劳动政策的重要表现形式。如2012年中华人民共和国国务院令第619号公布了《女职工劳动保护特别规定》,规定了女职工禁忌从事的劳动范围、女职工产假等诸多保护女职工权益的事项。

3. 司法决策

司法决策主要指的是司法解释。在审判和检察过程中,最高人民法院和最高人民检察院可以就如何具体应用法律进行司法解释。这种司法解释也具有法律的效力,对于国家机关司法工作人员的检察和审判工作具有约束力。司法解释也是劳动政策的重要表现形式。如2013年最高人民法院公布的《最高人民法院关于审理劳动争议案件适用法律若干问题的解释（四）》就劳动仲裁、劳动合同的一些问题进行了具体规定。司法解释往往涉及法律执行中一些业务性强、技术性强的细节，对于劳动者的权益有着非常直接的影响。

4．党的政策

中国共产党是我国的执政党，党在国家政治生活中处于领导核心的地位。党通过其方针、政策、文件领导全国的经济和社会建设。有的学者认为党的政策通过直接和间接两种形式形成国家的公共政策。直接形式就是党的代表大会和中央全会通过的政策性文件、党的主要领导人发表的讲话等，是直接采取公共政策的形式影响到社会社会各领域；间接形式就是通过中共中央与国家其他机构联合发布政策文件，中共中央提出政策倡议、国家有关机构据此制定具体的政策方案，国家机构以党的政策为指导原则制定相关政策，通过这些形式将党的意志变为国家意志①。党的政策无疑是劳动政策的最重要的表现形式。如中共中央和国务院2008年联合下发了《中共中央国务院关于促进残疾人事业发展的意见》的文件，规定了促进残疾人就业的具体措施。

工会、妇联等群众性组织是一种相对特殊的社会组织，是党的外围性群众组织，它们既是国家决策过程中重要的利益表达主体，也是一种重要的政策制定主体。有的学者认为"工会制定的经政府部门认可或工会与国务院有关部委联合公布的有关劳动问题的规范性文件"是劳动法的重要表现形式②，这一判断是比较准确的。不过，除了工会之外，妇联等群众性组织制定的某些规范文件也是劳动政策的重要表现形式，也是通过与有关部委联合公布的形式使群众组织的文件具有了国家公共权力权威的性质，如1996年全国妇联与劳动部联合发文《全国妇联　劳动部关于开展"巾帼创业"活动促进下岗女职工再就业工作的通知》，对下岗女职工进行培训，帮助其再就业。这种类型的公共政策，从政府过程的视角来看，也体现了我国政策过程中，存在利益表达主体、政策制定主体、政策执行主体合而为一的现象。

此外，得到我国批准的国际组织条约这种超国家公共政策也是我国劳动政策的重要表现形式。我国从1971年恢复了在国际劳工组织的合法席位，从1983年开始恢复在国际劳工组织的活动，到目前为止，我国已批准了包括《工业企业中实行每周休息公约》、《对男女工人同等价值的工作付予同等报酬公约》、《准予就业最低年龄公约》在内的国际劳工公约25个③。

---

① 谢明.公共政策导论[M].北京：中国人民大学出版社，2012：28.

② 关怀.劳动法[M].北京：中国人民大学出版社，2008：18.

③ 劳动和社会保障部政务信息[EB/OL]. http://www. molss. gov. cn/gb/zwxx/node_5441. htm.

第四节　劳动政策的特征、类型和作用

虽然各个国家劳动政策的表现形式和具体内容有所不同,但是劳动政策的特征、类型和作用却具有某些共同之处,在抽象大量劳动政策经验的基础之上,本节将简述劳动政策的特征、类型和作用。

一、劳动政策的特征

事物的内容与形式是无法分离的,没有无内容的形式,也没有无形式的内容,本节试图从劳动政策内容与形式两个方面结合的角度去分析劳动政策的特征。

1. 公共性

劳动政策是国家公共意志的体现,是国家社会职能的体现。国家本质上是一种公共权力,应该以追求公共利益为目标。恩格斯认为"国家是表示:这个社会陷入了不可解决的自我矛盾,分裂为不可调和的对立面而又无力摆脱这些对立面。而为了使这些对立面,这些经济利益互相冲突的阶级,不致在无谓的斗争中把自己和社会消灭,就需要有一种表面上驾于社会之上的力量,这种力量应当缓和冲突,把冲突保持在'秩序'的范围之内;这种从社会中产生但又自居于社会之上并且日益同社会脱离的力量,就是国家"①。劳动者与雇主之间、劳动者之间存在着冲突,这种冲突是恩格斯所谈的社会冲突的具体表现之一,如果任其发展,将挑战社会的道德限度,将对社会秩序带来冲击,这就需要国家进行干预。国家干预的重要手段就是劳动政策。国家在运用劳动政策调整社会利益关系时,要有超脱于各种社会特殊利益的相对自主性,应该充当仲裁者的角色。通过劳动政策的介入,国家得以维护其社会秩序。如果国家不能缓和与解决劳动者与雇主之间、劳动者之间的冲突,无论这种国家制度如何标榜其民主性、进步性,这些社会冲突将威胁到其存在的合法性。公共性是劳动政策的本质属性。公共性要求劳动政策在调整劳动关系时以社会的公共利益为出发点。劳动政策的公共性也内含着对公平正义、自由平等价值理念的追求。

2. 强制约束性

劳动政策具有一般公共政策所具有的权威性,有的学者认为"公共政策的权威性是以其合法性为基础的,政策只有经过合法化的过程,才能具有对公众的约束力。一般而言,一项政策不可能符合所有人的利益,有时不得不为了多数人利益牺

---

① [德]恩格斯.家庭、私有制和国家的起源[M].中央编译局,译.北京:人民出版社,1972:167-168.

牲少数人的利益,为了全局的利益牺牲局部的利益,为了长远的利益牺牲眼前的利益"①。劳动政策以国家权力为依托,国家权力的重要特性是其具有强制性,劳动政策以国家的强制力为后盾,劳动政策会规定劳动者和雇佣方的权利和义务,违反劳动政策规定的主体和行为会受到国家的制裁。劳动政策具有强制性并不意味着反对具体的社会协商机制,而是在社会协商无法维护社会秩序时,以国家的强制力为最后的保障,调整劳动关系,维护社会秩序。对于违反劳动政策的行为,会给以行政处罚甚至刑事处罚。如我国《劳动合同法》第九十二条规定"劳务派遣单位违反本法规定的,由劳动行政部门和其他有关主管部门责令改正;情节严重的,以每人一千元以上五千元以下的标准处以罚款,并由工商行政管理部门吊销营业执照;给被派遣劳动者造成损害的,劳务派遣单位与用工单位承担连带赔偿责任"。

3. 广泛性与交叉性

劳动政策虽然只是公共政策的一部分,但是与劳动者相关的问题涵盖了社会生活的方方面面,一个社会的很大一部分成员都属于劳动者的范畴。劳动政策涉及与劳动者相关的方方面面,比如从员工的招聘、雇佣、培训到离职,任何一个环节都需要劳动政策进行调整,否则就有可能损害劳动者的权益。因此劳动政策具有广泛性的特征。交叉性是指许多公共政策尤其是社会政策所适用的范围是全体社会成员,其中也包括劳动者,如住房政策、社会保障政策。一些涉及全体国民福利的社会政策也应该纳入劳动政策的范围内。

4. 统一性与特殊性

劳动政策内含着价值的追求,如对于人权的尊重,人权是一种普遍性的价值,劳动政策在此含义上具有统一性。从劳动政策的产生来看,如劳动法的产生,是因为工业化产生了大量劳动合同,单个契约中合同当事人双方力量并不均衡,劳动合同属于私人自治的领域,单个雇员受到力量强大的雇主的强制命令的制约,社会中出现种种恶劣的现象:低工资、长工时、在男人持续失业时同时使用女工和童工、缺乏安全劳动保护、在供养者生病或死亡时缺乏社会保障,国家通过强制立法以改变这些恶劣的现象②。可见劳动政策的产生就是为了保护劳动者的人权。从跨国比较的视野来看,各国劳动政策的实践也都秉持着保护劳动者人权的价值追求。同时,具体的劳动政策内容因为各个国家经济社会发展水平、文化传统、各种利益群体政治力量对比、国家制度的不同而有所不同。在此含义上,劳动政策有着其特殊性的一面。应该历史地、客观地、发展地看待劳动政策的这种特殊性。从总的趋势上来看,随着全球化的深入发展,各国劳动政策的内容具有趋同性的特点。

---

① 谢明.公共政策导论[M].北京:中国人民大学出版社,2012:32.

② [德]W.杜茨.劳动法[M].张国文,译.北京:法律出版社,2005:3-4.

二、劳动政策的类型

劳动政策类型学对于认识劳动政策的内涵与外延具有重要意义,劳动政策依据不同的划分标准具有不同的分类,考虑到类型划分的重要目的是更好地认识研究对象,本文在借鉴有关一些公共政策类型划分的基础上,从劳动政策是否涉及价值的实质性调整、劳动政策适用的不同目标群体以及劳动政策适用的领域对劳动政策进行分类。

劳动政策根据其政策内容是否涉及价值的实质性调整可以分为实质性劳动政策和形式性劳动政策。实质性劳动政策涉及政府为了解决实质性的与劳动者相关的问题的行为,如国家对于劳动者工作时间的具体规定。形式性劳动政策指的是涉及劳动者的问题应该如何或者由谁来处理的政策规定,如遇到劳动纠纷时,劳动者通过国家规定的何种程序、向何种公共机构寻求救济[1]。需要注意,两种类型的劳动政策类型对于劳动者权利的实现都具有重要意义。

根据劳动政策适用的不同目标群体,可以将其分为普遍性劳动政策和特殊性劳动政策,普遍性劳动政策指的是适用于所有劳动者的政策。特殊性劳动政策指的是适用于具有某种特定社会特征的社会成员的劳动政策。如国家为了保护女性劳动者、儿童、残疾人劳动者而进行的规定。

本书主要根据公共政策适用的领域不同这一标准进行划分,将其划分为劳动力市场政策、劳动条件政策、劳动关系政策、与劳工有关的社会保障政策。劳动力市场政策指的是有关如何规范劳动者的市场准入、劳动者就业、劳动者培训等内容的公共政策。劳动条件政策指的是有关劳动标准、职业安全卫生等内容的公共政策。劳动关系政策指的是有关劳动者结社、集体协商与集体谈判、劳动争议解决、罢工等内容的公共政策。与劳工有关的社会保障政策指的是与劳动者有关的养老保险、医疗保险、失业保险、生育保险、工伤保险、社会救助等内容的公共政策。

三、劳动政策的作用

1. 保证劳动者的权利实现

合理的劳动政策有利于保护劳动者的权利,有利于改变劳动者结构、提高劳动者素质、有利于劳动者的自我发展,提高劳动者的劳动积极性。有的学者认为"切实保证劳动者实现劳动权、休息权、物质帮助权、按劳取酬权、安全生产权等一系列权利,坚持维护劳动者的这些权利不受任何侵犯,必将有力地调动广大劳动者的生

---

[1]　此处参考了斯图尔特对于公共政策的分类,参见[美]小约瑟夫·斯图尔特,等.公共政策导论[M].韩红,译.北京:中国人民大学出版社,2011:7.

产积极性"①。不合理的劳动政策有可能在实际实施过程中出现选择性执行、不执行的现象,无法起到保护劳动者权利的目的,反而会损害国家公共政策的权威。现代国家的劳动政策从其公共性的属性看,要维护各方利益,但是,在保证公共利益的基础上,在有关利益方各方利益平衡的基础上,国家根据其持有的理念、具体的经济社会发展状况,更加侧重于保护并且逐步改善劳动者应该享有的权利。

2. 推动经济发展与提升国家竞争力

劳动政策是对社会成员的一种规范,是国家经济发展的一种重要影响因素。良好的劳动政策能够营造良好的投资环境、提高人力资源的素质、激发劳动者的工作积极性,良好的劳动政策,有利于平衡劳动者与生产资料所有者之间的关系。合理的劳动政策能够推动经济健康可持续发展,增强国家竞争力。

良好的劳动政策并非无限制满足劳动者群体一方的要求。无限制地满足劳动者的要求,从长远来看,对于整个社会的公共利益或者劳动者群体的群体利益而言,都是有害的。劳动政策制定得是否合理,关乎国家的兴衰。奥尔森认为分利集团往往要干扰其所属的经济体系发展新技术,并阻碍其变革,从而降低经济增长率,如工会因为害怕失业率的增加而反对采用节省人力的新技术,甚至要求工厂超员或假雇佣工人,一些企业采用了能提高增长率的新技术,另一些企业也会阻碍这种新技术的扩散②。其中工人分利集团的形成与关于工人组织的劳动政策紧密相关。这并非是说应该阻碍工人组织的发展,而是应该通过劳动政策的调整引导工人组织的发展,推动经济的增长。这也告诉我们,在对待不同国家劳动政策的差别时,应该采取一种理性、客观、发展的眼光去看待。

3. 维护社会的稳定

劳动政策产生的原因来自于对国家与市场关系的调整。劳动政策本质上是面对市场经济的影响社会开展自我保护运动的一种表现。市场作为一种社会制度是人类社会的一种重要社会建构,市场给人类社会的发展带来无穷的活力、无穷的财富的同时,也对社会成员尤其是劳动者带来了威胁与伤害。资本主义社会早期工人破坏机器、进行罢工是工人对于这种威胁的一种自发的反抗。早期资本主义的社会冲突在马克思等经典作家的笔下得到了深入的分析,当时的社会冲突主要就是工人与资本家之间的矛盾。传统社会向现代社会的转型是一场从身份到契约的运动,这种运动具有进步性的一面。同时,现代社会是风险社会,现代社会中个人的原子化带来风险的上升。

西方国家正是通过一系列的包括劳动政策在内的制度规范的调整,使西方资

① 关怀. 劳动法[M]. 北京:中国人民大学出版社,2008:22.
② [美]曼库尔·奥尔森. 国家兴衰探源[M]. 吕应中,译. 北京:商务印书馆,1999:72.

本主义的社会形态得到了重塑。我国作为社会主义国家,在建立和完善市场经济的过程中,也对市场经济的负面作用进行控制,并没有也不应该陷入所谓纯粹市场经济的迷思中。世界上并没有纯粹的市场经济。波兰尼认为"这种自我调节的市场的理念,是彻头彻尾的乌托邦。除非消灭社会中的人和自然物质,否则这样一种制度就不能存在于任何时期;它会摧毁人类并将其变成一片荒野"①。王绍光认为在中国在1990年代短暂地经历了"市场社会"的负面影响之后,中国已出现了反向运动,正在产生一个"社会市场"。在"社会市场"里,市场还是资源配置的主要方式,但政府通过再分配的方式,将对与人类生存权相关的领域进行"去商品化",让全体人民分享市场运作的成果,让社会各阶层分担市场运作的成本,将市场重新"嵌入"社会伦理关系之中,新世纪以来出台的一系列社会政策表明,中国政府有意愿也有能力推动社会市场的产生与发展②。

社会自我保护与市场经济的发展构成人类社会发展的一种二律背反,从历史的视野审视劳动政策的发展,就能发现劳动政策的发展、完善体现着这种二律背反。劳动政策有利于缓和劳工与拥有生产资料的所有者之间的矛盾,有利于改变社会结构构成,有利于调整社会利益关系,有利于降低个人在社会中的风险、构建社会安全网,从而保持社会的稳定。

4. 形塑劳动者的群体意识与组织形态

劳动者权利的实现与保护一方面要通过国家权力的介入如国家的劳动立法;另一方面也需要依靠劳动者的自我组织③。国家权力的直接介入,如对于劳动者劳动条件的规定,有利于改善劳动者的工作条件,保护劳动者的权益。同时,为了维护其自身的权益,需要劳动者的自我组织。劳动者自我组织的组织化程度、组织形式以及劳动者群体意识的具体内容并不是孤立于政治之外,而是一个受国家因素建构的过程。各个国家不同的劳动政策是各国劳动者群体意识与组织形态不同的重要影响因素。各个国家劳动政策的具体规定如对于劳动者结社、罢工权利的规定等对于本国劳动者的群体意识与组织形态具有重要影响。不同国家的劳动者群体意识与组织形态的差异可以从不同国家劳动政策的不同找到部分原因。从各国的历史经验来看,如在工人阶级发展的过程中,工人运动兴起时所面临的不同的制度环境和国家对工人运动的不同制度反应,形塑了工人运动的不同诉求(社会政治改革还是经济主义)、不同的诉求对象(政府还是雇主),以及表达诉求的不同方

① [英]卡尔·波兰尼. 大转型:我们时代的政治与经济起源[M]. 冯钢,译. 杭州:浙江人民出版社,2007:3.
② 王绍光. 大转型:1980年代以来中国的双向运动[J]. 中国社会科学,2008(1):148.
③ [德]W. 杜茨. 劳动法[M]. 张国文,译. 北京:法律出版社,2005:4.

式(激进还是温和、政治的还是经济的)。工人阶级统一阶级意识和认同的形成与国家对工人运动的态度有着密切关系①。即在工人运动的组织过程中,各个国家工人的诉求以及工人如何组织,受到了国家因素影响,受到国家的劳动政策及其执行过程影响,可见,劳动政策形塑着劳动者的群体意识与组织形态。

思考题

1. 什么是劳动政策? 劳动政策的基本特征有哪些?
2. 简述西方发达国家劳动政策的发展历史。
3. 简述新中国成立以来我国劳动政策的发展历史。
4. 西方国家劳动政策的表现形式与我国劳动政策的表现形式有何相同之处与不同之处?
5. 劳动政策对于市场经济的发展具有什么作用?

本章参考文献

[1] [德]W. 杜茨. 劳动法[M]. 张国文,译. 北京:法律出版社,2005.
[2] [美]曼库尔·奥尔森. 国家兴衰探源[M]. 吕应中,译. 北京:商务印书馆,1999.
[3] [美]小约瑟夫·斯图尔特等. 公共政策导论[M]. 韩红,译. 北京:中国人民大学出版社,2011.
[4] [英]卡尔·波兰尼. 大转型:我们时代的政治与经济起源[M]. 冯钢,译. 杭州:浙江人民出版社,2007.
[5] 关怀. 劳动法[M]. 北京:中国人民大学出版社,2008.
[6] 管华. 论我国劳动就业制度与社会保障制度的演变和改革[J]. 当代经理人,2006(4).
[7] 李秋香. 劳动政策与分析[M]. 上海:华东理工大学出版社,2010.
[8] 罗豪才,吴撷英. 资本主义国家的宪法和政治制度[M]. 北京:北京大学出版社,1997.
[9] 马超俊,余长河. 比较劳动政策[M]. 北京:商务印书馆,2013.
[10] 盛昕. 改革开放 30 年中国农民工政策的演进及发展[J]. 学术交流,2008(4).
[11] 石伟平,付雪凌. 发达国家就业培训政策的历史沿革与走向[J]. 职教通讯,

---

① 陈峰. 国家、制度与工人阶级的形成[J]. 社会学研究,2009(5):181.

2007(11).

[12] 王绍光.大转型:1980 年代以来中国的双向运动[J].中国社会科学,2008(1).

[13] 谢明.公共政策导论[M].北京:中国人民大学出版社,2012.

[14] 张千帆.西方宪政体系(下)[M].北京:中国政法大学出版社,2001.

第二章　劳动政策主体、客体与政策环境

　　劳动政策系统是由劳动政策主体、劳动政策客体及其与政策环境相互作用而构成的社会政治系统。劳动政策系统是劳动政策运行的载体,是劳动政策过程展开的基础,对劳动政策主体、客体及环境的研究是理解劳动政策过程的前提和出发点。

第一节　劳动政策主体

　　美国公共政策学者安德森认为,政策主体包括立法机关、行政机关、行政管理机构和法院等"官方的政策制定者",以及利益团体、政党、作为个人的公民等"非官方的参与者"。劳动政策主体是在特定政策环境中直接或间接地参与劳动政策制定、实施、评估和监控的行为者。尽管世界各国的劳动政策环境不尽相同,但劳动政策主体在构成上并无根本性区别,差异主要在于这些主体在劳动政策系统过程中所处的地位、作用的方式以及影响劳动政策的程度。根据政策主体在劳动政策中的作用,可以将劳动政策主体分为直接主体和间接主体两大类。

一、直接主体

　　直接主体是劳动政策的法定生产者,即那些获得宪法和法律授权,具有公共权威、能够对劳动领域内的价值和利益进行权威性分配,主导劳动政策过程的个人、团体或组织。劳动政策的直接主体包括国家立法机关、行政机关、司法机关以及某些领袖人物等。在中国,劳动政策的直接主体还包括执政党,因为,执政党的政策往往构成劳动政策中的元政策。

　　1. 执政党

　　现代国家的政治统治大多通过政党政治的途径得以实现。政党具有利益聚合功能,能将公众需求转变为可供选择的政策方案。政党的主张转变为国家或政府政策一般通过选举加以实现;只有在大选中获胜,取得政权的政党才能成为直接的政策制定者。

　　当代中国的政治体制是中国共产党领导下的议行合一制。就组织结构和功能而言,中国共产党组织与其说接近于一般意义上的政党,不如说更接近于一般意义上的政府。执政党的政策通过两种形式转化为公共政策:①直接的形式。党的历

次代表大会和中央全会通过的政策性文件,以及党的主要领导人发表的一些重要讲话,都是直接以政府行为贯彻于社会生活各领域之中;②间接的形式。从党的十三大开始,国家强调"党的领导是政治领导,即政治原则、政治方向、重大决策的领导和向国家政权推荐重要干部。党对国家事务实行政治领导的主要方式是:使党的主张通过法定程序,变成国家意志。"

劳动政策是公共政策的一个分支,中国共产党在劳动政策过程中起领导作用,执政党有关劳动问题的阐述往往成为劳动政策中的元政策。例如,2012 年 11 月发布的党的十八大报告指出,"推动实现更高质量的就业。就业是民生之本。要贯彻劳动者自主就业、市场调节就业、政府促进就业和鼓励创业的方针,实施就业优先战略和更加积极的就业政策。引导劳动者转变就业观念,鼓励多渠道多形式就业,促进创业带动就业,做好以高校毕业生为重点的青年就业工作和农村转移劳动力、城镇困难人员、退役军人就业工作。加强职业技能培训,提升劳动者就业创业能力,增强就业稳定性。健全人力资源市场,完善就业服务体系,增强失业保险对促进就业的作用。健全劳动标准体系和劳动关系协调机制,加强劳动保障监察和争议调解仲裁,构建和谐劳动关系。"2013 年 11 月党的十八届三中全会发布的《中共中央关于全面深化改革若干重大问题的决定》指出,"要健全促进就业创业体制机制。建立经济发展和扩大就业的联动机制,健全政府促进就业责任制度。规范招人用人制度,消除城乡、行业、身份、性别等一切影响平等就业的制度障碍和就业歧视。完善扶持创业的优惠政策,形成政府激励创业、社会支持创业、劳动者勇于创业新机制。完善城乡均等的公共就业创业服务体系,构建劳动者终身职业培训体系。增强失业保险制度预防失业、促进就业功能,完善就业失业监测统计制度。创新劳动关系协调机制,畅通职工表达合理诉求渠道。""促进以高校毕业生为重点的青年就业和农村转移劳动力、城镇困难人员、退役军人就业。结合产业升级开发更多适合高校毕业生的就业岗位。政府购买基层公共管理和社会服务岗位更多用于吸纳高校毕业生就业。健全鼓励高校毕业生到基层工作的服务保障机制,提高公务员定向招录和事业单位优先招聘比例。实行激励高校毕业生自主创业政策,整合发展国家和省级高校毕业生就业创业基金。实施离校未就业高校毕业生就业促进计划,把未就业的纳入就业见习、技能培训等就业准备活动之中,对有特殊困难的实行全程就业服务。"这些阐述为我国今后一段时期劳动政策提供了原则和方向。

2. 立法机关

立法机关是劳动政策主体的最重要构成因素之一,它的主要任务是立法,即履行制定法律和政策这一政治系统中的主要职责。立法机关在西方指国会、议会、代表会议等国家权力机构;在我国指全国及地方各级人民代表大会及其常务委员会。人民代表大会作为国家最高权力机关和决策机关,主要功能包括:第一,把执政党对国家和社会的政治领导及其政治路线、政治纲领、政治意志以国家法律的形式体现出来,使其成为国家意志;第二,形成政府权力体系——国家行政机关、司法机关等;第三,审议批准政府机关所提出的重要政策方案或法案,尤其是审查和批准国家预算及预算执行情况,监控政府行政机关的政策执行。

　　我国的劳动法律,如《劳动法》《劳动合同法》《工会法》《劳动争议调解仲裁法》《社会保险法》等均由立法机关制定。此外,立法机关还积极组织对劳动法律执行情况进行检查,及时发现劳动法律中存在的问题,对劳动政策加以完善。例如,2008年1月1日起《劳动合同法》得以实施,但《劳动合同法》实施状况不容乐观。2011年7月至8月,全国人大常委会执法检查组曾分三个组在黑龙江、广东、辽宁、浙江等省开展劳动合同法执法大检查,检查结果显示,劳务派遣制度在部分单位被滥用,派遣工合法权益被损害的问题十分突出;在部分劳动密集型中小企业及非公企业,尤其是在建筑、制造、采矿和服务业中,劳动合同签订率仍然偏低;部分已签的劳动合同内容不规范(如必备条款不齐、变更解除不规范)或者履行不到位(不按时支付工资、不缴或者少缴社会保险费等)。针对最为突出的劳务派遣滥用问题,全国人大常委会及时对《劳动合同法》进行修正。2012年12月28日,十一届全国人大常委会第三十次会议表决通过关于修改劳动合同法的决定,修改后的劳动合同法自2013年7月1日起施行。修改后的劳动合同法规定,经营劳务派遣业务应当具备的条件包括注册资本不得少于人民币200万元、有与开展业务相适应的固定的经营场所和设施等。同时规定,经营劳务派遣业务,应当向劳动行政部门依法申请行政许可。被派遣劳动者享有与用工单位的劳动者同工同酬的权利。用工单位应当按照同工同酬原则,对被派遣劳动者与本单位同类岗位的劳动者实行相同的劳动报酬分配办法。劳动合同用工是我国的企业基本用工形式。劳务派遣用工是补充形式,只能在临时性、辅助性或者替代性的工作岗位上实施。用工单位应当严格控制劳务派遣用工数量,不得超过其用工总量的一定比例,具体比例由国务院劳动行政部门规定。这些修订对规范劳务派遣发挥着重要作用。

　　3. 行政机关

　　随着现代国家行政权力的扩张,行政机关在政策过程中的作用日益突出。行政机关在政策过程中的作用不仅在于它是政策执行的主导机构,而且在于它在当代日益参与政策制定的事务。在我国,国务院有权制定行政法规,将执政党和国家权力机关的政策具体化,或在执政党、国家权力机关没有涉及的领域,制定补充性政策规定。在劳动领域,由国务院制定的行政法规包括《中华人民共和国劳动合同法实施条例》《社会保险费征缴暂行条例》《职工带薪年休假条例》《工伤保险条例》《企业工会工作条例》(试行)等。

　　除国务院外,对劳动政策具有直接影响的行政机关是政府各级劳动部门。各国中央层面的劳动部门名称虽有差异,但均是政府部门中主管劳动事务的专门机关。在美国,劳动行政机关包括劳工部、国家劳工关系局;在英国,主要涉及教育暨就业部、贸易暨工业部、咨询调解仲裁署;在日本,主要是劳动省、中央(地方)劳动委员会;在德国,主要是联邦劳工与社会部。在我国,中央层面的劳动行政机关是人力资源与社会保障部,它是统筹机关企事业单位人员管理和统筹城乡就业和社会保障政策的国家权力机构。由人力资源和社会保障部颁布的部门规章包括《社会保险费申报缴纳管理规定》、《劳务派遣行政许可实施办法》、《事业单位工作人员处分暂行规定》等。

　　4. 司法机关

　　作为国家机构组成部分的司法机关,也是劳动政策主体的构成因素。纵观国外劳动司法机构,可以概括为 4 种类型:一是普通法院,即由国家设立统一的司法审判机构,审理劳动争议案件是其中的一项职能,如美国、日本等;二是专门法院,即有自成体系的劳动法院(庭),如德国、英国等;三是普通法院内设法庭,即在普通法院内设专门的劳动法庭,如法国、比利时等;四是专业行政机构,即由国家设立统一的司法行政管理机构,负责处理劳动争议案件。如澳大利亚,是在联邦和州一级的产业关系委员会中内设专门的劳动法庭。产业关系委员会由政府成立,独立运作,与联邦法院和州法院无隶属关系。丹麦则是通过建立国家调解员办公室来处理劳动争议①。

　　法院在劳动政策过程中占有重要的一席之地。在美国,司法机关(法院)能够通过司法审查权和法令解释权而对劳动政策的性质和内容产生很大的影响;通过司法判例对经济政策(财产所有权、合同、企业、劳动关系等)和社会政策(如福利、基础设施建设等)产生影响。法院不仅规定政府不能做什么,而且规定政府应该采取何种行动以符合宪法和法律的要求。

　　在我国,人民法院和人民检察院作为司法机关也是国家政权的重要组成部分。劳动政策方面,各级法院和检察院的功能主要在于政策执行,其政策制定的功能则相当弱。换言之,我国的司法机关是政策执行和政策监控的重要主体;而作为政策制定的主体,其作用却不大显著。

二、间接主体

　　劳动政策的间接主体,指那些虽不拥有公共权力,但能够通过压力、舆论、私人接触等方式,参与、介入到劳动政策过程中,对劳动政策产生一定影响的个人、团体或组织。传统观点认为,劳动政策的间接主体包括在野党、参政党,利益集团(压力

---

① 李贤华.劳动争议诉讼的司法模式选择[N].人民法院报,2013-04-26.

集团),大众传媒,政策研究组织和公民。随着全球化的加深,劳动政策的间接主体更加多元化。归结起来,劳动政策的间接主体包括利益集团(尤其是工会、企业或雇主组织)、思想库、大众传媒、公民个人以及国际劳工组织等。

1. 利益集团

利益集团,是指由具有共同的立场、观点和利益的个人所组成的社会组织,它的职责是履行利益聚合功能,并以保障或增进其成员的利益作为最高目标。劳动政策旨在对劳动领域的社会价值或利益进行分配。为保证或增进自身利益,企业会直接向政府游说。与此同时,雇主或劳动者个人也会参加利益集团(即雇主组织或工会组织),通过利益集团向政府提出要求和愿望。在美国,利益集团经常要求政府采取政策行动,它们是政策行动要求的主要来源之一。西方社会的多元化性质导致利益集团数量众多,利益、规模、结构和活动方式的多样化;利益集团影响公共决策的途径或方式有游说、宣传、捐款、示威抗议等,其中游说是一种主要的方式。游说也被称为"院外活动",指的是代表利益集团的说客向立法者(政治家)、政府官员进言,希望他们支持利益集团所希望的政策。在我国,随着市场经济的发展,国家、企业与劳动者利益出现分化。在利益多元化的背景下,利益集团也纷纷成长起来,劳动政策过程中各种利益集团的博弈异常激烈,执政党和政府在协调各方利益关系上面临更复杂的局面。

工会是劳动政策过程活跃的利益集团。在西方发达国家中,工会作为劳动者的利益组织往往积极参与劳动政策过程,影响劳动政策。工会参与劳动政策制定的性质与效果取决于制度性和环境性因素,包括政府结构、工商组织状况及工会内部的结构等。高效、有力的政府是工会参与劳动政策制定的前提,也是工会参与下制定的劳动政策能被有效贯彻实施的保证;工商组织状况影响到对工会组织的社会需求,如果工商组织羸弱,对强有力工会组织的社会需求就不会强烈,这势必影响到工会对劳动政策制定的影响力;工会自身的内部结构对工会参与劳动政策制定具有决定性作用,工会内部结构因素包括:工会会员数量、劳工阶层之间的聚合程度、集体谈判模式等。所拥有的工会会员数量越多,工会对政治系统的影响力就越大;劳工阶层之间的聚合程度越高,对政治系统和政策制定的影响力较大。相反,劳工阶层之间的分裂容易引发工人更多局部的、零星的冲突,阻碍其在政策制定过程中一致表达自身利益[1]。在斯堪的纳维亚、奥地利和荷兰等法团主义政治

---

[1] Douglas A. Hibbs Jr, "On the Political Economy of Long-run Trends in Strike Activity", British Journal of Political Science 8,2(1978):153-175; R. Lacroix, "Strike Activity in Canada" in W. C. Riddell (ed.), Canadian Labour Relations, Toronto: University of Toronto Press, 1986.

体制中,工会对劳动政策的影响力非常强,而在美国或加拿大这样的多元主义政治体制中,工会组织的影响力较小,在澳大利亚,虽然其政治体制具备多元主义特征,但由于工会组织与工党关系密切,故对劳动政策的影响力也很大①。

在我国,工会坚持中国共产党的领导,实行一元化组织体系,是党和政府联系职工的纽带和桥梁,特殊的政治地位使工会积极参与劳动政策制定,影响力较大。据统计,中华全国总工会先后参与了近百项涉及劳动者权益的法律和行政法规的制定和修改工作,重点参与了《企业破产法》、《公司法》、《劳动合同法》、《妇女权益保障法》、《就业促进法》、《劳动争议调解仲裁法》、《劳动合同法实施条例》、《全国年节及纪念日放假办法》、《劳动保障监察条例》、《职工带薪休假条例》、《安全生产事故报告和调查处理条例》、《集体合同规定》、《最低工资规定》等法律法规的制定和修改工作。

关于利益集团在公共决策过程中的行为及其作用是一个有争论的问题。一种意见认为,利益集团按"经济人"原则行事,追求自身利益最大化,利益集团参与政策运行会损害公共利益,浪费社会资源;另一种意见认为,利益集团的存在及活动是民主社会的一个基本前提。它促进社会多元化、决策民主化和合理化。

利益集团参与劳动政策过程,既具有积极意义,又容易带来消极影响。其积极意义表现在:第一,利益集团能够有效地将个体公民(雇主或劳动者)的意见转化为明确的、一致的组织意见,从而形成可以向决策系统输入的、明确的利益信息;第二,各种不同类型的利益集团为自身利益展开的竞争与辩论,有助于充分挖掘劳动问题信息,并传输给决策系统,起到利益聚合和利益表达的功能,并使最终的劳动政策能够在一定程度上反映各方利益。当然,并非所有的利益集团都是公共利益集团,利益集团对劳动政策可能带来不利影响,这是因为:一方面,利益集团往往关心自身利益胜于关心他人利益,由此使游说活动往往偏离社会公平轨道;另一方面,利益集团之间往往并非势均力敌,处于强势地位的利益集团会采取各种隐蔽的非法手段,与政府结盟,使政府在劳动政策中偏离正义轨道,或者凭借自身优势,使劳动政策对自己更有利,从而使其他主体在劳动政策中处于不利地位。因此,睿智的决策者往往需要扬长避短,既充分发挥利益集团的积极作用,又尽力避免利益集团所带来的消极影响。

2. 思想库

思想库是指由各种专家、学者组成的跨学科、综合性政策研究和咨询组织。思想库的主要工作是进行综合性的政策理论研究、政策规划、政策设计、政策分析、政

---

① 李杏果.当代中国劳动政策制定中的劳动者参与[M].北京:中国工人出版社,2011:140-141.

策评估等,帮助国家机关和社会机构进行决策,以提高公共政策质量。一个国家,思想库的数量和作用程度是衡量其政策水平高低的重要尺度。

思想库具有如下基本特征:一是不以赢利为目标,而以促进决策的科学化、民主化,改进政策制定、提高政策质量为目的;二是研究人员构成多学科性,以适应政策研究综合性的特点;三是从事政策研究与咨询具有相对独立性,有别于古代和近代智囊依附于私人、为贵族官僚服务的性质;四是研究的理论、方法和手段的现代化,包括现代数学、系统学和计算机技术等。

布鲁金斯学会、兰德公司、企业公共政策研究所等都是西方著名的思想库。思想库在现代劳动政策系统及其运行中处于一种承上启下的地位,是联结政府与社会、决策者与利益集团的中介,也是决策支撑系统的一种核心力量。它在劳动政策制定中的主要作用是:第一,提供政策建议,充当咨询参谋机构;第二,提供学术思想,充当认识机构。思想库的任务不仅在于提出具体的政策方案,而且在于发现和传播新思想、新观点,追求长远目标,面向未来;第三,提供政策结果信息,充当评估机构,即注重评估政府的各种政策和计划,在政治生活中发挥"社会医师"作用;第四,向政府机构输送官员和专家,充当人才交流、储备机构,在西方,许多政府要员来自于思想库。研究人员参加政府使其研究成果直接为制定政策服务是思想库影响政府决策最大的方面;第五,制造舆论,传播观点,充当宣传机构。思想库通过各种传播媒介、出版渠道和各种会议,及时传播其观点和主张,影响公众和政府,形成主流政策思想。

3. 大众传播媒介

现代大众传播媒介(广播、电视、电影、报纸、杂志、书籍、互联网等)是政策主体的一个组成部分,是政府与社会之间的主要中介。在当代信息社会,大众传媒对政府的劳动政策有着重要的影响,有时甚至是决定性的影响。它们的主要作用是传播信息、引导舆论、交流思想和传播知识,是政府、政党和其他利益团体的宣传工具。现代传媒具有覆盖率高、信息量大、影响面广、冲击力强的特点,它能营造社会的文化氛围,形成或改变人们对事物的看法,引导或左右公共舆论,传播政府或其他政治团体的观点,聚焦问题,从而影响政府的政策制定与执行。大众传媒影响劳动政策的途径或方式各种各样。例如,通过报道相关问题,引起政府或公众对问题的重视,尤其通过预测性的报道来为决策者提供决策依据;及时反映社会的各种问题和信息,把民情民意传达给政府或决策者,又把政府的政策传播给公众,充当一种中介或桥梁作用;通过传播信息和知识尤其是新思想和新观念,制造公共舆论,影响政府决策;作为社会的"第三种权力",监督政府的政策制定及执行,等等。

《劳动合同法》起草过程中,从全国征集到的意见超过 19 万条,它在全国人大常委会审议了 4 次才最终得以通过。期间,经历了无数次的争论和修改,一直无法通过。最终它能够全票通过,一个最重要的原因是媒体所披露的山西"黑砖窑"事件。山西"黑砖窑"事件的报道,起先始于传统媒体,后通过网络媒体得以迅速传播,影响不断扩大。河南电视台都市频道早在 2007 年 5 月 19 日首报"黑砖窑"事件。但是由于都市频道不上卫星,外地观众看不到,所以开始的时候没有轰动性影响。在都市频道孤军奋战 16 天之后,6 月 5 日,互联网《大河论坛》出现一个题为《400 位父亲泣血呼救:谁来救救我们的孩子?》的帖文。该帖文发出后,在社会上引起强烈反响①。6 月 7 日,该帖子被贴到天涯论坛,更在全国引起关注。在一个星期内,大河网上帖子的点击率超过 31 万;在 6 月 7 日被转到天涯论坛后的短短 6 天时间,该帖点击率高达 58 万,并有 3 000 多篇回帖。自 6 月 11 日起,全国各大媒体也开始对山西黑砖窑猛烈开火,"黑砖窑事件"成为国内各大门户网站的头条新闻。由于网络的传播效应,在全国迅速激起强烈的义愤和舆论压力。海外媒体也同时介入,形成了巨大的国际舆论压力。媒体传播的力量使黑砖窑事件最终惊动了中央,国务院向山西派出了联合工作组,并召开常务会议听取"黑砖窑"事件汇报,要求彻底查清,严厉打击违法犯罪行为和黑恶势力,严肃查处有关工作人员的腐败和失职渎职问题。媒体曝光的这一事件对《劳动合同法》的立法进程产生了深远影响,它直接推动《劳动合同法》在 2007 年 6 月 29 日的全国人大常委会上全票通过,使历时数年的立法争论尘埃落定②。

4. 公民个人

在现代民主社会中,政策过程不仅强调公民参与,甚至将公民参与视为公共政策的基石。在西方发达国家,公民个人通过多种政治参与途径,影响劳动政策。这些途径包括:一是以国家主人或主权者的身份,通过全民公决的方式,对某些重大劳动政策问题直接行使主权;二是利用间接或代议的方式,选出自己的代表去参与劳动政策的制定与执行,间接影响公共政策;三是使用各种威胁性或抗拒的方式(如请愿、示威游行、罢工等)去反对某些劳动政策的出台,或迫使政府修改或废止

---

① 后经山西省公安厅派出调查组两赴河南核实,作者辛艳华在网上发表该文时没有进行实地调查,"400"这一数字是他根据几位家长掌握的一些名单和河南电视台节目主持人播出后的反响得出来的;文中所说山西黑窑的包身工中仅孩子就有 1 000 多人,也是作者根据官方报道山西有 3 000 多个黑砖窑,"假如一个砖窑用一个孩子,那还有 3 000 多个"这样推算出来的。

② 针对这次事件,《劳动合同法》第 93 条和第 94 条专门规定,不具备合法经营资格的用人单位和个人承包经营违法招工,给劳动者造成损害的,要承担相应的责任;第 95 条首次对劳动行政部门和有关主管部门及其工作人员玩忽职守等行为规定了具体赔偿和责任;第 38 条因此次事件得以修改,明确规定,"用人单位以暴力、威胁或者非法限制人身自由的手段强迫劳动者劳动的,或者用人单位违章指挥、强令冒险作业危及劳动者人身安全的,劳动者可以立即解除劳动合同,不需事先告知用人单位"。

对其不利的政策;或表达制定新政策的要求,迫使政府将问题提上议事日程;四是通过参加政治党派或工人等利益集团,借助团体的力量去影响劳动政策;五是通过制造舆论或多方游说的方式,提出政策诉求,影响劳动政策;六是对政府通过并实施的劳动政策采取合作或不合作的态度,使政策过程扭曲,以此影响政策结果。

在我国,公民个人对劳动政策的影响呈现差别化状态。雇主,尤其是在具有一定影响力的雇主,往往当选为人大代表或政协委员,能通过制度化的方式影响劳动政策。与之相对应的,是占人口大多数的劳动者,他们中能当选为人大代表或政协委员的人数极少,在政策制定中的直接参与机会相对不足,尤其是,劳动者的经济社会条件、劳动者所处的政治文化氛围以及工业民主的发展状况直接制约了劳动者的制度化直接参与能力①。现实中,劳动者往往通过"群体性事件"等非制度化参与方式,对决策者形成一定社会舆论压力,推动劳动政策的完善。提供有效渠道实现劳动者制度化参与和利益表达,避免非制度化参与可能带来的秩序混乱,成为摆在决策者面前的现实问题。

5. 国际劳工组织

国际劳工组织是一个以国际劳工标准处理有关劳工问题的联合国专门机构。1919 年,国际劳工组织根据《凡尔赛和约》,作为国际联盟的附属机构成立。总部设在瑞士日内瓦。国际劳工组织的宗旨是:促进充分就业和提高生活水平;促进劳资双方合作;扩大社会保障措施;保护工人生活与健康;主张通过劳工立法来改善劳工状况,进而获得世界持久和平,建立社会正义。

国际劳工组织的一项重要活动是从事国际劳工立法,即制定国际劳工标准。国际劳工标准采用两种形式:国际劳工公约和国际劳工建议书。公约是国际条约,以出席国际劳工大会三分之二以上代表表决通过的方式制定,此后,经会员国自主决定,可在任何时间履行批准手续,即对该国产生法律约束力,对不批准的国家则无约束力;建议书以同样方式制定,但无需批准,其作用是供会员国在相关领域制定国家政策和法律、法规时参考。在实践中,多采用在制定一个公约的同时另外制定一个同样名称,但内容更为详尽具体的补充建议书的办法。自 1919 年至 2011年,国际劳工组织已经通过了 189 个公约和 201 个建议书,形成了一套完整的国际劳动法体系。

国际劳工标准按其内容可分为下列各类:①基本劳工人权,指结社自由和集体谈判权,主要是指建立工会的自由、废除强迫劳动、实行集体谈判、劳动机会和待遇的平等、废除童工劳动;②就业、社会政策、劳动管理、劳资关系、工作条件,包括工资、工时、职业安全卫生、社会保障,包括工伤赔偿、抚恤、失业保险;③针对特定人

---

① 李杏果. 当代中国劳动政策制定中的劳动者参与[M]. 北京:中国工人出版社,2011:161.

群和职业,包括妇女、童工和未成年工、老年工人、残疾人、移民工人、海员、渔民、码头工人等。

长期以来,国际劳工组织重视国际劳工标准的制定,促进会员国对国际劳工公约的批准实施,对维护各国工人和其他劳动者的基本权益起到了积极作用,对会员国国内的劳动政策起到协调、指导和规范作用。新中国成立前,旧中国政府曾批准14个公约。新中国成立后,台湾当局用中国政府名义批准了23个公约。1983年6月我国恢复在国际劳工组织的活动后,对前14个公约,于1984年5月决定予以承认,同时宣布后23个公约的批准为非法和无效。此后,我国政府又先后批准了11个公约。截至2013年年底,我国已批准了包括4个核心公约在内的25个公约。

由于历史原因,整个国际劳工标准体系主要以发达国家的社会经济发展水平和需要为基础。因此,尽管国际劳工组织称其为国际劳工最低标准,并标榜标准的普遍性和灵活性,广大发展中国家在公约的制定及批准实施方面仍有不少困难,与发达国家存在许多矛盾。特别是近年来,少数西方国家的工会组织和政府主张,应将各国执行劳工公约的状况与其国际贸易和市场准入相联系,这给许多依靠压低人力成本来增强国际贸易中价格优势的相关劳动政策构成压力,推动着国内劳动政策的完善进程。

第二节　劳动政策客体

劳动政策客体是指劳动政策所发生作用的对象,包括劳动政策所要解决的劳动问题以及劳动政策所要作用的目标群体两个方面。

一、劳动问题

劳动问题属于社会问题的范畴。所谓社会问题,是指对社会成员和社会整体造成负面影响、社会主流价值不能接受因而需要采取集体行动进行干预的社会现象。社会问题表明了要达到的状态与观察到的状态之间的差距。社会问题一般具有以下特点:第一,客观性,即社会问题的存在是一种客观的现象,它独立于人们的意志之外。第二,主观性,即社会问题不仅是一种客观的存在状况,而且也是人们主观认定的产物。社会事实本身不会成为社会问题,只有人们对上述客观情况察觉、认识后,明显感到目前的客观现实已经危及他们所珍视的社会价值观、违背所信奉的社会规范时,这种背离才被称为"社会问题"。第三,社会问题受价值判断的影响。第四,公共性,即社会问题涉及的人数众多,如果仅涉及个别人或少数人,则一般构不成社会问题。第五,过程性。社会问题往往并非骤然发生,而是一个从无到有、影响范围从小到大、严重程度从弱到强不断发展的过程。第六,系统性。任何社会问题都并非孤立存在的社会现象,小范围的社会问题往往是更大范围社会问题的组成部分。

　　劳动问题是与劳动过程、劳动者相关的社会问题。劳动问题既是劳动政策的客体,也是劳动政策研究的起点。改革开放后,随着经济体制改革的深化,我国的劳动问题从隐性化走向显性化,劳动问题凸显并日益严峻。劳动问题主要包括就业问题、失业问题、劳动报酬问题、劳动者技能培训问题、劳资冲突问题、强制劳动、劳动力市场歧视、职业安全卫生问题等,涉及的劳动者既包括国企劳动者,也包括农民工。

　　1. 失业问题

　　就业是最大的民生。改革开放以来,我国经济快速增长,但是基于固定资产投资拉动的快速经济增长并没有带来相应的就业增长,失业一直是非常突出的劳动问题。2013 年上半年,中国官方首次公布调查失业率,达 5%,不过,实际失业人数要高于官方公布的数据。失业通常分为三类,即周期性失业、摩擦性失业和结构性失业。其中,周期性失业是由于总需求不足而引起的短期失业,它一般出现在经济周期的萧条阶段,这种失业与经济中周期性波动是一致的。摩擦性失业是由经济运行中各种因素的变化和劳动力市场的功能缺陷所造成的临时性失业,一般是由求职的劳动者与需方提供的岗位之间存在着时间滞差造成的。结构性失业是指由于经济结构的变动,劳动力供给和需求在职业、技能、产业、地区分布等方面不相适应所引起的失业。比较有代表性的结构性失业是以大学毕业生为代表的高学历群体就业难这一现象,其直接表现为大规模扩招和城镇新增就业岗位数量少之间的矛盾。1998 年大学毕业生不到 83 万,2013 年毕业的大学生人数在 700 万左右,同期城市新增就业岗位远远达不到毕业生的增长速度。与此同时,中国教育体制改革严重滞后于市场化发展进程,导致所培养的毕业生在专业上与市场需求间存在矛盾,也制约了大学生就业。

　　2. 劳资冲突问题

　　随着劳动关系的市场化,我国的劳动矛盾显性化,局部地区劳资关系紧张。劳资冲突的具体表现形式包括劳动争议仲裁、劳动争议诉讼,劳动者堵厂、堵路、静坐、破坏企业设备、跳楼、暴力报复等。劳动争议是劳动者和用人单位之间因劳动权利、义务而引发的争议。按照我国相关劳动法律法规,劳动者和用人单位一旦出现劳动争议,可以通过调解、仲裁、诉讼、协商等方式解决。我国近些年劳资关系的紧张趋势可以从日渐增长的劳动争议案件中得以证明。尤其是,其中的集体劳动争议数量大幅度增加。虽然集体劳动争议案件数量在劳动争议总案件数中所占比例不高,但涉及劳动者人数众多,社会影响一般较大。一旦对集体劳动争议的处理措施不得当,容易导致群体性事件,造成严重的社会影响,甚至威胁社会秩序稳定。近年典型的劳动者集体停工事件包括 2008 年的东航"返航事件"、广州、重庆、三亚等地的出租车罢运事件；2009 年的林钢、通钢事件；2010 年南海本田集体停工事件；2011 年深圳黛丽斯女工集体停工维权事件、西铁城深圳代工厂集体停工事件；2012 年新飞电器停工事件；2013 年富士康深圳龙华厂员工集体停工事件等，这些事件均产生了广泛的社会影响，使劳资冲突问题引起社会的高度关注。

　3. 职业安全卫生问题

　　受经济发展阶段等因素的制约，我国许多地方的底层劳动者还面临劳动时间长、劳动强度大、工作环境恶劣、劳动安全卫生难以保障等问题。

　　矿难一直是我国经济发展中的顽疾。尽管我国年度煤矿事故死亡人数呈逐年下降趋势，但事故死亡人数却占全世界煤矿死亡总人数的 70% 左右。国家安监总局公布的统计数据显示，2010 年全国各类生产事故死亡 79 552 人，同比减少 3 648 人，下降 4.4%。但推算下来，平均每天事故死亡 218 人，伤亡数字依然庞大①。

　　除安全生产形势严峻外，劳动者的安全卫生状况也不容乐观。据报道，我国有 30 多个行业、有 2 亿劳动者在从事劳动过程中，不同程度遭受职业病危害，我国已进入职业病高发期和矛盾凸显期。据国家煤矿安全监察局、中华全国总工会、中国职业安全健康协会的一项调研显示，多数煤矿井下粉尘浓度严重超标，自 1983 年至 2008 年，煤尘最高浓度范围 198～3 420 毫克/立方米，超过国家标准 49.5～855 倍，每年有大量职工患上尘肺病。《工人日报》称，全国煤矿 265 万接尘人员，据测算，每年有 5.7 万人患上尘肺病，因尘肺病死亡的则有 6 000 余人，是安全生产事故死亡人数的两倍②。

　4. 童工问题

　　童工问题一直是国际劳工组织高度关注的问题。根据国际劳工组织的报告，全球有 1.68 亿童工，即全世界每 10 个儿童中就有一名童工③。我国法律明文禁止雇用童工。1991 年和 1994 年，我国先后颁布的《中华人民共和国未成年人保护法》和《中华人民共和国劳动法》，明确规定"任何组织和个人不得招用未满 16 周岁的未成年人"。2002 年 9 月，中国国务院颁布重新修订的《禁止使用童工规定》，明确了企业使用童工的罚款标准和金额。同年修订的《刑法》还增加了"雇用童工从事危重劳动罪"。虽然我国法律明令禁止，但是童工问题依然存在。2007 年，山西"黑砖窑"非法雇用并虐待数百名童工的问题被媒体报道，引发社会高度关注；2008

　　① 中国因矿难死亡人数占全世界总数 70%［EB/OL］. http://news. 163. com/11/0628/15/77L6080N00014JB6. html，2011-06-28.

　　② 我国尘肺病危害仍呈上升趋势［N］. 工人日报，2010-11-10.

　　③ 国际劳工组织统计称全球童工问题依然严峻［EB/OL］. http://news. xinhuanet. com/world/2013-09/24/c_125435851. htm，2013-09-24.

年媒体报道四川凉山大量中小学生被骗至东莞做童工;2012年烟台富士康公司被曝非法使用童工;2013年12月,深圳可立克股份有限公司被曝雇用少数民族童工,孩子们每天需要工作12个小时,劳动强度大,却只能拿到每月2 000元的固定工资,没有加班费。

童工现象一直难以杜绝有其背后深层次原因——贫困。童工均来自贫穷家庭,改革开放30年来,我国贫困人口减少2.5亿,并正努力使2 000万贫困人口脱贫。不过,由于地理和历史等因素,区域经济的不平衡性、局部地区的穷困仍是客观存在的难题。只有解救贫穷,才能真正解救得了童工;只有消除贫困,才能从根本上在中国杜绝童工。

二、目标群体

1. 目标群体的界定及作用

目标群体是指在劳动政策中利益被分配或调节,行为被规范或指导,受到政策影响和制约的社会成员。目标群体的态度直接影响到政策能否落实,政策目标能否实现。

尤金·巴达奇从博弈论的角度分析了目标群体对政策的态度,认为目标群体对政策顺从和接受的程度是影响政策能否有效执行的关键因素之一。而目标群体顺从、接受程度与其利益密切相关,因利益是其博弈的主要动力。目标群体的政策认知度高,政策合法性低,其博弈程度强;政策认知度高,政策合法性高,其博弈程度低;政策认知度低,不管政策合法性高低,博弈程度低[1]。迈克尔·豪利特认为目标群体的利益是影响目标群体对政策态度的首要因素。另外,目标群体被政策所要求改变其行为的程度,也决定了他们对政策的态度。第三,目标群体掌握的政治和经济资源影响着他们对政策的态度。第四,目标群体的规模对政策执行的影响也十分重大[2]。

劳动政策的目标群体主要指雇主(雇主组织)和劳动者(工会)。雇主和劳动者对劳动政策的态度直接影响到政策能否落实,劳动政策的目标能否实现。

2. 劳动政策目标群体的特点

1) 社会性

劳动政策的目标群体与社会发展具有同步性,一旦社会发生变化,劳动政策会

---

① E. Bardach. The Implementation Game: What Happens After a Bill Becomes a Law [M]. Cambridge and London: MIT Press, 1977, pp. 56-58.

② Michael Howlett and M. Ramesh. Studying Public Policy: Policy Cycles and Policy Subsystems[M]. Toronto: Oxford University Press, 2003, P122.

发生变化,劳动政策目标群体对劳动政策的评价标准也发生变化,劳动政策目标群体在政策执行过程中的政策态度因而会受到影响。政治社会化是影响劳动政策目标群体观念的重要环节。如果政治化的过程较为成功,那么劳动政策目标群体会逐渐树立起支持现行劳动政策的观念,树立起拥护、支持和体谅现行政治制度和政治权威的信念,促使劳动政策得到较好的实施。反之,如果政治社会化的过程较差,目标群体的政治社会化程度较低,则可能会出现误解或抵制现行劳动政策,从而增加劳动政策执行的难度。

2) 传统性

劳动政策目标群体对政策的看法受其传统思想观念和行为习惯的影响。劳动政策执行往往会对目标群体的思想和行为提出改变的要求,其变化幅度的大小在很大程度上影响目标群体对劳动政策的接受和服从的程度。如果政策要求与目标群体传统的思想观念和行为习惯差距不大,目标群体往往会顺从和接受劳动政策。反之,则往往会使目标群体拒绝劳动政策,并表现出行为上的不配合,妨碍劳动政策的执行。

3) 自利性

公共选择理论认为人是自私的、理性的,追求功利的最大化,劳动政策目标群体在很大程度上会根据其利益得失的判断来决定对某项劳动政策的态度。如果他们认为接受此项政策要付出的成本大于得到的收益,就会持抵制的态度;反之,则持支持的态度。当然,基于劳动政策的权威性和强制性,目标群体会因为惧怕政策的惩罚措施而被动、消极地接受他们认为成本大于收益的某项政策。

4) 主体性

劳动政策的目标群体同样应是劳动政策的主体,具有主体性。他们有权表达自己的观点,影响政策的制定、执行、评估等政策过程。"政策主体必须保障广大人民群众和各种社会团体,以及政策研究组织能够充分参与政策的决策过程"。劳动政策必须反映劳动者和雇主的根本利益和要求,同时,只有当劳动者和雇主普遍认同劳动政策时,劳动政策才能顺利地被执行。劳动政策的执行需要目标群体,尤其是作为目标群体的劳动者的有效监督。

5) 差异性

劳动者与雇主的行为均受到劳动政策的影响,他们同时受到劳动政策的规范和制约。不过,两者之间存在着根本性的差异。这种差异突出表现为两者利益的不一致性。劳动者往往追求的是工资最大化,雇主往往追求利润最大化。工资提升在一定程度上会影响到雇主的利润收益;相反,雇主的利润收益也会影响到劳动者的工资。这种不一致的利益关系使得不同劳动政策目标群体对劳动政策的观点存在差异,甚至可能是针锋相对的差异。劳动政策所要调整或规范的正是劳动者与雇主之间的关系尤其是利益关系。基于劳动者与雇主之间的差异性,决策者要在劳动政策过程中应注重双方充分的利益表达,尤其是处于相对弱势地位的劳动者的利益表达,提升他们的政策认同感,推动劳动政策的顺利实施。

第三节　劳动政策环境

任何政策都离不开特定的环境,劳动政策也不例外。劳动政策环境,是作用和影响劳动政策的所有外部条件的总和,包括地理自然环境、经济环境、政治法治环境、社会文化环境、国际环境等。劳动政策行动的要求产生于政策环境,并从这种环境输入到政策系统。同时,政策环境限制和制约着劳动政策主体的行动。分析劳动政策环境的目的是为理解劳动政策系统提供宏观、总体的框架和背景。

一、地理自然环境

地理自然环境是一个国家生存和发展的物质基础,也是国家经济建设的立足点和出发点,构成劳动政策系统最基础、最稳定的环境。地理自然环境就是政策系统所处的地理位置和自然状况,包括国土面积、地形地貌、气候、自然资源、人口状况等。地理自然环境与劳动政策有着紧密的联系。中国是世界上人口最多的发展中国家。人口众多、可耕地面积有限、资源相对不足、环境承载能力较弱是中国现阶段的基本国情,短时间内难以改变。人口众多、可耕地较少之间的矛盾导致我国产生了大量的农村剩余劳动力需要转移到非农产业,这使就业问题凸显,并直接决定了劳动政策的价值取向——就业优先。此外,我国大量剩余劳动力的存在使劳动力供过于求,由此影响到劳动力市场中劳动者相对于雇主的力量对比,影响到劳动关系政策的制定与实施。总之,地理自然环境作为政策环境的一个重要的方面,对劳动政策系统存在着直接或间接的影响,而且这种影响是长期的,劳动政策是无法回避的。

二、经济环境

经济环境是指对劳动政策系统的生存、发展与运行具有重要影响的各种经济因素的总和,包括生产力的性质、结构,生产资料所有制的形式、经济结构、经济制度、经济体制、经济总量等。经济环境对劳动政策具有决定性的影响。这种影响表现为:①经济环境是制定和执行劳动政策的基本出发点。经济环境是人类社会生活最基本的环境,劳动政策系统不可能超越经济环境所提供的物质条件和要求。劳动政策系统只能对经济资源的存量进行科学合理的配置,而决不可能超量配制。同时,劳动政策系统对存量资源的配置也不可能脱离经济制度或经济体制的框架,否则必然要引起经济制度和体制的反弹,延缓生产力和科学技术的发展以及生产关系的完善。我国劳动政策的制定在很大程度上受制于我国的经济发展阶段、经济结构、经济制度等经济环境因素。②经济环境提供了劳动政策系统运行所必需的资源。劳动政策的制定、执行、评估、监控等活动都需要消耗一定的人力、物力、财力、信息、权威等资源。这构成了劳动政策系统的运行成本。没有一定的资源投入,就不可能出现有作为的、产出良好的劳动政策效果。③经济环境影响劳动政策系统的经济目标取向。劳动政策主体不可能仅凭自己的主观愿望制定和推行某些政策,而必须将特定时期的经济状况、经济利益矛盾、经济资源分配等因素作为制定和实施劳动政策的基本依据和主要内容,并由此决定了劳动政策不同的经济目标取向。④从历史发展的角度看,经济环境大致可以分为自然经济、计划经济、市场经济三种不同的经济形态。不同的经济形态对劳动政策系统提出了不同的要求,并间接地影响到劳动政策的导向、劳动政策调整的范围、劳动政策运作的方式以及劳动政策质量。

三、政治法治环境

政治法治环境是指对劳动政策的生存、发展与运行产生重要影响的所有实际或潜在的政治状态与法治状态,前者包括政治制度、政治体制、政治结构。政治关系、国家与社会的关系状况等;后者包括法律体系、法律机构、执法状况、社会治安等。政治法制环境对劳动政策系统的影响表现为:①政治法治环境影响劳动政策系统的性质。劳动政策的主体是政党、利益集团、阶级、阶层、非政府组织等,它们是在一定的政治结构和法治条件下行为的,它们与公共权力的关系决定了劳动政策系统的性质。②政治法治环境影响劳动政策系统的民主化程度。政治生活的核心问题是民主化。劳动政策系统内部如果缺乏政策直接主体与间接主体之间的良性互动,排斥间接主体的政策参与,政策系统就会成为封闭的、具有专制性质的政策系统。反之,则是开放的、民主的政策系统。③政治法治环境影响劳动政策系统的合法化程度。劳动政策的合法化程度既取决于政策系统的法治状况,也取决于完善的法治环境。即使政策系统的法治化程度高,但如缺乏完善的法治环境,劳动政策在实施中则必然发生扭曲。

四、社会文化环境

社会文化环境就是对劳动政策系统生存、发展与运行产生重要影响的社会状况与文化状况,包括社会群体的职业构成、受教育程度、社会道德风尚、人口素质等。社会文化环境影响劳动政策系统运行的效率。一个社会的教育、科技、文化程度较为发达,就可能为劳动政策系统运行的各个环节配备高素质的人员,提供各种现代化的科技手段和资讯。同样,一个社会具有良好的伦理道德传统,目标群体具有良好的道德素质,劳动政策的执行就较为顺畅。构成社会文化环境的因素尽管很多,最核心的是政治文化。自美国政治学家阿尔蒙德于 1968 年提出"政治文化"的概念以来,众多的政治学者参与了这一领域的研究。尽管他们对政治文化的界定各有不同,但基本上是将它看做人类社会政治生活的主观意识范畴,看做政治方面的某种相对固定的主观取向,即一个民族在特定历史时期流行的有关政治方面的一套政治态度、政治信仰、政治情感。政治文化对政策系统的影响更为直接,不同政策系统在产出方面的差异,甚至可以用政治文化的不同来进行解释。除政治文化外,社会道德水平也对劳动政策具有重要影响。在守法意识强、道德水平高的社会里,劳动政策能得到较好贯彻执行,劳动者合法权益受侵犯的几率低于守法意识差、道德水平低的社会。

五、国际环境

国际环境既包括全球范围内的政治、经济、文化发展演变的共同趋势、全球秩序及相应的规则,也包括对政策系统生存、发展和运行产生一定影响的民族国家间、跨国组织间竞争、合作与冲突而形成的具有一定稳定性的政治、经济、文化关系。国际环境对劳动政策系统的影响表现为:①国际环境影响劳动政策的价值选择。全球化是劳动政策面临的现实国际环境,随着经济全球化程度的加深,西方国家主导下的全球化会影响到发展中国家的劳动政策价值;国际组织的价值会越来越明显地影响到成员国的劳动政策价值。②国际环境影响劳动政策系统的参照系选择和目标选择。全球化要求劳动政策系统保持足够的开放性,这为劳动政策系统对其政策产品的效能和优劣进行评估提供了新的参照系,也为劳动政策系统的政策目标定位提供了参照系。③国际环境影响劳动政策系统的性质。随着全球化、市场化、信息化趋势的加快,劳动政策系统的范围和功能发生了改变,并越来越受到超国家系统、跨国家系统的制约,国内的劳动政策主体会丧失了对部分劳动政策问题的决策权。

总之,地理自然环境、经济环境、政治法治环境、社会文化环境、国际环境等环境因素对劳动政策产生重要而深远的影响。任何国家的劳动政策都是一定环境中的产物,离开现实环境、不合实际制定出的劳动政策,要么不具有科学性,要么不具有可行性。这就要求劳动政策主体在劳动政策主体应以科学的态度,求实的精神,深入实际调查研究,深刻地认识和把握经济、政治、文化、历史、自然、社会条件和国际环境等方面的基本情况及特点,特别是政治系统在特定时期的社会性质、社会生产力发展状况、主要矛盾等,认真分析环境中的有利因素与不利因素,只有这样,才能制定出符合客观实际、符合规律的劳动政策。

思考题

1. 你如何理解执政党对劳动政策的影响?
2. 工会对劳动政策具有怎样的影响?
3. 劳动者影响劳动政策的途径有哪些?
4. 哪些环境因素能对劳动政策构成显著影响?
5. 经济全球化如何影响各国的劳动政策?

本章参考文献

[1] 常凯.劳动关系学[M].北京:中国劳动社会保障出版社,2005.
[2] 李德齐.中国劳动关系学[M].北京:中国工人出版社,2007.
[3] 冯同庆.聚焦当代中国社会热点劳动问题[M].北京:中国工人出版社,2013.
[4] 岳经纶.转型期的中国劳动问题与劳动政策[M].上海:东方出版中心,2011.
[5] 谢明.公共政策导论[M].北京:中国人民大学出版社,2012.

第三章　劳动政策过程

　　制定和实施以协调公正合理的劳动关系为主要目标的劳动政策,对于社会经济发展的全局具有至关重要的影响。劳动政策是建立起公正合理的、互惠互利的劳动关系之必需;劳动政策是形成公正合理的社会阶层结构之必需;劳动政策是有效提升消费内需拉动之必需;劳动政策是社会安全的必要保证。应当不失时机地大力推动劳动政策体系的建立和实施,以确保中国社会经济的安全运行和健康发展。一般地,劳动政策过程分为劳动政策的制定、劳动政策的执行、劳动政策的评估和劳动政策的终结。

第一节　劳动政策制定

一、劳动政策制定的概念与含义

　　劳动(劳资)关系是现代社会中最为基本的社会关系之一,同理,劳动政策是最为基本的社会政策之一。以协调公正合理的劳动关系为己任的劳动政策,对于一个国家的社会经济发展全局具有至关重要的影响。从时间维度上看,劳动关系同现代化进程和市场经济进程相伴始终;从空间维度上看,劳动关系涵盖了绝大部分的社会经济领域,而且,随着工业化、城市化进程迅速的推进,农民的数量必然会越来越小,劳动者(雇员)的数量必然会越来越大。毫无疑问,在这样的时代条件之下,劳动政策的具体状况必然会直接影响着一个国家市场经济秩序、内需拉动、劳动者职业水准以及经济竞争力的具体状况;影响着大多数现有农村剩余劳动力以及中等收入人群的未来前景(中等收入人群成员主要来自于劳动者群体);影响着整个社会的利益协调机制的具体状况;影响着社会阶层结构的公正与否。劳动政策如此之重要,以至于有学者认为,"今天日本的繁荣和莱茵河畔的奇迹,其原因应该追溯到'二战'后在本土内发生的资产阶级革命和与之相应的劳资关系的变化,而不是'二战'结束前实现的工业革命"①。

　　劳动政策制定又称劳动政策决策,是劳动政策过程的首要环节。它是针对某个劳动问题而提出一系列解决方案或计划,进而使其转化为政策规范的过程。目

---

① [韩]金秀坤.韩国劳资关系[M].方振邦,译.北京:经济科学出版社,2005:7.

前,我国传统劳动政策制定的特点是高度组织化,缺少民主;内部输入为主,缺少广泛性;单方案定向选择,缺少比较;上传下达的传递方式,容易变异。为克服这些弊端,近年来开始建立民意调查制度、信息公开、举行听证、给劳动者广泛的直陈空间以及发挥非执政党的作用。

二、劳动政策制定的步骤

劳动政策制定的步骤包括:劳动政策问题提出、劳动政策议程设立、劳动政策方案设计、劳动政策方案合法化。

(一) 劳动政策问题提出是劳动政策制定的逻辑前提

1. 劳动政策问题的定义

劳动政策问题是指劳动政策决策者意识到需要由政府制定劳动政策才能解决的社会劳动问题。

2. 劳动政策问题的构成

劳动政策问题是问题发展而来的。由一般发展为社会问题,由社会问题发展为劳动问题。哪些引起公众或政府高度关注并决心加以解决的劳动问题,按一定的劳动政策议程纳入到劳动政策制定之中就成了劳动政策问题。其发展模式为:问题—社会问题—劳动问题—劳动政策问题。

(1) 问题:应有现象与实际现象的偏差,或者是系统的现状与期望状态的差距。

(2) 社会问题:当相当一部分人遇到同一个问题,并且彼此意识到这一点进而认为社会规范出现了问题的时候,就是社会问题了。

(3) 劳动问题:当问题超出当事人,其影响波及不直接相关的群体时,问题就转化成了劳动问题。

(二) 劳动政策议程

1. 劳动政策议程的概念与种类

劳动政策议程是指将劳动政策问题提上政府议事日程、纳入决策领域的过程。

劳动政策议程的种类分为系统议程和政府议程。系统议程:是指那些被政治社区的成员普遍认为值得公众注意,并由与现存政府权威中的立法范围相关的一切问题组成。政府议程:是由那些引起劳动官员密切而又积极关注的问题组成的。

2. 建立劳动政策议程的途径

社会问题进入劳动政策议程的途径主要有:

(1) 政治领袖:政治领袖在劳动政策议程中有优先权。

(2) 政治组织:政治组织集中、归纳和反映所代表的集团利益。

(3) 代议制:人民通过选举产生代表组成代表大会和议会(国会),反映各自所代表的利益、愿望和要求,就有关社会问题形成各种议案、提案、建议等,进入政府议事日程。

（4）选举制:这是与代议制配套的民主制度。

（5）行政人员:行政人员具有信息、技术等方面的优势。

（6）利益集团:是对政府施加影响的压力集团。

（7）专家学者:具有专业知识的优势,通过咨询途径施加影响。

（8）劳动者:通过各种政治渠道向政府表达自己的愿望和要求。

（9）大众传媒:通过制造舆论的方式施加影响。

（10）危机事件:是通过突发事件所产生的危机形势,形成把某类问题提上政府议事日程的机制。

（三）劳动政策方案设计

1. 劳动政策方案的概念、环节和特征

劳动政策方案是指对劳动政策问题的分析研究并提出相应的解决办法或方案的活动过程。

劳动政策方案设计的环节包括问题界定、目标确立、方案设计、后果预测、方案抉择五个环节。

劳动政策方案的特征,包括:①方案的目的是为了解决既定的劳动政策问题;②方案的基本内容是方案设计和方案选优;③方案既是一种研究活动又是一种政治行为。

2. 劳动政策方案设计的原则

（1）信息完备原则。无论是问题的界定、目标的确立还是方案的设计、后果的预测、方案的选优都必须建立在全面、准确的信笺资料基础上。

（2）系统协调原则。要注意劳动政策方案目标、措施以及不同方案等待之间的系统联系。

（3）科学预测原则。预兆是劳动政策方案规划的前提,也是方案规划过程中的一个必不可少的环节。

（4）现实可行原则。只有通过综合全面的可行性分析,才能得出劳动政策方案是否可行的结论。

（5）民主参与原则。保证人民群众参政议政权;充分发挥专家智囊团的作用。

（6）稳定可调原则。劳动政策方案要留有余地,具有适当可调弹性。

（四）劳动政策合法化

1. 劳动政策合法化概念

劳动政策合法化是指法定主体为使劳动政策方案获得合法地位而依照法定权限和程序所实施的一系列审查、通过、批准、签署和颁布劳动政策的行为过程。劳动政策合法化的含义有以下 5 点：

（1）劳动政策合法化是指所有劳动政策都有其合法化的过程。

（2）劳动政策合法化有劳动政策法律化、劳动政策法规化和劳动政策社会化三种形式。

（3）劳动政策合法化的目的是获得人们的认可、接受和遵照执行的效力。

（4）劳动政策合法化是法定主体依照法定权限来实施的活动，不具有法定劳动政策制定权力或超越法宝权限，都不能使劳动政策合法化。

（5）劳动政策合法化是主体依照法定程序所实施的一系列行为过程。

2．劳动政策合法化主体的权限

（1）主体要有合法依据。劳动政策主体发布劳动政策（法律、法规、规章等）要有明确的法律依据，无法无据不能发布劳动政策。

（2）主体不能超出法定权限范围。劳动政策主体在发布劳动政策时注意所涉事项、地域、措施、手段的合理合法范围，不能侵犯别的部门和别的地方权力，更不能侵犯公共合法权利。

（3）注意法律的连续性和稳定性。法律滞后应按程序废止，不能随意用劳动政策代替法律。

3．劳动政策合法化程序

（1）劳动政策合法化程序的相对性。劳动政策合法化与劳动政策方案规划有时难以截然分开，劳动政策过程的各个阶段常常是重叠的。

（2）行政机关劳动政策合法化过程。我国行政机关劳动政策合法化程序包括：法制机关审查—领导决策会议（政府常务会议或全体会议）讨论决定—行政首长签署发布劳动政策。主要特点是实行民主集中制基础上的行政首长负责制。

（3）立法机关或权力机关劳动政策合法化过程。主要程序包括：提出议案—审议议案—表决和通过议案—公布劳动政策。主要特点是集体行使职权。

4．劳动政策法律化

劳动政策法律化是指具有立法权的国家机关依照立法权限和程序，将成熟、稳定而有立法必要的劳动政策转化为法律。20 世纪（特别是战后）以来，随着"行政国家"的出现，原来没有立法权的行政机关获得了一定的立法权。我国现行的立法体制规定，全国人大及其常委会、国务院、特定的地方人大及其常委会分别享有不同程度的立法权。

劳动政策法律化的条件有三个：有立法必要的劳动政策；成熟、稳定的劳动政策；劳动政策法律化是劳动政策合法化的一种重要而有特殊的形式。

三、劳动政策制定的方法

劳动政策制定的方法包括：德尔菲法、决策树法、灵敏度分析法、成本效益分析法和模糊综合分析法等。采用的技术主要是预测技术。

(一) 德尔菲法

德尔菲是古希腊城名，相传城中阿波罗圣殿能预卜未来，因而命名。德尔菲法是 20 世纪 60 年代初美国兰德公司的专家们为避免集体讨论存在的屈从于权威或盲目服从多数的缺陷提出的一种定性预测方法。为消除成员间相互影响，参加的专家可以互不了解，它运用匿名方式反复多次征询意见和进行背靠背的交流，以充分发挥专家们的智慧、知识和经验，最后汇总得出一个能比较反映群体意志的预测结果。

德尔菲法的一般工作程序如下：①确定调查目的，拟订调查提纲。首先必须确定目标，拟订出要求专家回答问题的详细提纲，并同时向专家提供有关背景材料，包括预测目的、期限、调查表填写方法及其他希望要求等说明。②选择一批熟悉本问题的专家，一般至少为 20 人左右，包括理论和实践等各方面专家。③以通信方式向各位选定专家发出调查表，征询意见。④对返回的意见进行归纳综合、定量统计分析后再寄给有关专家，如此往复，经过三四轮意见比较集中后进行数据处理与综合得出结果。每一轮时间约 7 到 10 天，总共约一个月左右即可得到大致结果，时间过短因专家很忙难于反馈，时间过长则外界干扰因素增多，影响结果的客观性。

这种方法的优点主要是简便易行，具有一定科学性和实用性，可以避免会议讨论时产生的害怕权威随声附和，或固执己见，或因顾虑情面不愿与他人意见冲突等弊病；同时也可使大家发表的意见较快收敛，参加者也易接受结论，具有一定程度综合意见的客观性。但缺点是由于专家一般的时间紧，回答总是往往比较草率，同时由于预测主要依靠专家，因此归根到底仍属专家们的集体主观判断。此外，在选择合适的专家方面也较困难，征询意见的时间较长，对于需要快速判断的预测难于使用等。尽管如此，本方法因简便可靠，仍不失为一种人们常用的定性预测方法。

(二) 决策树法

决策树法是利用概率论的原理，并且利用一种树形图作为分析工具。其基本原理是用决策点代表决策问题，用方案分枝代表可供选择的方案，用概率分枝代表方案可能出现的各种结果，经过对各种方案在各种结果条件下损益值的计算比较，为决策者提供决策依据。

决策树分析法是常用的风险分析决策方法。该方法是一种用树形图来描述各方案在未来收益的计算。比较以及选择的方法，其决策是以期望值为标准的。人们对未来可能会遇到好几种不同的情况。每种情况均有出现的可能,人们目前无法确知,但是可以根据以前的资料来推断各种自然状态出现的概率。在这样的条件下,人们计算的各种方案在未来的经济效果只能是考虑到各种自然状态出现的概率的期望值,与未来的实际收益不会完全相等。如果一个决策树只在树的根部有一决策点,则称为单级决策;若一个决策不仅在树的根部有决策点,而且在树的中间也有决策点,则称为多级决策。

决策树法的要素由决策结点、方案分枝、状态结点、概率分枝和结果点五个要素构成。其步骤分为:①绘制决策树图。从左到右的顺序画决策树,此过程本身就是对决策问题的再分析过程。②按从右到左的顺序计算各方案的期望值,并将结果写在相应方案节点上方。期望值的计算是从右到左沿着决策树的反方向进行计算的。③对比各方案的期望值的大小,进行剪枝优选。在舍去备选方枝上,用"="记号隔断。

决策树法的优缺点在于,决策树法是管理人员和决策分析人员经常采用的一种行之有效的决策工具。它具有下列优点:①决策树列出了决策问题的全部可行方案和可能出现的各种自然状态,以及各可行方法在各种不同状态下的期望值;②能直观地显示整个决策问题在时间和决策顺序上不同阶段的决策过程;③在应用于复杂的多阶段决策时,阶段明显,层次清楚,便于决策机构集体研究,可以周密地思考各种因素,有利于作出正确的决策。当然,决策树法也不是十全十美的,它也有缺点,如使用范围有限,无法适用于一些不能用数量表示的决策;对各种方案的出现概率的确定有时主观性较大,可能导致决策失误等。

(三) 灵敏度分析法

灵敏度分析法是运筹学中的方法。研究与分析一个系统(或模型)的状态或输出变化对系统参数或周围条件变化的敏感程度的方法。在最优化方法中经常利用灵敏度分析来研究原始数据不准确或发生变化时最优解的稳定性。通过灵敏度分析还可以决定哪些参数对系统或模型有较大的影响。因此,灵敏度分析几乎在所有的运筹学方法中以及在对各种方案进行评价时都是很重要的。

对于线性规划中常用灵敏度分析,对于线性规划问题:

$$\max X = \sum_{j=1}^{n} c_j x_j$$

$$\text{s. t.} \quad \sum_{j=1}^{n} a_{ij} x_j \leqslant b_i \qquad i=1,2,\cdots,m$$

$$x_j \geqslant 0 \qquad j=1,2,\cdots,n'$$

这里 max 表示求极大值,s. t. 表示受约束于,X 是目标函数,x_j 是决策变量。通常假定 a_{ij},b_i 和 c_j 都是已知常数。但是实际上这些参数往往是一些根据估计或预测得到的数据,因而存在误差。同时,在实际过程中,这些参数还会发生不同程度的变化。例如,在处理产品搭配的线性规划问题中,目标函数中的 c_j 一般同市场条件等因素有关。当市场条件等因素发生变化时,c_j 也会随之而变化。约束条件中的 a_{ij} 随工艺条件等因素的变化而改变,b_i 的值则同企业的能力等因素有关。线性规划中灵敏度分析所要解决的问题是:当这些数据中的一个或几个发生变化时,最优解将会发生怎样的变化。或者说,当这些数据在一个多大的范围内变化时最优解将不发生变化。

(四) 成本效益分析法

成本效益分析法也称费用效果分析法,是规划与采购工程系统或设备的一种方法。它起源于二次大战后的美国,从 20 世纪 60 年代后,这种方法广泛流行于各工业部门。为了实现某种经济上的或军事上的目的,可供选择的经济技术方案很多,这些方案在实现目的的效果上和消耗的费用上各不相同。通过效用分析可以从这些方案中找出给定效果,采用费用最低的方案。整个工程系统消耗的费用一般是从研制设计开始到服务期满之间的下列各项费用的折现总合:①研制与生产费用,包括建造新的生产线、试验与建造新的原料以及批量生产规模等的影响在内;②存储与维修费用,包括建造专门仓库等;③现代化改造费用;④人员培训,日常运行及意外损失等费用。所有这些费用均在不同时期支付,应根据反映货币价值与时间关系的折现率,把它们折算到同一时间来计算。

由于实际问题中有关技术、经济方面的许多参数往往是不确定的,因此,需要对这些参数作出多种假设,通过分析来检验它们对工程系统费用效果的影响程度,从而权衡利弊,选择有利方案。成本效益分析法是综合利用运筹学、程序设计、经济分析以及有关设备系统设计与使用等的知识和方法。

(五) 模糊综合评价分析法

模糊综合评价分析法属于综合评价原理。模糊综合评价法是一种基于模糊数学的综合评标方法。该综合评价法根据模糊数学的隶属度理论把定性评价转化为定量评价,即用模糊数学对受到多种因素制约的事物或对象做出一个总体的评价。它具有结果清晰,系统性强的特点,能较好地解决模糊的、难以量化的问题,适合各种非确定性问题的解决。

模糊综合评价法的最显著特点:①相互比较。以最优的评价因素值为基准,其评价值为1;其余欠优的评价因素依欠优的程度得到相应的评价值。②函数关系。可以依据各类评价因素的特征,确定评价值与评价因素值之间的函数关系(即:隶属度函数)。确定这种函数关系(隶属度函数)有很多种方法,例如,F 统计方法,各种类型的 F 分布等。当然,也可以请有经验的评标专家进行评价,直接给出评价值。

模糊综合评价法的一般步骤：①模糊综合评价指标的构建。模糊综合评价指标体系是进行综合评价的基础，评价指标的选取是否适宜，将直接影响综合评价的准确性。进行评价指标的构建应广泛涉猎与该评价指标系统行业资料或者相关的法律法规。②采用构建好权重向量。通过专家经验法或者 AHP 层次分析法构建好权重向量。③构建评价矩阵。建立适合的隶属函数从而构建好评价矩阵。④评价矩阵和权重的合成。采用适合的合成因子对其进行合成，并对结果向量进行解释。

四、劳动政策制定中需要注意的问题

劳动政策制定是劳动政策运行的首要环节，劳动政策的民主化和科学化是劳动政策制定的基本任务，劳动政策的民主化和科学化程度决定了政策本身的科学性程度，是劳动政策有效解决政策问题的前提。在现代民主政治条件下，公民就是通过政策参与对政策体系施加影响的方式来表达和实现自身的利益要求的，因此，公民政策参与在劳动政策制定中发挥着重要作用。

1. 公民参与劳动政策制定是社会主义政治文明建设的有效途径

党的十六大就提出了建设社会主义政治文明的发展目标。政治文明是人类文明在政治生活中的具体体现，"政治文明的核心内容是民主发展的积极成果"。民主就是人民当家作主，享有管理国家事务、社会事务和自身事务的基本权利。社会主义政治文明是一个很抽象的概念，但建设社会主义政治文明需要具体落实到政治体系运行的各个环节。党的十六大报告指出，加强社会主义政治文明建设，必须"健全民主制度，丰富民主形式，扩大公民有序的政治参与，保证人民依法实行民主选举、民主决策、民主管理和民主监督"。劳动政策作为现代社会政治参与的重要途径，其日益开放的运行过程成为有效吸纳政治参与的规范性渠道。因此，从微观的劳动政策运行过程着手，吸纳公民参与并且有效作用于劳动政策制定过程，推进劳动政策的民主化进程，是发展社会主义民主政治，建设社会主义政治文明的现实途径。

2. 公民参与劳动政策制定是提高劳动政策质量的重要保障

劳动政策质量是表征劳动政策有效解决政策问题、实现政策目标的概念，"是衡量现代政府劳动行政能力、水平和权能强弱的重要标准和尺度"。政策质量是政治文明的主要标志，提高政策质量的关键是建立和健全科学的政策制定体制，从法律和制度上保证公民对政策制定的参与权。政策参与是公民与政策体系发生联系的最直接和最有效的方式，能够扩大政策体系的信息渠道，保证政策体系正确反映社会各利益群体的利益要求，做出科学决策，及时发现和纠正决策中的失误，有效化解政策过程中的矛盾和问题。同时，由于劳动政策制定中主动听取和吸收了不同社会群体的利益要求,并将这些分散的利益要求整合为社会劳动利益,这就提高了公众对政策系统的认同感,有利于调动更多政治资源参与劳动政策过程,减少政策运行的阻力。

3. 公民参与劳动政策制定是保证劳动政策"劳动性"的内在要求

劳动政策是为"劳动"而制定的"政策",劳动性是劳动政策的本质属性。劳动政策作为劳动利益有效配置的权威性手段,其劳动性需要最终落实到劳动利益上。在市场经济条件下,公民是经济活动的主体,公民经由各种政策参与途径表达自身的利益要求,是对政策体系制定劳动政策进行选择的一种行为。随着市场经济和民主政治的发展,不同利益主体的利益要求呈现出多元化、复杂化和理性化的趋势,不同社会力量的政治参与越来越表现为围绕具体劳动政策和利益调节问题的相互协商、相互妥协以及相互制衡,也就是说,社会劳动资源的配置一般不通过阶级斗争的方式,而是通过制度建设和政策的完善来解决。

4. 公民参与劳动政策制定是提高劳动政策合法性基础的重要途径

劳动政策之所以能够成为整个社会的基本规则和指导准则,是因为它有一个合法化的过程,经过法定程序,获得了某种权威性的、有约束力的合法形式。根据美国学者查尔斯·琼斯的理解,劳动政策的合法性包括两个层次的内容:"第一层次为政治系统取得统治的合法性;第二层次是指政策取得合法地位的过程。"从第一层次看,政治系统的合法性是劳动政策体系权威的生成基础,是政策体系有效运行的权力来源,其主要评价标准是公众对政策体系和政策方案的认同和支持程度。从第二层次看,一项政策获取合法性的过程,实际上就是特定政治系统制定的政策得到多数公众认可和接受的过程,在这一过程中,公民通过政策参与表达自身利益要求,对政策制定过程施加影响,在不同公民和社会团体的利益博弈过程中形成多数群体能够接受的政策方案。

第二节　劳动政策执行

一、劳动政策执行的一般过程

(一) 政策宣传

政策宣传是政策执行过程的起始环节。政策执行活动是由许多人员一起协作完成的。要使政策得到有效执行,必须首先统一人们的思想认识。政策宣传就是统一人们思想认识的一个有效手段。执行者只有在对政策意图和政策实施的具体措施有了明确认识和充分了解的情况下,才有可能积极主动地执行政策。因此,各级政策执行机构要努力运用各种手段宣传政策的意义、目标,宣传实施政策的具体方案和步骤。为正确有效地执行政策打下坚实的思想基础。

（二）政策分解

政策分解是政策实施初期的另一项功能活动。一般说来，一项政策只是指出实现政策目标的基本方向。要使政策执行顺利进行，就必须在这些基本原则指导下，对总体目标进行分解，编制出政策执行活动的"线路图"，明确工作任务指向，使执行活动有条不紊地进行。政策分解应遵循以下原则：一是客观性原则。编制计划要切实可行，积极可靠，排除主观臆断；二是适应性原则。编制的计划要有适应环境变化的弹性机制，特别是要有适应意外情况发生的防范机制；三是全面性原则。编制计划要统筹方方面面，理顺各种关系，切忌顾此失彼；四是一致性原则。要求政策执行机构内部各职能部门的工作目标和政策目标保持一致、上下级的政策目标保持一致，以增强组织上的统一性和方向上的一致性。

（三）投入资源

政策执行资源一方面指组织机构设置和机构运转的物质因素；另一方面指实现政策目标所需的方案预算和规划要求中的物质因素。资源投入是政策执行的物质保障，主要包括资金、设备。

（四）设置组织机构与配备执行人员

（1）确定政策执行机构。常规性、例行性政策的执行，如属原机构的任务，则应由原执行机构继续承担，不必另建机构，但有时也可用提高原机构地位或者改组机构的方式来保证政策顺利进行。如果遇到非常规性或者牵涉面较广的政策，则可组建临时办公机构，以确保政策的有效执行。

（2）选人用人。这是组织准备工作中的一项重要内容，因为人是组织中最能动、最活跃的因素，是组织行为的主体，德才兼备、"四化"标准是选人用人的基本原则。

（3）制定必要的规章制度。这可以明确政策推行的准则和依据，保证政策执行有一个正常的秩序。这些规章制度主要有：目标责任制、检查监督制度、奖励惩罚制度。三者是一个有机整体，其中，责任制是核心，检查监督制是手段，奖惩制是杠杆，共同形成推动政策全面、有效实施的一套完整制度。

（五）政策实验

政策实验是政策实施过程中的重要步骤。政策实验既可以验证政策，发现偏差，及时反馈信息，修改和完善政策，又可以从中取得带有普遍指导意义的东西，如实施的方法、步骤、注意事项等，为政策的全面实施取得经验。政策实验一定要按照科学方法来进行，政策实验步骤大致包括选择实验对象、设计实验方案和总结实验结果三个阶段。要善于从失败的教训中得到启迪，为下一步政策实验扫清障碍。成功的经验能回答我们应该怎么做，失败的经验能告诉我们不应当怎样做。只有将成功的经验和失败的经验结合起来，我们才能知道怎样做。

（六）全面实施

政策的全面实施是政策实施过程中操作性、程序性最强，涉及面最具体、最广泛的一个环节。全面实施政策要求严格遵循政策执行的基本原则，充分发挥政策执行的功能要素，以保证政策目标的圆满实现。

（七）协调与监控政策的协调与监控贯穿于实施全过程

协调工作做好了，才能使执行人员及其他有关人员做到思想观念上的统一和行动上的一致，才能保证执行活动的同步与和谐。监控是政策实施过程的保障环节，使政策执行活动不偏离政策目标，取得预期的政策效果。

二、劳动政策执行的基本手段

劳动政策执行手段是指政策执行机关及其执行者为完成一定政策任务，达到一定政策目标，而采取的各种措施和方法。政策执行活动的复杂性决定了政策执行手段的多样性。概括说来，主要有以下几类：

（一）法律手段

法律手段是指通过各种法律、法令、法规、司法、仲裁工作，特别是通过行政立法和司法方式来调整政策执行活动中各种关系的方法。法律手段是政策执行活动得以进行的根本保障，只有运用法律手段，才能消除阻碍政策目标实现的各种干扰，保障政策执行活动有法可依、有章可循，从而有利于政策的顺利实施。

（二）行政手段

行政手段是指依靠行政组织的权威，采用行政命令、指示、规定及规章制度等行政方式，按照行政系统、行政层次和行政区划来实施政策的方法。行政手段具有较强的约束力，带有强制性，行政手段容易做到协调统一，令行禁止。行政手段对上级机关的要求较高，上级如有失误将会导致连锁反应。另外，执行过程中的无偿性和下级的被动地位都不利于充分发挥下级的积极性和创造性。要把行政手段限制在一定的范围内，不可滥用。

（三）经济手段

经济手段是指根据客观经济规律和物质利益原则，利用价格、工资、利润、利息、税收等各种经济杠杆，调节政策执行过程中的各种不同经济利益之间的关系，以促进政策顺利实施的方法。各种经济手段的功能是不同的，应根据不同情况采用不同的经济手段，切不可简单划一地规定，更不能不加分析地套用。

（四）思想诱导手段

思想诱导手段是一种以人为中心的人本主义管理方法，它通过运用制造舆论、说服教育、协商对话、奖功罚过等非强制性手段，诱使政策执行者和政策对象自觉自愿地去贯彻执行政策,而不从事与政策相违背的活动。

三、劳动政策执行的原则

(一) 原则性与灵活性相结合

原则性要求忠实地执行政策的精神实质,保证政策的统一性、严肃性和权威性。灵活性是指在不违背政策原则的前提下,根据所处的环境和实际情况灵活执行政策。

(二) 执行的有序性

政策执行应该保持一定的阶段性顺序和过程的连续性。这是政策执行程序的核心要求。这也是保持执行工作稳定开展的基础要素。

(三) 执行的时限性

时限性是指政策执行中每一个环节都有时间上的要求,执行的时限性克服和防止了政策执行主体行为的随意性和随机性,同时,为政策执行者提供了统一化、标准化的时间标准。

(四) 执行的协调性

政策执行是各种政策要素在空间上的分配、重组、展开和运动的过程。任何一个要素的发展变化以及各要素的分配方式、比例、组合结构等变化都会直接影响到政策政策执行的进程。

四、劳动行政执行的影响因素

(一) 政策本身的缺陷

政策目标不准确,政策目标太高、太绝对化、太片面化,都会致使执行者不得其要领,政策实施难以平衡。政策内容不具体,模棱两可、含糊不清,容易引起政策界限不清河导致政策随意变动。政策不配套会导致新老政策之间,宏观和微观政策之间没有很好的衔接和配套,给政策执行带来困难。

(二) 人的因素

执行者由于较低的文化理论及政策水平,只是对政策认识不深、把握不准,对政策的界限区分不清。对政策的宣传相互矛盾,会导致政策难以执行。同时,由于政策执行会触动政策执行者本身的既得利益,他们便会抵制政策,或者只将对自己有利的部分加以贯彻执行,使政策执行严重偏差。

(三) 体制因素

政策体制的设置、权力的分配、机制的健全、信息反馈的畅通,这些都是影响政策执行的体制因素。

（四）客体因素

政策对象越多,执行就越复杂。政策实践与政策对象之间的习惯思想、行为差距越大,执行难度就越大。政策对相对政策的认同程度越大,接受、配合政策执行的最直接因素。

（五）执行监控不力

在政策执行过程中,从上到下若是缺乏强有力的监控机构专门负责检查监督各种政策的贯彻落实情况,时间一久,"上有政策,下有对策"之风自然盛行。

五、劳动监察

劳动监察是指法定专门机关代表国家对劳动法的遵守情况依法进行检查、纠举、处罚等一系列活动。劳动监察作为一项劳动法律制度,在劳动法律体系中具有特殊的地位,并负有保障劳动法体系全面实施的功能。劳动监察在劳动关系中为劳动者建立的是一道国家力量的保障机制,充当着保护劳动者的"社会警察"[①]。劳动监察是市场经济的重要产物,它为市场经济的建立和完善起着保驾护航的作用。

（一）劳动监察的内容

《劳动保障监察条例》规定了劳动监察的内容,主要有:

(1) 社会劳务中介机构和社会培训机构遵守有关规定的情况。

(2) 劳动合同的订立和履行情况。

(3) 单位招聘职工的行为。

(4) 劳动者的工作时间。

(5) 企业遵守企业工资总额宏观调控规定的情况。

(6) 单位支付职工工资的情况。

(7) 国有企业经营者的收入情况。

(8) 单位和劳动者缴纳社会保险费的情况。

(9) 社会保险金给付情况。

(10) 单位遵守职工福利规定的情况。

(11) 单位和劳动者遵守职业技能开发规定的情况。

(12) 社会职业技能考核鉴定机构对劳动者职业技能考核鉴定发放证书的情况。

(13) 承办境外承包工程,对外劳务合作,公民个人出境就业的机构维护境外就业人员合法权益的情况。

---

① 黎建飞. 强化劳动监察的意识和职能[J]. 中国劳动保障,2005(12).

（14）法律、法规、规章规定的其他事项。

（二）劳动监察机构与人员的职责

劳动监察机构及劳动监察员在履行职责时，享有下列权利：

（1）根据工作需要，可以随时进入有关单位进行检查。

（2）在必要时，可向单位或劳动者下达《劳动监察询问通知书》、《劳动监察指令书》，并要求其在收到该《通知书》或《指令书》之日起 10 日内据实向劳动监察机构作出书面答复。

（3）查阅（调阅）或复制被检查单位的有关资料，询问有关人员。

劳动监察员在履行职责时，应承担下列义务：

（1）秉公执法，不得滥用职权，不得徇私舞弊。

（2）不得向他人泄露案情及企业有关保密资料。

（3）为举报者保密。

（三）劳动监察的查处程序

查处单位或劳动者的违法行为，依照下列程序：

（1）登记立案。对发现的违法行为，经过审查，认为有违法事实、需要依法追究的，应当登记立案。

（2）调查取证。对已立案的案件，应当及时组织调查取证。

（3）处理。在调查取证后，对需要追究法律责任的案件，劳动行政主管部门应当做出处理决定。处理决定做出前，劳动行政主管部门应当听取当事人申辩。

（4）制作处理决定书。劳动行政主管部门作出处理决定，应当制作处理决定书。处理决定书应当加盖劳动行政主管部门印章，并载明：

- 当事人姓名、住址等基本情况；
- 劳动行政主管部门认定的违法事实；
- 适用的法律、法规、规章或规范性文件；
- 处理结论；
- 处理决定的履行日期或者期限；
- 当事人依法享有的申请行政复议或者提起行政诉讼的权利；
- 作出处理决定的行政机关名称；
- 作出处理决定的日期。

（5）送达。劳动监察机构在处理决定做出之日起 7 日内，应当将处理决定送达当事人。处理决定书自送达当事人之日起生效。

第三节　劳动政策评估

一、劳动政策评估的概念

劳动政策评估是指特定的评估主体根据一定的标准和程序,通过考察政策过程的各个阶段、各个环节,对政策的效果、效能及价值所进行的检测、评价和判断。

二、劳动政策评估的性质

西方政策学家和政策机构对政策评估的性质进行过研究。他们从不同的角度对政策评估进行了分析,其中有代表性的观点是由奎德、古巴、林肯等人提出的。比如,E. S. 奎德就认为,从广义上解释,政策评估是确定一种价值的过程分析,但在狭义上,却是在调查一项进行中的计划,就其实际成就与预期成就的差异加以衡量。

再如,古巴与林肯(Gubaand, Lincoln)在讨论政策评估的性质时,先将政策评估划分为四代,并确定了不同代的政策评估的内容。他们指出过去的政策评估可分为三代,第一代是测量取向的评估;第二代是描述取向的评估;第三代是判断取向的评估;第四代评估则是特别重视政策利害关系人对于政策的反应态度与意见的评估。

另外,美国"都会研究所"对政策评估的性质也作了规定,他们认为政策评估的目标是:衡量一项进行中的计划所达成预期目标的效果;根据研究的原则区别计划效力与其他环境力量的差异;透过执行上的修正使计划得以改善。

将西方政策学者和政策研究机构关于政策评估性质的观点与我国的政策评估实践结合起来思考,可以将政策评估看成是依据一定的标准和程序,对政策过程的效果、效益、效率和公众回应加以判断、评定并由此决定政策变迁的活动。劳动政策评估活动中包括规范、测度、分析、评判四个环节。规范环节的任务是建立政策评估的标准与程序,这是整个评估活动的前提;测度环节的任务是收集评估对象的各方面信息,这是评估活动的基础;分析是运用已收集的信息,对政策实施结果进行评定,这是评估活动中关键的一步;评判环节的任务是对政策的变迁提出建议,这是评估的完成。

政策评估与政策执行是政策过程的两个不同阶段,它们在组织、资源、个人责任、机构间的沟通等方面都存在区别。

三、劳动政策评估的类型

劳动政策评估可以按不同的标准进行分类。但过多过细的分类并没有太多的实用价值。从评估的实际出发,可以对劳动政策评估作出三种分类:正式评估与非正式评估;对象评估、专业评估、自我评估;方案评估、执行评估、终结评估等。

(一) 正式评估和非正式评估

这类评估是从评估活动的方式来划分的。正式评估是指事先制定完整的评估方案,由专门的机构与人员按严格的程序和规范所进行的政策评估。这种评估由于评估机构与人员具有专门的知识与素养,评估的资料详尽真实,评估方法手段先进,因而评估的结果比较客观、可信。非正式评估是指那种对评估者、评估程序、评估方法、评估资料都未作严格要求而进行的局部的、分散的政策评估。非正式评估虽然结论不一定非常可靠、完整,但其形式灵活、简单易行,有广泛的适用性。这两种评估活动方式可以有机结合起来运用。以正式评估为主,将非正式评估作为正式评估的事先准备和必要的补充。

(二) 对象评估、社会评估、自我评估

这类评估是以不同的评估者来划分的。对象评估是指由政策目标集团成员进行的评估。由于政策目标集团成员是政策的承受者,他们对政策制定与实施的利弊得失有最真切的感受,对政策的成果最有发言权。因此,这种政策评估可以获取第一手资料,可以对政策的成效有真实的估计,其结论具体、真切。但这种评估也有不足之处,目标集团成员只是社会的一部分,提供的资料虽然真实,但有较大的局限性。

社会评估是指在政策系统之外所进行的评估。通常有两类:一类是政府等劳动部门委托的专业评估;一类是社会成员自行组织的评估。对象评估与社会评估可以统称为外部评估。政府委托评估是政府部门委托专业性的咨询公司、盈利或非盈利性的研究机构、大专院校的专家学者所进行的政策评估。这种评估的优点在于评估者在一定程度上能置身于政策系统之外,从而使评估具有较大的客观性;实施评估的机构与人员一般都具有专门的评估理论与知识、方法与手段、实践与经验,从而使评估具有较高的可靠性。但这种评估也有其局限性,主要是评估机构与人员容易受委托者在经费和资料两方面的限制,从而有可能削弱评估的客观性与公正性。

自我评估是由政策系统内部进行的评估。这种评估的优点在于,评估者中有政策的制定者与执行者,对整个政策过程有全面的了解,掌握大量的第一手资料,从而评估的结论较为可靠。另外,从评估的实用性来看,政策系统内部评估的结论可以直接被用于政策调整,容易产生效用。但这种评估也有其缺点,由于评估者是政策的制定者与执行者,可能会因为顾及政绩而夸大成绩、回避失误;可能会从部门的局部利益考虑而产生片面性;可能会受到机构内部利益和人际关系影响而失去公正性。

(三) 方案评估、执行评估、终结评估

这类评估是以评估实施的阶段来划分的。方案评估是在政策实施前进行的评估,因此又称预评估。由于政策还未执行,因此评估是预测性的。评估者往往根据以前积累的经验,加上运用现代电脑技术进行模拟运行,对方案执行后可能出现的效果作出分析与估计。这种评估的优点在于,评估的结果可以直接用来指导政策的实施,特别是可以采取措施,将可能出现的政策负面效应减少到最低程度。但这种评估终究只是预测的,还不是现实的结论。

执行评估是在政策实施过程中进行的评估。虽然这时的政策执行还未结束,但政策推行的效果、效率、效益已经表现出来,特别是政策方案中存在的缺陷、政策资源配置中的问题、政策环境中某些条件的改变等,已经暴露出来。这种评估的优点在于评估中所获取的资料都是即时的、具体的,评估的结论是真实的、可靠的。另外,评估的结果也能立即和直接产生作用,用来对正在执行中的政策进行调整。但执行中的评估只是对进行中的一定过程所作的评定,由于过程并未结束,所以评估带有过渡的、暂时的性质。

终结评估是指政策执行完成后的评估,这是对一项政策的最终评估。由于政策已经执行完毕;政策的最终效果、效率、效益已经成为客观存在,评估的结论是对政策全过程的总结。这种评估要求对政策全过程有充分的认识,对政策实施后的结果有全面的把握,对以往的方案评估、执行评估有详尽的了解。

政策方案的评估主要为政策执行提供指导;政策执行评估主要用于对政策运行加以控制;政策终止的评估主要对政策制定提供指导,这三种评估分阶段贯穿于政策的全过程。上述三种不同分类的评估可以相互结合起来使用。无论是对象评估、社会评估、自我评估,还是方案评估、执行评估、终结评估,都可以是正式评估,也可以是非正式评估;方案评估、执行评估、终结评估可以与对象评估、社会评估、自我评估结合起来。

四、劳动政策评估的作用

在劳动政策周期中政策评估占有极重要的地位。首先,政策评估有利于检验政策的效果、效率、效益;其次,政策评估有利于提高决策的科学化和民主化水平;第三,政策评估有利于实现政策资源的有效配置;第四,政策评估有利于决定政策的循环形式。

五、劳动政策评估标准的的内容

政策评估的过程是个非常复杂的过程,必须围绕着劳动策及其活动全过程的各个环节的结果的价值进行评估。目标标准、投入标准、公平与公正标准、效率标准和公民参与与回应这五个方面应是劳动政策评估标准的必要内容。

(一) 政策的目标标准

政策目标是制定政策的起点,也是政策制定所要实现的终点。政策目标在政策执行中具有指导、约束、凝聚、激励、辐射的作用。评价一项劳动政策是否成功的重要标志就是看政策执行后能否在预定的时间内完成其所预定的目标。那么,在评估政策时,把制定劳动政策时所要达到的标准或目标同在一定时间限度内执行政策所达到的目标相比较来进行评价。如果劳动政策在预期时间内取得的成就同制定政策所定的标准一致,那么,这项劳动政策就是成功的,达到了预期的目标。反之,没有达到所希望达到的目标,这说明这项政策是不成功的。因此,评价劳动政策是否成功的第一个标准应该看劳动政策在预期的时间内是否完成或实现了预期的目标或标准。

(二) 政策的投入标准

一项政策从提出、列入议事日程、制定、执行等各个环节都需要大量的人力、物力、财力、信息等各种资源。也就是说要制定、执行和贯彻劳动政策必须有一定的投入,这些投入包括:资金的来源与支出,所需要的执行政策的人员、机构、工作时间的数量与质量,政策资源与政策对象之间的相互关系等。这个标准要衡量一项政策所投入的各种资源的质量和数量,其实质就是从资源投入的角度来衡量决策机构和执行机构所做的工作,也就是政策评估的成本问题。因此,投入成为政策能否取得成功的重要因素。所以,评估一项政策能否成功的一项重要的标准可以从各种投入方面进行评估。但是在运用这个标准评估劳动政策时,我们应该认识到投入只是劳动政策成功的充分条件,而不是必要条件。大量的投入并不一定就能导致政策的成功,反之,投入不足也不意味着政策就不能取得成功。

(三) 政策的公平与公正标准

劳动政策是政府依据特定时期的目标,在有效增进与公平分配社会劳动利益的过程中所制定的行为准则,劳动性是劳动政策的重要特征和体现。由于市场本身的缺陷,在社会资源的分配和调节方面存在市场失灵的问题,政府的劳动政策应该发挥其调节作用,而这种调节作用更多地体现在社会公平方面。因此,政府在制定劳动政策的过程中应该以社会利益最大化为其目标,最大限度地体现最大多数人的利益,尽可能地实现帕累托最优。同时,由于政策在满足大多数人利益的同时,也可能导致一部分人的利益受到损害。为了实现帕累托最优,就要求必须注意那些由于政策因素导致合法利益受损的少数人群体或部分利益集团的利益,通过利益的再分配或补偿等方式给予那些受损的合法利益以合理的补偿,从而体现和照顾最大数人的利益。因此,劳动政策是否成功的重要标准之一就是看是否体现的政策的公平和公正,是否体现和维护了最大数人的利益。

(四) 政策的效率标准

经济学上讲究经济效率即投入和产出的关系,经济效率要求产出必须大于投入。政策的效率标准是衡量政策取得效果所耗费的政策资源的数量,通常体现在政策投入与政策效果之间的比率和关系。政策效率的高低往往反映出政策本身的优劣和政策的执行状况。一般来讲,政策的效率标准包括三个层次:政策的成本层次、单项政策的投入和产出层次、政策的全部成本与总体产出层次。在政策成本层次上,必须掌握政策过程中的资金来源和支出,物质与信息的调配与使用,决策者与执行者的数量和时间。在这里,应重点关注政策在制定和执行中投入了多少资源,投入的资源是否充足,能否确保政策得到贯彻和实现。在单项政策的投入和产出层次上,考虑政策效率时,应该重点关注如何以较少的投入、较快、较好、高质量的实现政策目标,也就是在最小的政策成本下达到和实现最大的政策目标。在政策的全部成本与总体产出层次上,应该注意除了直接用于政策过程的资源外只用于该项政策,而不能用于其他方面,由此造成的机会成本有多大;该项政策实施后所产生的直接效果以外的附加效果、象征效果、非预想效果等间接效果有多大。这种层次的评估重点在于政策系统与社会整体系统之间的关系。在这种层次上,评估劳动政策不仅要考虑政策本身的效益,还要考虑执行政策后带来的社会效益。如,国家的退耕还林工程,不仅起到了保护生态的作用,也对还林区从旅游等方面带来了经济效益。

(五) 公民参与和回应标准

由于劳动政策主要实现大多数人的利益,因此,在制定政策的过程中公民的参与与回应就显得很重要,而公民的参与和回应程度的高低也是衡量政策是否成功的重要标准。劳动政策对社会需求的回应是一个国家或政治系统维持自己生存、稳定和发展的基本功能。通过公民的广泛参与,各种社会问题不断输入到政治系统中,政治系统则不断地输出各种政策去解决各种各样的社会问题,维护和实现公民的利益。因此,一项劳动政策不论关系到全体或一部分人的利益时,只要政策对象认为满足了自己的利益,就会对这种政策有着积极的回应。反之,政策的回应程度就低。这也是评价政策是否成功的重要标准。政府制定劳动政策的目的主要是满足社会全体或部分公民的利益需要,制定的政策必须为公民所接受。但是,在一些政策制定过程中,由于政府从自身利益出发在没有公民广泛参与的情况下制定出某些劳动政策,原本以为体现和维护了公民的利益,必然得到公民的支持与欢迎,但结果是公民对制定的政策缺乏认同感。原因在于,政府把公民不需要的政策强加给公民,必然得不到公民的认同。我国有些地方政府制定政策缺乏公民认同的现象时有发生。如许多地方的领导干部为了展现自己的"政绩",脱离了本地社会、经济发展的实际情况超前制定了许多政策,结果导致了政策不被公民认同,出现了大量的人力、物力、财力的浪费,严重损害了本地人民的利益。

六、劳动政策评估的步骤

一般都要经历评估的组织准备、实施评估,以及撰写评估报告和总结这样三个相互关联的阶段。

(一) 组织准备

这一阶段的主要任务包括:

(1)确定评估对象。这是评估工作的第一步。只有解决好评估什么,才能把评估的目的、标准与方法等要素随之而确定下来。劳动政策的相关性和多样性,决定了在确定劳动政策的评估对象时要有所选择,不能随意或胡乱评估某一劳动政策。这就要求做到:一方面选择的评估对象必须确有价值,能够通过评估达到预定的或可能的目的;另一方面所选择的评估对象又必须是可以进行评估的,即从时机、人力、物力、财力上看均能满足评估所需要的基本条件。

(2)制订评估方案。在制定评估方案阶段需要完成两个方面的工作,第一,明确评估目的。所谓明确评估目的,就是确定为什么要进行评估的问题。评估目的可能不止一个,但往往要确定其主要的目的。评估目的决定了劳动政策效果评估的基本方向。只有解决了为什么要进行评估,才能使各类参与评估者及其直接评估者步调一致,朝着既定的方向迈进;第二,选择评估标准。评估标准有一般标准,也有具体标准,有国外的标准,也有国内的标准;这就要根据情况做出适当的选择。实践中,评估标准一般都要进一步地量化,即采用"指标体系及其指标体系的集合"来实施评估活动。

(3)挑选和培训评估人员。评估人员是劳动政策效果评估系统构成要素中的最主要的要素。其素质的高低、专业化程度、评估态度、敬业精神、评估立场等都直接影响评估的质量。因此,培训和选择评估人员,提高他们的业务水平及其综合素质至关重要。

(二) 实施评估

实施评估阶段的主要任务包括:

(1)利用各种调查手段广泛收集劳动政策信息。劳动政策效果评估的过程,实际上是一个信息过程:收集——整理——反馈——再收集——再整理——再反馈的过程。所以,采集评估信息十分重要,可以说是评估中的一项基础性的工作。

其主要任务是利用各种社会调查手段,全面收集有关劳动政策制定、法律化、执行等的第一手资料。收集资料的技术与方法有很多种,常用的有:观察法,查阅资料法,如查阅政策运行记录等;调查法,如开会调查、个别访问、问卷调查等;个案法,如典型分析;实验法等。这些方法各有其特点和应用范围,最好是交叉使用、相互配合,务求所获信息具有广泛性、系统性和准确性。

(2)综合分析劳动政策信息。这个阶段是对采集到的评估信息进行统计分析处理的阶段。由于采集所获得的信息都是原始数据,比较分散、杂乱,所以需要对其进行系统的整理、分类、统计、综合和分析。统计分析的方法很多,根据统计学原理,劳动政策效果评估通常采用多变量统计分析等方法,对各类数据进行系统研究。单项指标评估是多变量统计分析方法在评估指标法中的具体化,它是查明各项评估指标的实现程度的基础。如果问题复杂,还可分单项指标和单类指标,如经济类指标中包含成本、利润、税金等多个指标。单项指标都具有较强的业务性,需要较多的具体数据。每个单项指标,在整个评估系统中所处的位置与作用是不相同的,需要确定它们的权重。在各类与各个单项指标的基础上,还要进行整体综合评估。

(3)综合运用相应的评估方法具体进行评估。在综合统计分析评估信息之后,紧接着就是要运用直接比较法、综合比较法、成本效益分析法、前后对比分析法或统计抽样分析法等具体的方法,给出一个初步的评估结论。在进行评估时,要坚持评估资料的真实性、全面性、多样性和具体分析的客观性、可比性、科学性等几个原则,客观、公正、真实、准确地反映出劳动政策的实际效果,给出评估结论。

(三) 撰写评估报告和总结

这个阶段包括两方面的内容,一是撰写评估报告;二是总结。这是劳动政策评估的结束阶段。这个阶段是处理评估结果、撰写评估报告的阶段。劳动政策评估离不开价值判断,个人的价值判断受客观条件和一些非理性因素的影响,难免有疏漏。因此,当我们收集评估信息,得出评估后,还必须善加处理。首先,要自我检验、统计分析评估信息所得出的结果的可信度和有效度;其次,让评估结论与政策设计者、决策者、执行者、参与者见面,以便发挥评估的诊断、监督、反馈、完善和开发作用,提高政策的科学性。

七、劳动政策评估的障碍

政策评估中有许多制约因素,有些是属于客观条件的限制,有些是评估主体的限制,有些是评估客体的限制。

(一) 政策目标的不定性

由于政策所要解决的问题很少是单一的,常常是许多问题纠缠在一起,其中任何一个问题又包含着许多复杂的方面。这就决定了政策目标的多样性、复杂性。再加上政策目标是在多个利益集团、不同公众群体的利益协调、平衡中确定下来的,为了兼顾各方面的利益关系,目标只能是宽泛的、含糊的。目标过多、过于宽泛含糊,就会增加评估的难度,有时甚至很难判断具体政策实施后是达到了还是没有完全达到预期效果。

(二) 政策影响的广泛性

确定政策影响对政策评估十分重要。但是,一项政策实施后,究竟产生了哪些影响,这些影响的程度如何,并不都是很清楚的。有些政策影响是显露的,有些影响则是潜在的;有些政策影响是具体的,有些影响则是抽象的;有些政策影响能迅速表现出来,有些影响则要经过一个较长时间才能显示出来;有些政策影响是表层的、象征性的,有些影响是深层的、实质性的。如果要想进一步弄清各种影响的程度,那就更为困难。

(三) 政策资源的混合性

准确地计算政策投入的多少对政策评估具有非常重要的意义。但是,政策资源的投入常常是混合的,因而无法准确地加以计量。常见的政策资源混合有同时投入的混合与不同时投入的混合。前者发生在劳动机构资源投入的共享上,劳动机构某个时期投入的资源是供多个政策使用的,相当多的资源是多个政策共享的,要把每个政策的投入都清楚地区分开来事实上很难做到。后者发生在新旧政策资源的共享上,旧政策终结,原来投入的资源就成为沉淀成本;新政策是在旧政策的基础上实施的,究竟有多少沉淀成本转而成为新政策的投入,往往难以搞清。

(四) 评价信息的短缺性

资料和信息是政策评估的基础,因此,要对政策进行充分的、科学的评价,就必须占有详细的、真实的统计资料和政策信息。

第四节　劳动政策终结

一、劳动政策终结的概念

所谓劳动政策终结就是劳动政策的决策者通过对劳动政策进行评估后,采取必要的措施,以终止那些错误的、过时的、多余的、无效的或引发了重大不良后果采取必要措施予以终止的行为。

二、劳动政策终结的对象和方式

(一) 劳动政策终结的对象

一般说来,劳动政策终结的对象有四种类型:

1. 权力与责任

劳动政策执行首先表现为权力的履行和责任的承担,而劳动政策的终结则预示着相应权力的丧失和相关责任的放弃。就劳动政策的执行机构而言,那些与劳动政策有着切身利益关系的人,对自有权力的丧失会产生强烈的心理抵触。这个问题处理不好,劳动政策终结就会遇到很大的障碍。

2. 劳动政策功能(服务与管制)

所谓劳动政策功能的终结,就是终止由劳动政策执行而带来的某种或某些服务、劳动政策功能主要表现为劳动政策执行机构所提供的服务或管制,劳动政策终结则预示着相应服务的停止或相关管制的撤销。从撤销管制角度而言,说明政府在给社会松绑,当然会有良性的社会心理反应。政府丢弃一些"紧箍咒",老百姓当然举双手赞成。但从停止服务角度而言,势必会使目标群体的一些既得利益受到损失,因此可能遭遇一定程度的社会心理抵抗。

3. 相关组织

毫无疑问,劳动政策执行活动是组织活动,必须通过一定的组织机构完成,而劳动政策终结通常会伴随相关组织的缩减或撤销。有些组织机构是为执行某项劳动政策专门设立的,伴随劳动政策的终结,这类组织机构当然没有继续存在下去的必要。而另一些组织,由于同时承担多种劳动政策的执行职能,某项劳动政策的终结并不足以导致组织的撤销,往往只是对其规模、经费等方面构成影响。然而,不论是哪种形式的组织终结,都会遇到一定的障碍,受到不同程度的抵制,因为它直接影响到组织内部人员的切身利益。任何一项劳动政策活动都是通过组织来推动的,因此,劳动政策的终结通常也伴随着组织的缩减或撤销,这就是组织的终结。此外,某项劳动政策的功能很多时候并不是由一个机构单独承担的,而是由许多不同的机构共同承担的,所以,劳动政策终结还必须重视组织协调工作。

4. 计划的终结

也称项目的终结,指的是执行劳动政策的具体手段的终结。在所有终结的对象中,计划的终结是最常见的,也是最容易达成的。

(二) 劳动政策终结的方式

劳动政策的终结应当由公共权力机关通过合法的程序作出决定,并以文件、公告等形式向社会宣布终结的指令。一般说来,劳动政策终结的方式有五种:

1. 劳动政策废止

劳动政策的废止就是宣告某项劳动政策立即中断和停止实施。劳动政策废止一般针对经评估证明已经完全过时、完全失效的劳动政策。完全过时的劳动政策是指劳动政策所要解决的社会公共问题也已解决，或者由于形势的变化，不再存在了。完全失效的劳动政策既可以是过时的劳动政策，也可以是错误的劳动政策。劳动政策废止的形式是具有相应权力的公共管理机构通过文件、公告向社会宣布劳动政策终结指令。采用劳动政策废止的方式进行劳动政策终结，有利于防止反对劳动政策终结的组织和人员继续实施失效的劳动政策，从而给社会和公众造成损害。为了更好地实施劳动政策废止，必须加强对劳动政策终结的监控，做到令行禁止。

2. 劳动政策替代

替代就是用新劳动政策替代旧劳动政策但所面对的劳动政策问题和劳动政策目标基本没有改变。如我国企业利改税的劳动政策农村费改税的劳动政策城市以医疗保险代替公费医疗的劳动政策，等等。新的劳动政策往往是在方式方法和操作程序方面做了较大变动，其目的是为了更好地解决旧的劳动政策没有解决或根本解决不了的问题，以满足目标群体的劳动政策需求，实现原定的劳动政策目标。

3. 劳动政策分解

分解就是将旧劳动政策的内容按照一定的规则分解成几部分每一部分形成一项新的劳动政策。分解作为劳动政策终结的方式之一虽然从形成上终结了原有的劳动政策，但其实质性内容却通过各个新劳动政策的形式而保留下来。当原有劳动政策由于内容繁杂、目标众多而影响劳动政策效果时分解不失为一个有效的方式。

4. 劳动政策合并

合并是指旧的劳动政策虽被终止但部分实际功能并没有被完全取消而是将其合并到其他劳动政策内容中去。劳动政策合并一般分为两种情况，一是将终止的劳动政策内容合并到一项已有的劳动政策当中；二是把两项或两项以上被终止的劳动政策合并为一项新的劳动政策。

5. 劳动政策缩减

劳动政策缩减就是采用渐进的方式一步步对劳动政策进行终结其目的是有效缓解因劳动政策终结所带来的巨大冲击，逐步协调各方面的关系，比较稳妥地实施终结减少那些不必要的损失。一般来说，缩减往往通过逐步减少对劳动政策的投入，逐渐缩小劳动政策的实施范围对执行标准的控制等措施加以实施。

总而言之，劳动政策终结是一项重大的劳动政策行动，不是件容易的事情。无论是权力和责任的终结，还是功能和机构的终结，往往会导致一些现状的改变，自然会涉及利益的重新分配。因此,劳动政策终结不可避免地会遇到来自方方面面的阻碍。

三、劳动政策终结的原因、作用和障碍

(一) 原因

导致劳动政策终结的原因有两个:一是经过评估认为劳动政策的目标已经实现,劳动政策问题也已得到解决,劳动政策没有继续存在的必要,应该予以终止;二是经过评估发现劳动政策存在的失误或局限使其无法解决所面临的问题。如果继续执行不仅浪费资源而且会带来不良后果,因此,必须予以终止。

(二) 作用

公共劳动政策终止对劳动政策的变迁和发展具有重要作用。

1. 劳动政策终结有利于节省劳动政策资源

公共劳动政策终止对劳动政策的变迁和发展具有重要作用。劳动政策的运行必须支付一定的成本,即要耗费劳动政策资源。如果一项劳动政策已经过时失效或一开始就无效,却仍旧让它存在并处于运行状态,这时支付出去的资源非但不能取得效益,而且还会给社会带来危害,这实际上就是资源的浪费。及时地终止失效的或无效的劳动政策,就可以将人力、物力和财力组织配备到新的劳动政策实施上去,让有限的劳动政策资源发挥出更大的作用。

2. 劳动政策终结有利于促进劳动政策优化

一个国家的公共管理部门,在一定时期必须选择和配置最优化的一系列劳动政策构成劳动政策系统来解决相互关联的社会公共问题。当一些无效的劳动政策或过去曾经有效而现在效用已经逐步丧失的劳动政策,仍旧在劳动政策系统中占据位置,整个劳动政策系统就得不到更新,劳动政策系统的结构与组合就不是最佳的。只有将无效的、过时的劳动政策废止、合并、分解、缩短,才能使劳动政策系统不断地优化,从而更能与环境相适应,更加符合社会发展需要。

3. 劳动政策终结有利于提高劳动政策绩效

公共管理部门要对社会公共领域实施最有效的管理,使公众的利益得到最公正的调节,不可能指望通过一两个劳动政策的实施就能实现这一目的。它必须运用劳动政策运行的周期性特征,不断地将绩效变得低下的旧劳动政策适时地淘汰、更换、废止,让新的劳动政策发挥出效能。通过劳动政策的这种周期性的循环,一直保持较高的劳动政策绩效。

(三) 障碍

劳动政策终结通常会受到许多方面的影响和制约,因此,妨碍劳动政策终结的因素也是多方面的。一般来说,一项劳动政策的终结可能会遇到的障碍因素至少

包括以下几个方面。

1. 心理上的抵制

劳动政策制定者不愿意承认劳动政策的缺陷或失败,一方面,他们认为现有的劳动政策是通过周密考虑精心制定出来的;另一方面,他们感到若承认劳动政策失败则等于承认他们工作中的错误,因而造成心理上的包袱。劳动政策执行者也同样不愿承认劳动政策的失败,因为在劳动政策活动中凝聚着他们的智慧和劳动。尤其是当劳动政策能使他们获得某些既得利益时,这种心理上的抵制就更为强烈。

2. 组织的持久性

组织机构的持久生命力表现在以下几个方面:组织机构的功能性;组织机构的保守性;组织机构的适应性。

3. 反对势力的联合

当劳动政策终结前,反对终结的势力往往会自觉或不自觉地联合起来以抵制终结。那些反对劳动政策终结的力量一旦"结成一个共同体,就能极为有效地威胁劳动政策终结行为",妨碍劳动政策终结的顺利实施。

4. 法律上的障碍

任何劳动政策的确定和组织的组建,都是通过一定的法律程序进行的,同样,劳动政策的终止和组织的撤销,也必须经过一套法定的程序。这一过程不仅耗时费力,而且操作起来也比较复杂,有时常会延误终结的时机。

5. 终结的高昂代价

代价包括两方面的内容,一是沉淀成本;二是终结行为本身要付出代价。沉淀成本指已经投入并且无法收回的成本。另外,进行终结本身也需要付出高昂的代价,不仅要筹措终结所需的各项费用,以制定和执行新的劳动政策,组建新的机构,而且还要冒得罪某些有势力的反对力量的风险。劳动政策决策者很有可能在这些高昂代价的重压之下,改变初衷,放弃终结。

四、劳动政策终结的形式和途径

(一) 劳动政策终结的形式

人们常说外交无小事,劳动政策同样无小事。劳动政策问题没有小问题,劳动政策的特征就决定了它的功能。劳动政策的变动往往会引起很大的社会震动,所以劳动政策终结不宜采取激变的、大刀阔斧的、完全彻底的变革形式,而多采用渐进的、连续的、不断渗透的、由点及面的变革方式。具体而言,劳动政策终结的方式主要有以下四种。

1. 替代

替代就是用新劳动政策替代旧劳动政策,但所面对的劳动政策问题和劳动政策目标基本没有改变。如我国企业利改税的劳动政策,农村费改税的劳动政策,城市以医疗保险代替公费医疗的劳动政策,等等。新的劳动政策往往是在方式方法和操作程序方面做了较大变动,其目的是为了更好地解决旧的劳动政策没有解决或根本解决不了的问题,以满足目标群体的劳动政策需求,实现原定的劳动政策目标。

2. 合并

合并是指旧的劳动政策虽被终止,但部分实际功能并没有被完全取消,而是将其合并到其他劳动政策内容中去。劳动政策合并一般分为两种情况:一是将终止的劳动政策内容合并到一项已有的劳动政策中;二是把两项或两项以上被终止的劳动政策合并为一项新的劳动政策。如国家教育部制定的全国普通高等院校统一缴费上学的规定就是在原有公费和自费上学规定的基础上合并而成的。

3. 分解

分解就是将旧劳动政策的内容按照一定的规则分解成几部分,每一部分形成一项新的劳动政策。分解作为劳动政策终结的方式之一,虽然从形式上终结了原有的劳动政策,但其实质性内容却通过各个新劳动政策的形成而保留下来。当原有劳动政策由于内容繁杂、目标众多而影响劳动政策效果时,分解不失为一个有效的方式。比如,我国传统的社会保障是一种单一型的“就业保障”或称“单位保障”,主要是通过单位办社会的形式实现干部、职工的社会保险和福利。这种计划体制下的产物无法适应改革后的新形势。为此,国家有关部门按照保障内容的不同,将原有的劳动政策按类分解,建立了养老保险、失业保险、人寿保险、医疗保险、生育保险等多项保障措施,从而能够较好地实现劳动政策目标。

4. 缩减

缩减就是采用渐进的方式,一步步对劳动政策进行终结,其目的是有效缓解因劳动政策终结所带来的巨大冲击,逐步协调各方面的关系,比较稳妥地实施终结,减少那些不必要的损失。一般来说,缩减往往通过逐步减少对劳动政策的投入,逐渐缩小劳动政策的实施范围,放松对执行标准的控制等措施加以实施。比如,我国的物价劳动政策改革,就是采取了缩减的方式,一步步缩小国家定价的范围,逐渐实现大多数商品由市场定价的目的。

(二) 劳动政策终结的策略

要顺利完成劳动政策终结,需要注意以下几个方面:

(1) 重视说服工作,消除抵触情绪。加强宣传教育,消除抵触情绪。宣传引导工作非常重要,它通过摆事实、讲道理,能使人们提高认识,消除不满。说服教育工作同样重要,这是我们开展各项工作的一个法宝。

(2) 注意因势利导,营造有利气氛。树立新观念,营造改革气氛。劳动政策的终结往往伴随理念的变迁,原有劳动政策的立论基础会发生一定的变化。因此,应注意把握时机,因势利导,创新观念,改变认识。

思考题

1. 劳动者参与劳动政策制定的作用是什么?
2. 劳动政策执行的一般过程是什么?
3. 劳动政策评估的障碍表现在哪些方面?
4. 劳动政策终结的形式和途径有哪些?

本章参考文献

[1] 全国干部培训教材编审指导委员会. 公共行政概论[M]. 北京:人民出版社,2005.

[2] [美]拉雷·N.格斯顿. 公共政策的制定——程序和原理(美国公共政策和社会管理研究译丛)[M]. 朱子文,译. 重庆:重庆出版社,2011.

[3] 曹绪红. 浅议我国基层劳动监察[J]. 中国劳动关系学院学报,2006(12).

第四章　劳动力市场政策

劳动力市场,是指劳动力需求和供给相互作用的场所,体现了劳动力需求与供给相互作用的关系。一般可以将它定义为配置劳动力并且协调就业决策的市场。劳动者是劳动力的供给方,雇主是劳动力的需求方。由于劳资双方力量不对称,必然导致劳资矛盾,影响社会稳定,劳动力市场政策正是在这样的背景下产生的。

第一节　劳动力市场政策概述

一、劳动力市场政策的含义

劳动力市场政策是指政府为调控劳动力市场使其正常运行和不断完善而制定实施的政策。劳动力市场政策的目标是实现充分就业,体现了政府的劳动管理职能。主要包括两个方面:一方面是确保市场机制正常发挥功能的制度结构;另一方面是从总体上调控劳动力市场以弥补市场缺陷的宏观政策。

二、西方国家的劳动力市场政策

资本主义发展的早期,欧美国家并没有劳动力市场政策。由于劳动力供给通常总是大于劳动力需求,事实上存在着庞大的产业后备军。因此,在劳动力市场上,雇主笑容满面、雄心勃勃,而劳动者则战战兢兢、畏缩不前。19世纪的劳动者没有就业保护,许多人没有受过教育和培训,劳动条件恶劣,缺乏必要的劳动保护,相关的法律也不健全,在劳动力大军中有许多十几岁的青少年甚至童工和老年人。当时的劳动力市场是一个现货市场,工人的工作很不稳定,收入微薄,资本可以随意解雇劳动者。工人在工头和监工的监视下劳动,并且受到了"大棒"的训练,劳动条件和待遇是由资本说了算,一旦失业就可能陷入极度贫困。因此,当时欧美国家的劳资矛盾非常尖锐。随着工人运动的发展和社会主义思想的传播,为了缓和阶级矛盾和维护社会稳定,政府开始介入劳资关系,制定劳动力市场政策,并以立法的形式界定劳资关系。

劳动力市场政策分为两种:积极的劳动力市场政策和消极的劳动力市场政策。前者以推动和创造就业为目标,具体措施包括帮助失业者尽快就业、提供就业供求信息、开展职业技能培训、增加就业岗位等。这些措施有助于加强和改善劳动者与就业岗位之间的联系、降低找工作的成本、提高失业者或非正规就业者的技能水平、在维持原有就业的基础上创造新的就业机会,因此对就业的影响是积极的。而后者是指为劳动者提供失业保险或向生活困难者发放最低生活保障金等措施,旨在增加弱势群体的物质福利,而不是事先改善他们的劳动力市场绩效,仅具有补偿性质,无法促进和创造就业。

积极的劳动力市场政策是指政府积极帮助失业者重新就业或为在职人员提供职业培训以提高其就业适应能力,其政策主要包括:向失业者提供免费的公共就业服务和就业培训,对传统的失业保险制度进行调整和改革,促进失业者尽快实现再就业服务,对雇佣失业人员的企业和积极参加培训或再就业的失业人员实行鼓励或补贴措施,实施以帮助失业者创办小企业为目的的创业就业计划,实施以安排困难失业群体为目标的临时性就业计划等措施。与消极的劳动力市场政策相比,积极的劳动力市场政策摒弃过去单纯保障失业者基本生活的做法,运用市场机制、就业服务手段和国家宏观经济政策,促进失业者积极参加职业培训,以降低失业率,力争实现充分就业的目标。国外的经验表明,实施积极的劳动力市场政策不仅需要具备较为完备的劳动力市场机制,较为现代化的就业服务体系,较为灵活、合理、有效的职业培训体制,较为充裕的劳动力市场经费和高素质的工作人员,而且还需要较为宽松的宏观经济政策环境和较为健全的劳动法律体系以及国家的高度重视和全社会的大力支持。

三、中国的劳动力市场政策

近年来,我国劳动力市场发展的总体表现是就业总量持续增加、就业结构不断优化、市场机制越发成为资源配置的重要手段、市场一体化程度逐渐加强、市场环境日趋制度化和规范化,特别是政府综合运用各种市场调控手段的能力有所加强。为适应不同时期劳动力市场的形势和特点,政府有针对性地出台了各种劳动政策。比如,进入 21 世纪,针对国有企业下岗职工再就业问题出台了《中共中央、国务院关于进一步做好下岗失业人员再就业工作通知》(2002)等,针对城市劳动力市场上农民工就业权益保护问题出台了《关于进一步解决拖欠农民工工资问题的通知》(2005)、《国务院关于解决农民工问题的若干意见》(2006)等,针对高校毕业生就业难问题出台了《关于建立高校毕业生就业见习制度的通知》等,这些劳动政策都收到了一定的积极效果。经过改革的持续深入及制度的不断完善,劳动力市场体系已在我国初步形成,国家运用市场调控手段的能力逐步加强,我国对劳动力市场的规制正在逐渐走向理性和成熟。

中国的劳动力市场政策可以分为三个阶段。1993—1997 年为第一阶段,国有企业已经感受到了竞争压力,排斥劳动力的现象已经发生,中央政府的政策重点是提供积极有效的就业服务,兴办劳服企业,组织开展生产自救,通过政策扶持鼓励组织就业和自谋职业。第二阶段为1998—2002年,主要通过在有下岗职工的国有企业建立再就业服务中心,按"三三制"的办法筹集保障资金等一系列措施,保障国有企业下岗职工基本生活,积极促进再就业。这个阶段,各级政府推广上海1996年的经验,在全国建立大量的再就业中心,投入更多的救助资金为下岗失业者提供社会保障。另一方面,政府采取了税费减免、小额信贷、场地安排等措施,促进再就业。第二阶段最著名的再就业援助是连续出台了两个"三年千万培训计划"(1998—2000年,2001—2003年)"。从1998年开始,用三年的时间培训国有企业下岗失业者1 000万;在2001年又开始第二个"三年千万培训计划"。在第二阶段,社会保障是"首要任务"。第三个阶段为2002年9月至今,政策的重点为积极促进下岗失业人员再就业,主要政策措施是税费减免、小额贷款、社保补贴、主辅分离等多项扶持政策,鼓励下岗失业人员自谋职业,鼓励服务性和商贸企业吸纳下岗失业人员。与第二阶段最大的不同是"变生活保障为积极促进就业"。

　　积极劳动力市场政策对于中国是非常必要的,但是,在政策执行的过程中也存在一定的偏差,从而影响了政策的预期效果。首先,积极劳动力市场政策的目标人群具有排他性。目前中国的积极劳动力市场政策不具有普遍性,主要是针对城镇的四类人:一是国有企业的下岗职工;二是国有企业的失业人员;三是国有企业关闭破产需要安置的人员;四是享受最低生活保障并且失业一年以上的城镇其他失业人员。实际上受助人员大部分仍然是源自国有企业的下岗失业人员,后来推广到了大集体企业的下岗失业人员。其原因是沿袭计划经济时期形成的路径依赖。所以,未来中国积极的劳动力市场政策应该实现更大范围的公平,覆盖所有需要帮助的人群,不仅要覆盖城镇所有劳动者,还应该覆盖农村劳动者。其次,中国积极劳动力市场政策的力度不够。目前中国积极劳动力市场政策财政支出占GDP的比重不到0.4%。20世纪90年代以来,经合组织国家大多采取了积极促进就业的财政政策,每年由财政预算拨付给劳动力市场的经费一般都占GDP的2%以上,而有些国家,如丹麦甚至高达6.5%。近年来,发展中国家也加大了财政预算对就业经费的投入,如墨西哥政府财政20世纪90年代以来对劳动力市场经费的拨款就增加了15%。

第二节　劳动力市场准入政策

一、市场准入的含义

　　市场准入是指国家行政管理机关依照法律政策,对申请人是否具备市场主体资格并有能力从事经营活动进行审查核准,对符合条件的申请人及其经营事项和范围给予批准和许可的制度。(市场准入和劳动力市场分割之间需要逻辑连接)但是,并非所有的市场主体都享有公平地进入劳动力市场的机会,相反,各国在工业化的过程中都或多或少地针对不同的市场主体制定了差异化的市场准入政策,从而导致劳动力市场被人为地分割为几个独立的单元,该现象被称为"劳动力市场分割"。

劳动力市场分割是 20 世纪 70 年代西方劳动力市场理论中提出的一个概念,是指由于政治、经济等外在的制度性因素或者经济内生因素的制约,使劳动力市场划分为两个或多个具有不同特征和不同运行规则的领域;不同的领域在工资决定机制、工作稳定性、劳动者获得提升的机会等方面具有明显的差异,而且劳动者很难在不同的市场之间流动。该理论强调劳动力市场分割的属性、强调制度和社会性因素对劳动报酬和就业的重要影响,认为劳动力市场分割是形成经济不平等的根源。

二、西方国家的劳动力市场准入

西方国家在工业化和城市化的过程中,由于农业生产技术的进步以及生产效率的提高,农村产生了大量的剩余劳动力,在农村"推力"和城市"拉力"的综合作用下,农村人口源源不断地涌入城市,为工业革命的顺利推进和资本的原始积累提供了充足的廉价劳动力。在这一过程中,政府及时为进入城市的农民提供就业、教育、医疗、社会保障等方面的公共服务,为农民融入城市,转化为市民扫清了制度障碍。所以,西方国家普遍不存在城乡分割的二元劳动力市场。

三、中国的劳动力市场准入

与西方国家城乡一体化的劳动力市场不同,受特殊国情和制度安排的影响,中国的劳动力市场具有城乡严重分割的特征,即城市劳动力市场分为第一劳动力市场和第二劳动力市场,第一劳动力市场是就业岗位只向具有城镇户口的本地人开放的市场,第二劳动力市场是城镇工作岗位中向农民工开放的岗位,这些岗位多为较差的岗位,工作条件差,劳动强度高,工资收入低。

(一) 中国劳动力市场分割的特征

(1) 城乡劳动力的就业领域存在很大差异。在城乡二元结构中,农民不仅没有城市居民所享有的各种福利待遇,而且再就业领域方面受到诸多不公正的限制。1957 年 12 月,国务院通过了《关于各单位从农村招用临时工的暂行规定》,明确要求城市"一切部门的劳动调配必须纳入计划,增加人员必须通过劳动部门统一调配","并且不得私自介绍农民到城市和工矿区找工作"。改革开放后,农村剩余劳动力开始大量涌入城市,形成了一支庞大的农民工队伍。但是,农民工在城市劳动力市场上并没有取得平等的就业资格,他们仍然是作为被排斥的对象而受到就业歧视。这种歧视最突出的表现是各城市对农民工的就业范围进行了明确的限定,即只允许农民工从事属于第二劳动力市场的工作,不允许其进入第一劳动力市场。

(2) 城乡劳动力在经济权益方面存在显著差异。城市居民在第一劳动力市场就业,他们的工资福利受到政府的法律保障,但是在第二劳动力市场就业的农民工的工资报酬低、工作强度大、工作时间长、工作环境恶劣。

(3) 城乡劳动力在社会保障方面存在显著差异。处在第一劳动力市场的城市居民,基本都处于社会保障体系的覆盖范围之内,而在第二劳动力市场就业的农民工却基本被排斥在社会保障体制之外。

(二) 中国劳动力市场分割的原因

我国的劳动力市场呈现出典型的"分割"特征,导致这一状况的原因是多方面的,但是制度和体制是主要原因。

(1) 我国劳动力市场的体制性分割。体制性分割是由在转轨过程中存在的就业双轨制造成的,主要表现为公有制与非公有制的差别,可以分为国有企业内部劳动力市场和国有企业外部劳动力市场。前者是指国家通过一系列行政指令,在国有企业内部对劳动力资源进行计划配置的制度,具有用工比较规范、社会保障制度完备,福利收入高、隐性失业严重等特点。后者是指由工资对劳动力资源进行配置,是市场经济下劳动力配置的有效方式。国有企业外部劳动力市场遵循市场原则,有利于提高生产效率,但另一方面也存在社会保障程度低、覆盖面窄等问题。

(2) 我国劳动力市场的制度性分割主要源于城乡二元体制。改革开放前,政府推行重工业优先发展的战略,而重工业相对于轻工业资本密集程度高,吸纳就业能力较弱,这就要求国家针对就业问题作出相应的制度安排。为了进一步控制劳动力从农村流出,同时保障城市居民充分就业以及其他福利的不外溢,户籍制度应运而生。1958年国务院颁布了《中华人民共和国户口登记条例》,确立了一套严格的户口管理制度,以法律的形式严格限制农民进入城市,城乡之间的劳动力流动被人为阻断。由于能够有效地把农村人口控制在城市之外,城市的福利体制就建立起来了。这种福利制度是以保障城市劳动力全面就业为目的的排他性劳动就业制度,主要包括住房、医疗、教育、养老等一系列福利安排。户籍制度及相关的福利制度安排,最终导致了城乡的劳动力市场而分割。这种由政府主导的城乡二元分割体制满足了当时的战略需要,因此,可以看做一种功能性分割。随着改革的深化,户籍制度开始松动,劳动力的流动性日益加强,劳动就业逐渐市场化。

(三) 中国劳动力市场的一体化

劳动力市场的分割降低了劳动效率,扭曲了收入分配关系,违背了社会公正原则,从长久来看就不利于激发劳动者的积极性和创造性,也为社会稳定埋下了隐患。基于此,我们应努力建立一个更加富有弹性、公平竞争、城乡统一的劳动力市场。

(1)加紧推进户籍制度改革。根据目前我国人口与经济发展状况,在户籍制度改革方面可分三步走:第一步,尽快取消农业户口与非农业户口之间的界限,实行城乡统一的户籍登记制度,以职业为依据划分农业人口与非农业人口,以实际定居地为依据划分城镇户口与农村户口。第二步,取消农村人口进入中小城市落户的限制。对于进入中小城市之后有正当职业和合法收入、有固定住所、并且居住一定年限的来自农村的劳动者及其家属,应当允许其落户。第三步,逐步放宽农村劳动力进入大城市落户的限制。由于目前我国一些大城市已经处于超负荷运转状态,如果在相关条件不具备的情况下放开户籍管理,难免激化矛盾。因此,在大城市户籍制度改革方面,既要坚持朝放宽户籍限制的方向发展,逐步从以依靠行政手段进行控制为主向以经济手段进行调节为主过渡,又要充分考虑城市现有的承受力,并努力为推动户籍制度改革创造条件。

(2)进一步建立健全劳动保障法规体系和政策体系。各级政府要进一步完善土地征用政策和社会保障政策,建立农村剩余劳动力转移的政策框架,尽快制定保障农民工合法权益的政策法规。逐步废止、取消地域、身份、户籍、行业等所有限制农村劳动力进入城镇就业的歧视性政策,进一步健全城乡劳动者公平享受公共就业服务的制度,为农民进城就业创造更加良好的环境。

(3)取消对农民工进城就业等方面的歧视规定。要废止农民工进城就业准入制度,取消有关部门对进城就业的农民工办理不必要的务工许可证和收费,任何用人单位都不得以具有本地非农户口作为招聘条件,取消有关部门向用人单位收取管理费的办法。任何部门和用人单位都不得以为下岗职工和城镇失业人员腾出岗位为由清退或拒招农民工。

(4)加强职业技能培训,提高农村劳动力的素质。逐步建立覆盖城乡的社会化培训网络,重点加强农村培训网络体系建设,在充分发挥现有教育资源作用的基础上,依托技工学校、职业技术学校、农技推广中心等机构,按照"面向社会、公平竞争、合理布局、方便农民"的原则,建立一批能起示范作用的农村劳动力转移就业培训基地。

(5)构建城乡统筹就业的服务平台,推进劳动力市场信息网络建设。健全劳动力市场网络体系,使用人单位招工和劳动者求职能够得到及时、准确、便捷、有效的指导和服务;构建城乡统一的劳动力用工信息体系,建立劳动力需求预测制度,对城镇需求的就业岗位进行统计和分析,引导农村剩余劳动力有序转移。

第三节 就业政策与就业服务

一、就业政策的含义

就业政策是指国家为完成某个时期的就业任务,而制定的行为准则,它包括就业体制、就业渠道等。狭义上的就业政策是政府就业主管部门所制定和颁布的一系列就业政策。如抑制失业、维护就业的安定;对失业者的生活提供保障,并帮助其再就业;为失业者提供就业指导、职业培训和职业介绍等。

二、西方国家的就业政策

由于各国的国情不同,所以,不同国家采取了不同的就业政策,如以美国、韩国为代表通过实施扩张性财政政策刺激经济发展,从而为社会提供更多就业机会;而以德国为代表则实施紧缩的财政政策,通过减少政府开支、减少税收,相应增加居民消费的方式促进经济增长,扩大就业。

1. 美国的就业政策

在美国,治理失业的最根本药方是经济的持续增长。美国非常注重运用多种政策手段来刺激经济的增长,扩大就业机会。第一,调整产业政策,发展新兴行业,扩大就业机会。第二,运用财政手段促进就业。通过增加对公共事业的投资和增加职工收入,减少个人所得税,提高职工的消费能力,刺激生产的发展,扩大就业机会。第三,运用货币、信贷政策大力推动信息经济,鼓励高科技创新和兴办中小企业,为自营开业者提供创新计划、从失业人员中培训新的企业家等金融手段促进就业。第四,增强小企业吸纳失业人员的能力,美国各州都设立小企业开办中心,向失业人员提供停工培训和咨询。目前,美国小企业就业人员占全国职工总数的53%,占全国总产值的50%左右。第五,重视再就业培训和提供就业信息。近年来美国政府拨款资助的再就业培训计划每年就培训100多万失业人员,1997年至1998年,约有70%的失业者经培训后找到了新的工作。

2. 德国的就业政策

第一,为稳定就业,德国政府坚决遵循稳定的财政政策。一方面,整顿财政、压缩赤字,2000年德国政府将国家支出在GDP中所占比重控制在46%;另一方面降低税收,按照税制改革方案,个人最低所得税税率由25.9%降低到15%,最高所得税税率由53%降低到39%,企业所得税最高税率由47%降到35%。第二,实行灵活的工时制度和灵活的工资制度,鼓励"部分时间工作"和临时工,让更多人参与就业。拉开部门间、地区间、技能间的工资差距,特别要节制非熟练工人的工资。第三,促进私人投资。德国政府简化了审批手续,大力降低住房建筑费用,放宽零售业商店营业时间的规定,大力推进国有控股企业私有化进程等。第四,扶持中小企业。德国企业中 99% 是中小企业,最近几年新的就业岗位几乎全部是中小企业创造的。德国政府鼓励人们自主自强,鼓励高等学校和其他机构为人们提供相关技能,鼓励毕业生独立自主地从事经济活动。

三、中国的就业政策

面对改革开放以来就业面临的种种严峻形势,党和国家相继提出、实施了一系列符合当时政治经济形势的促进就业的政策,有效地提高了我国整体的就业率,为国家的现代化建设创造了稳定的环境。

(一) 第一阶段,由全员就业向双轨制就业转变,实现就业政策的重大突破(1978—1992 年)

20 世纪 70 年代末,面对严峻的就业形势,政府积极寻求更加灵活的安置就业制度。党的十一届三中全会以后,全党全国在解放思想、实事求是方针的指引下,为突破传统就业制度提供了宽松的政治环境。1980 年 8 月,全国劳动就业工作会议发布的《进一步做好城镇劳动就业工作》的文件提出,实行在国家统筹规划和指导下,劳动部门介绍就业、自愿组织起来就业和个人自谋职业相结合的"三结合"就业方针。中央还明确提出,有步骤地在城市和就业任务繁重的县城中建立劳动服务公司,作为贯彻实行"三结合"就业方针的重要组织措施。为了进一步做好城镇就业工作,1981 年 10 月,中共中央、国务院颁布的《关于广开门路、搞活经济、解决城镇就业问题的若干决定》指出,"除个别地区以外,争取在 1985 年以前大体上解决好历年积累下来的城镇待业青年的就业问题。"强调要把解决就业问题和调整所有制结构、产业结构密切结合起来。随着国有企业改革的逐步推进,国务院在 1986 年 7 月发布了《国营企业实行劳动合同制暂行规定》,在用工制度上实行双轨制,使国有企业的固定工制度逐步向劳动合同制转变。从 1987 年开始,在巩固"三结合"方针和劳动合同制的基础上,又采取择优上岗、劳动优化组合、合同化管理等多种形式搞活固定工制度,逐步实行统一的劳动就业模式

(二) 第二阶段,实施劳动合同制和再就业工程,构建新型劳动就业政策和机制(1993—2001 年)

1993 年 11 月,党的十四届三中全会通过了《中共中央关于建立社会主义市场经济体制若干问题的决定》,明确提出建立社会主义市场经济体制的改革目标,并确立了现代企业制度的基本特征。这些特征为劳动用工制度、工资制度、失业及社会保障制度的改革指明了方向。劳动部于 1993 年 12 月发布了《关于建立社会主义市场经济时期劳动体制改革总体设想》,明确提出全面推行劳动合同制的时间

表。1994 年 7 月正式颁布实施的《劳动法》进一步从法律上明确了劳动合同制度的地位和作用。1994 年 8 月,劳动部发出的《关于全面实行劳动合同制的通知》指出,《劳动法》关于"建立劳动关系必须订立劳动合同"的规定是建立适应社会主义市场经济劳动制度的必然要求;到 1996 年底要在全国范围内达到全面实行劳动合同制的目标。1995 年 1 月劳动部向国务院提交了《关于实施再就业工程的报告》,同年 4 月,国务院转发了劳动部的报告,要求结合实际在全国范围内推行再就业工程。1995 年 10 月,劳动部、国家经贸委和全国总工会又联合发出《关于加快建立劳动合同制的通知》,要求各地加强建立劳动合同制的实施工作,切实推动改革的深化,促进用人机制的转换。1997 年 1 月国务院提出"鼓励兼并、减员增效、下岗分流、规范破产和实施再就业工程"的指导方针。这些政策的相继出台,表明党和国家是将再就业工程作为经济改革和发展的一项根本措施推进的。

(三) 第三阶段,将社会就业与经济发展、社会保障结合起来,形成具有中国特色的积极就业政策和机制(2002 年以来)

提出实施积极的就业政策,初步形成了中国特色的积极就业架构,其中包括五个基本方面:我国积极就业政策的基本框架包括五项基本内容:一是以提高经济增长对就业的拉动能力为取向的宏观经济政策,这类政策主要是鼓励扩大就业总量、创造就业岗位;二是以增强企业国际竞争力与增强就业并重的产业政策,这类政策主要是促进有利于就业的第三产业和中小型企业的发展;三是以实现劳动力与就业需求合理匹配为取向的劳动力市场政策,主要是通过就业服务和职业培训促进劳动力市场供求之间合理匹配;四是以减少失业为取向的宏观调控政策,主要是解决改革与就业的关系,规范企业减员、引导大企业分流富余人员,减轻社会失业压力;五是以保障下岗失业人员基本生活为取向的社会保障政策,主要是安排以下岗失业人员为主的就业困难群体的社会保障问题。

四、就业服务的含义

就业服务是指以政府就业服务部门为主体,以社会中介组织为补充,对劳动力的供方和需方提供相关服务工作的总称。就业服务机构一般包括公共和私营两大体系,其中,政府服务部门提供的服务是公共就业服务。

国外的就业服务机构分为公营和私营两大体系,在类型上自然形成了公共就业服务机构和私营就业服务机构两种。公共就业服务最早产生在 20 世纪初的英国。1910 年温斯顿·丘吉尔开办了第一家国家职业介绍所,这可以说是公共就业服务机构的最初起源。当时的公共就业服务机构是一个人道主义机构,其主要使命是解决劳动力市场的就业矛盾,为失业者提供社会救济或就业岗位,以维护社会稳定;采取的主要手段是为失业者提供失业保险、失业救济,充当劳动力市场上的信息中介,安排失业者就业。

根据国际劳工公约,公共就业服务机构必须具备以下四个特征方可作为公共服务机构向社会提供服务:一是由国家建立并在其领导或监督下开展工作,政府给予充分的资金保障;二是由中央主管部门、地区性和地方性就业服务机构组成,形成网络并保证足够的数量覆盖全国各地;三是工作人员队伍由公务员组成,确保相应的工作地位、条件和职业稳定,使其不受政府变动和不适当的外部干预的影响;四是提供免费的就业服务。公共就业服务机构的职能主要有四项:一是收集劳动力市场信息;二是进行求职和招工登记;三是开展职业介绍和工作安置;四是参与失业保险金的管理和发放;五是促进劳动力在行业间、地区间的流动;六是参与就业政策的制定;七是就某些问题开展研究。

私营就业服务机构的概念正式被国际劳工公约使用是近十年的事。但在1949 年通过的第 96 号公约中,把收费职业介绍所分为营利机构和非营利机构两种。营利的职业介绍所多由私人开办,非营利的职业介绍所主要由各社会团体和公益性组织创建。私营就业服务机构的主要职能有:一是对求职和招工进行登记;二是收集和整理劳动力市场供需双方信息,并向求职者和招工单位公布;三是进行职业指导和咨询;四是推荐岗位,并协助求职者与雇主签订就业合同。

五、西方国家的公共就业服务

从 20 世纪初公共就业服务产生以来,西方国家的公共就业服务大致经历了三个发展阶段。

第一阶段,20 世纪初期到 40 年代中后期。这一时期,自由资本主义经济的发展造成了严重的经济危机和失业问题,再加上两次世界大战对生产的破坏,各国失业问题严重。失业成为导致贫困和社会不稳定的主要因素,各国急需一个机构来解决失业人员的安置问题。当时,各国政府公共就业服务机构安置了大量失业人员,并通过发放救助补贴等措施,有效地缓解了社会矛盾。

第二阶段,20 世纪 40 年代末至 60 年代末。这一时期,西方国家进入战后重建和经济快速发展时期。二战结束后,大量军人复员,再加上经济重建,劳动力的供给和需求大量增加,就业安置任务非常沉重。公共就业服务的主要手段是通过职业介绍机构搜寻职位信息,并免费提供给劳动力,从而促成了就业的实现。

第三阶段,20 世纪 70 年代以后。这一时期,西方国家的经济陷入了"滞涨"阶段,失业率急剧上升。于是,促进就业成为各国经济和社会发展政策制定的优先目标。公共就业服务的内容也更加丰富,如进行职业培训、职业指导等,其功能也进一步扩大和增强。目前,公共就业服务已经成为了劳动力市场充分发挥其资源配置功能不可或缺的重要工具,并越来越深地融入劳动力市场政策之中,成为政府管理和干预劳动力市场的重要载体。下面简要介绍在提供公共就业服务方面具有成熟经验的两个国家:英国和美国。

1. 英国的公共就业服务

英国的公共就业服务机构是有法人资格的公益性事业机构。它实行独立预算,其职权和资金来源、内部管理、外部监督以及与雇主组织、工人组织的合作,均由政府以立法形式确定。英国中央就业服务局和隶属于地方政府的就业服务机构形成了相对独立的公共就业服务体系。加拿大、德国、法国等国家的公共就业服务机构要具有类似的性质。英国的公共就业服务的特点是服务与管理相结合,其主要内容是:发布劳动力市场信息、进行职业指导咨询、开展就业培训、发放失业救济和保险金、帮助困难群体就业等。其职能有三项:一是为企业空缺岗位找合适人选,为求职者找到合适工作;二是为失业者提供失业保险和社会救济;三是作为沟通企业和劳动者的媒介和桥梁,为政府实施就业计划、培训计划服务。

2. 美国的公共就业服务

美国的就业服务工作主要由劳工部的就业与培训署负责。美国的公共就业服务机构分为中央和地方两级,中央一级的就业服务机构的职责,是为建立和维持州及地方公共就业服务系统和州际劳务配置提供帮助;地方就业服务机构一般包括争议仲裁服务、就业服务、劳工服务、数据中心等几个部门,分别提供不同的服务。美国公共就业服务的内容主要是:通过计算机网络和各地就业服务机构,为求职者提供就业信息;为寻找工作的失业人员,特别是退伍军人、少数民族、青年人、残疾人介绍就业机会;管理失业保险,依法向失业人员发放失业津贴;为雇主提供服务。

虽然各国公共就业服务的内容不尽相同,但大体而言主要包括进行职业介绍、提供职业培训、管理与发放失业津贴、组织生产自救。

(1) 进行职业介绍。一般意义上的职业介绍是指一定的主体对于社会上谋求职业的人提供服务,使其了解岗位空缺信息及其具体内容,能够选择其中某一种职业就业。从事职业介绍的主体,既可以是私营职业介绍所,也可以是公共就业服务机构。职业介绍是公共就业服务最传统的服务项目,也是就业服务工作的出发点和落脚点,其主要工作是建立雇主和求职者之间的信息联系,促成就业的实现。

(2) 提供就业培训。就业培训是公共就业服务的主要内容,是政府提高劳动者素质、促进就业的重要手段。一方面,经济发展与科技进步对劳动者的素质提出更高的要求,劳动者要不断开发新的只要进,提高自身就业能力,以适应社会生产力发展的需要;另一方面,政府也把就业培训作为促进就业的手段之一,积极开展就业培训。

(3) 管理与发放失业津贴。失业是现代经济社会不可避免的现象。失业将直接威胁失业者的生存,过高的失业率也不利于经济发展和社会稳定。失业补贴弱化了失业所带来的负效应,保证了劳动力市场的正常运行。失业补贴一般由公共就业服务机构管理和发放。

(4)组织生产自救。生产自救是政府劳动就业部门通过政策扶持和直接组织安排失业人员从事临时性生产自救工作。

3. 国外公共就业服务采取的新举措

(1)采取政事分开、自主管理的模式。最初各国公共就业服务机构直接隶属于政府的劳工部们,至今也接受其监督,但随着公共就业服务机构的不断发展和职能的逐步增强,大多获得了相对自主的权利。这有利于就业服务向专业化方向发展,有利于与用工单位和工会组织保持合作关系,及时协调劳资矛盾,提高服务效率。

(2)推动公共与私营就业服务机构及其他中介组织合作。由于政府对公共就业服务的资金投入有限,公共就业服务机构内部机制僵化,仅仅依靠现有的公共就业服务力量已经不能满足市场多层次的需求。为此,一些国家开始探索公共就业服务机构和私营就业服务机构及其他中介组织合作的途径。

(3)提供"一站式服务"。所谓"一站式服务",就是把职业介绍、职业培训、职业指导、失业保险管理与发放等职能集中在一起,提供一条龙式的服务。"一站式服务"突出了公共就业服务的服务功能,主要是针对就业困难群体而设计的,被英国、澳大利亚、美国等国家广泛采用。

(4)重点放在为就业困难群体提供帮助。就业困难人员一般包括由于工厂永久性关闭被解雇的人员、长期失业且技能落后的劳动者等。针对上述人员,就业服务机构提供有针对性的就业服务,比如,主动提供岗位信息、进行职业指导、提供职业培训,使失业者成功就业并能够在新的岗位上工作较长的时间。

六、中国的就业服务

我国的就业服务机构,大体分为公益性和营利性两个体系,在类型上也自然形成了公益性的公共就业服务机构和营利性的职业中介机构两种。公共就业服务机构,由各级政府部门主办,为劳动者和用人单位提供免费服务。依照《就业促进法》及《就业服务与就业管理规定》的规定,公共就业服务机构的职能主要包括:就业政策法规咨询;职业供求信息、市场工资指导价位信息和职业培训信息发布;职业指导和职业介绍;对就业困难人员实施就业援助;办理就业登记、失业登记等事务;其他公共就业服务。

1. 职业中介机构

是指由法人、其他组织和公民个人举办,为用人单位招用人员和劳动者求职提供中介服务以及其他相关服务的经营性组织。按照《就业促进法》及《就业服务与就业管理规定》的规定,各级劳动保障行政部门对本行政区域内的职业中介机构实施管理,职业中介机构实行行政许可制度。设立职业中介机构或其他机构开展职业中介活动,须经劳动保障行政部门批准,并获得职业中介许可证。经批准获得职业中介许可证的职业中介机构,应持许可证向工商行政管理部门办理登记。按照《就业服务与就业管理规定》第六章第四十五条的规定,职业中介机构的服务职能包括:为劳动者介绍用人单位;为用人单位和居民家庭推荐劳动者;开展职业指导、人力资源管理咨询服务;收集和发布职业供求信息;根据国家有关规定从事互联网职业信息服务;组织职业招聘洽谈会;经劳动保障行政部门核准的其他服务项目。

2. 公共就业服务机构

按照《就业促进法》及《就业服务与就业管理规定》的有关规定,我国的公共就业服务机构归口劳动保障行政部门统筹管理、指导并监督。在级别层次上,共分为中央、省、地市、县区四级,各地方的服务机构隶属本行政区域内的政府行政部门,经费纳入同级财政预算。

3. 中国公共就业服务的现状

(1) 公共资源投入不均。20世纪80年代以来,中国已经初步建立了公共就业服务体系。目前为止,全国省地市及95%以上的县市建立了人才流动服务机构,约120万人通过市场实现就业。但是,从全国范围来看,投入到公共就业服务体系中的公共资源并没有得到平等的分配,主要体现在以下几个方面:首先,公共就业服务标准不统一。政府关于公共就业服务规划的基础性工作很薄弱,近年颁布的《人事人才发展"十五"规划纲要》、《"十一五"全国人才队伍建设规划纲要》等都是总体性、大纲性的规划,对公共就业服务的标准没有比较详细的规定。在实际工作中,绝大部分公共就业服务机构还是按经验办事,很多服务的服务名称、服务流程、服务质量没有明确的标准;各相关政府部门以及各级、各地公共就业服务标准不统一。其次,财政投入不均等。由于各地方的公共就业服务机构都是由地方政府财政支撑,城市与乡村,沿海与内地,发达地区和欠发达地区的经济发展水平差异,导致政府对公共就业服务的投入不等,无论是投入规模还是就业压力在地区分布上都出现了"马太效应",各地区之间公共就业服务水平的差距日渐拉大。

(2) 就业歧视相当普遍且严重。就业歧视是世界各国在不同时期都不同程度存在的问题,而近年来随着我国就业形势的日益严峻,就业歧视已呈现愈演愈烈之势。根据2006年的"中国十大城市就业歧视调查报告"显示,公众认为我国就业领域存在就业歧视的占85.5%,认为非常严重和较为严重的占50.8%。具体包括性别歧视、疾病歧视、身份歧视等。

(3) 失业救助体制不健全。在无法消除失业现象的前提下,对失业者予以救助,是维持失业者继续参与就业竞争的一种举措,是从消极的意义上来维护劳动者就业权益,解决就业问题。中国对城镇失业者的救助始于1986年。现如今,由失业保险制度、国有企业下岗职工基本生活保障制度、城镇居民最低生活保障制度、公益性岗位安置和一次性经济补偿组成的失业救助体系已初步形成。但现行失业救助体制依然存在诸多问题,如失业救助覆盖面小、救助力度不够等。

4. 完善公共就业服务平台保障体系的措施

(1)健全相关法律体系,促进就业法制化。一要通过加强劳动力市场管理及就业服务方面的立法,规范公共就业服务机构的行为,确保劳动力在劳动力市场的主体地位,以及自主择业、就业机会均等和获得就业服务的权利;二要加快清理、废止限制和歧视农民工的政策规定,为农民工在进城定居、求职务工、创办企业、子女入学、社会保障等方面提供政策支持和法规保障。

(2)理顺管理体制,促进就业服务可持续发展。一要理顺就业服务管理体制,使各类就业服务机构协调发展;二要创新资金筹集模式,广泛吸收社会和民间资本。三要建立和完善基层就业服务机构。

第四节　劳动力培训政策

一、劳动力培训的含义

劳动力培训是指对具有劳动能力的人获得从事某种职业和工作所必需的专业技术知识、实际操作技能、职业道德、职业心理和职业纪律等而进行的教育训练。美国经济学家舒尔茨强调,资本概念既包含物质资本,也包含人力资本,而且人力资本在经济发展中起着决定性的作用。他指出:"空间、能源和耕地并不能决定人类的前途。人类的前途将由人类才智的进化来决定"。美国经济学家莱斯特·瑟罗认为,技能是使一个国家能够保持长久优势的唯一源泉。资源总有枯竭的一天,而技能的完善与更新则是永无止境的。舒尔茨测算了人力资本投资中最主要的教育投资对美国1929—1957年间经济增长的贡献,其比例高达33%。根据世界银行研究显示,劳动者受教育的时间每增加一年,GDP就会增加9%。可见,提高人力资本的存量是知识经济的需要,更是参与国际竞争的需要。而提高人力资本的重要途径就是教育和培训,只有教育和培训才能使劳动者掌握适应新经济需要的技能。

二、西方国家的劳动力培训

世界各国都认识到了提高农民文化水平对他们接受农业科技和先进管理方法、推广应用现代农业科技的重大作用,都很重视提高农民素质,将农村劳动力培训作为基本国策并用立法的形式加以保证。20 世纪 80 年代末,世界农业劳动力平均受教育的程度已达 11 年,发达国家的美、法、德、英、日分别达到 18.04 年、15.96 年、12.17 年、14.09 年和 11.87 年。1947 年,日本政府颁布了《基本教育法和学校教育法》,规定所有适龄人口教育从 6 年延长到 9 年。随后,日本政府不断加大对教育的投入,20 世纪 80 年代就普及了高中教育,农村 40% 的适龄青年跨进了大学校园。同时,日本政府还在农村推行了一套职业训练制度。与此相适应,国家也鼓励各企业、社会团体积极开展各种岗前培训,提高农村劳动力的素质和适应能力。法国政府为确保农业教育特别是农业职业教育在经济发展中的作用,制定了相关的法律和政策,要求所有企业和个体农庄随时随地接受学生实习、参观及各种学习要求。

发达国家都十分重视农业教育培训的体系建设,如日本建立了全国性的农业教育、农业科研和农业实验网络,全国有农业大学 60 多所,中等农业技术学校 600 多所,并有各种形式的农业技术进修和培训组织,培养了大批农业优秀人才和其他经营人才。法国 19 世纪中叶就建起了第一所农业技术学校,从 20 世纪 60 年代起,对农业教育进行了大幅度的调整和改革,不断完善农业教育体系,充分发挥农业教育功能。目前,有 925 所农业院校,在校学生 17.4 万人。此外,每年还有 10 多万农民接受职业培训,对推动法国农业的发展起到了十分重要的作用。其农业教育分为中等农业职业技术教育、高等农业教育和农民职业培训三部分,农业教育所包含的学历和资格证书主要有农业职业能力证书、农业职业学习证书、农业职业高中会考证书、农业技术高中会考证书、农业技术员证书、高级农业技术员证书、工程师文凭、学士文凭和博士文凭等层次。

为保证培训任务的落实,各国都采取了有力的措施。首先,农业教育归农业部管理,中高等农业学校校长的任命、教育经费的拨发、专业和课程的设置、人员管理均由农业部管理,教育部只负责农业教育文凭和国家基本文凭的对等协调工作和宏观管理工作。这样可以强化农业教育与农业发展的相互关系,充分考虑农业发展对人才培养和技术服务的要求。法国规定农业职业证书和农业职业学习文凭持有者只能在农场或农业企业中当雇工,只有农业技术员证书持有者或通过农业职业和技术会考的学生,才有资格独立经营农场。为增强教育培训的实用性,教育组织突出抓好实践性教学环节,充分利用学校的农场或生产车间,组织学生进行实际生产劳动,定期安排学生去企业实习,使学生较早接触生产和经济领域,便于理论联系实际,也便于学生将来的就业。

三、中国的劳动力培训

我国正处于传统经济向现代经济过渡的时期,农村人口平均受教育程度只有

6.5 年,还有大量的文盲,迫切需要增大人力资本的存量,而增加人力资本存量的重要途径就是培训。为了切实保障农村剩余劳动力培训取得预期成效,需要从创新培训投入机制、创新培训运行机制、创新培训评估机制等方面进行探索。

1. 创新培训投入机制

(1) 要转变思想观念。培训是农村义务教育的继续和向工作领域的延伸,具有公共产品的属性。当市场上专业培训的供给数量低于最优数量时,就需要政府来提供或为私人企业提供生产公共产品的激励。所以,在政府作为培训投资主体的前提下,应鼓励社会力量投资专业培训。

(2) 根据成本收益的原理,企业和个人也应成为培训投资的主体。企业在激烈市场竞争中立于不败的关键在于不断提高劳动生产率,而高劳动生产率则是通过高素质的劳动者来实现的。所以,企业投资于劳动力的培训,有利于提高劳动生产率。对于农民而言,只有不断地提高科学文化知识和劳动技能,才能适应现代农业发展的要求,才能实现向二、三产业的转移。因此,农村劳动力转移培训的投资主体应该形成政府主导下的国家、企业和个人共同承担的投入机制。

2. 创新培训运行机制

(1) 创新培训运营机制。农村劳动力转移培训要引入市场竞争机制,切实提高培训质量。①坚决杜绝计划性的定点培训。劳动保障部门审定合格的培训机构,可以不受地域或户口限制招收学员,学员也可以根据实际需要选择培训机构,形成政策支持、农民自主参与的招生机制,政府可以通过培训券的形式给予补贴。②培训机构要参与市场竞争,向市场要生源、向市场要效益,真正形成自主经营、自负盈亏的经营机制。③培训机构要根据市场需求确定培训专业、培训内容,突出培训的针对性,注重培训的实效性,并确保培训质量。

(2) 创新培训管理机制。建立健全省、市、县、乡紧密联系、上下贯通、整体联动的农村劳动力教育培训网络管理机制,有利于整合教育培训资源,形成以技工学校为龙头,职业学校、农广校、农干校、农民科技教育培训中心为主体,社会力量办学机构等为补充的覆盖城乡的农村劳动力专业培训网络,提高培训的组织化程度。

3. 创新培训评估机制

对培训进行评估主要是对培训的效果进行评估。要改变传统的以学生的考核成绩来评估的方法,代之以被培训者直接对培训机构的教师、培训内容和培训收获进行直接评估,或者通过被培训者的个人业绩和用工企业业绩进行间接评估,或者通过市场中介评估机构进行客观的评估。

4. 规范劳动力培训市场建设

由于目前劳动力培训市场运行机制不健全,在职业培训和就业指导方面存在很多问题,因而应该加强劳动力培训市场的建设,发挥劳动力市场的引导作用,使就业培训以实现就业为目标,为城市农民工提供良好的就业服务平台。积极发展各种劳动力培训中介机构和组织,加强管理和监督,以确保农民工就业培训的切身利益。各种劳动力培训中介机构和组织应该根据目前劳动力市场供求信息,为农民工提供及时有效的就业指导和技能培训,引导农民工实现非农就业。同时,政府部门加强劳动力培训市场的法规建设,对各种培训中介机构和组织实行"市场准入制度",定期或不定期对培训机构进行评估,加大对其监督和监管力度,确保劳动力市场发展有序性,使劳动力培训市场运行实现法制化、规范化,从而切实保障农民工参加就业培训的合法权益。

思考题

1. 比较积极的劳动力市场政策和消极的劳动力市场政策的异同。
2. 分析导致中国劳动力市场分割的原因。
3. 分析中国劳动力市场一体化面临的障碍及对策。
4. 分析中国公共就业服务的现状。
5. 结合所学知识,拟定一份针对建筑业农民工群体的培训方案。

本章参考文献

[1] 李强,林勇.劳动力市场学[M].北京:中国劳动社会保障出版社,2006.
[2] 沈琴琴,杨伟国.全球视野下的劳动力市场政策[M].北京:中国劳动社会保障出版社,2008.
[3] 人力资源和社会保障部.实施更加积极的就业政策[M].北京:中国劳动社会保障出版社,2012.
[4] 陈跃.建国以来中国共产党就业政策与实践研究[M].北京:人民出版社,2011.
[5] 梁茂信.美国人力培训与就业政策[M].北京:人民出版社,2006.
[6] 曾湘泉.劳动力市场中介与就业促进[M].北京:中国人民大学出版社,2008.
[7] 王飞鹏.中国公共就业服务均等化问题研究[M].北京:首都经济贸易大学出版社,2013.
[8] 杨伟国.转型中的中国就业政策[M].北京:中国劳动社会保障出版社,2007.
[9] 王诚.促进就业为取向的宏观调控政策体系研究[M].北京:中国社会科学出版社,2012.
[10] 钱箭星.发达国家劳动力市场政策变革研究[J].劳动经济评论,2010(3).

[11] 林华.就业形势、劳动力市场政策与社会凝聚[J].拉丁美洲研究,2009(31).

[12] 马永堂.市场经济国家的积极劳动力市场政策[J].中国劳动,2000(4).

[13] 王阳.转型期我国劳动力市场政策的战略选择[J].现代经济探讨,2012(4).

[14] 李玲.完善我国劳动力市场发展机制的对策研究[J].商丘师范学院学报,2005(3).

[15] 李元春.城乡劳动力市场一体化的制度障碍及对策[J].经济论坛,2008(8).

[16] 张亚等.城乡劳动力市场一体化研究[J].农村经济,2006(9).

[17] 李永民.国外就业政策及对我国的启示[J].经济经纬,2004(6).

[18] 陈跃,尤勇.改革开放30年就业政策与实践探析[J].西南大学学报,2008(6).

[19] 李翔,石晓梅.试论积极的就业政策[J].生产力研究,2005(9).

[20] 王乐芝,钟华.中外就业服务体系比较研究[J].吉林广播电视大学学报,2008(2).

[21] 麻宝斌,董晓倩.中国公共就业服务均等化研究[J].东北师范大学学报,2009(6).

[22] 杨河清,王飞鹏.我国公共就业服务平台保障体系:成绩与问题[J].中国就业,2010(7).

[23] 王飞鹏.我国实现公共就业服务均等化面临的问题及对策研究[J].当代经济管理,2012(2).

[24] 刘玉来.国外农村劳动力培训的启示[J].中国人力资源开发,2003(12).

[25] 张峻领.农村劳动力培训创新机制研究[J].农村经济,2005(8).

[26] 杨宜勇.实行更加积极的劳动力市场政策[N].中国经济时报,2007-08-30.

第五章　劳动条件政策

劳动条件政策是国家通过法律和行政法规强行规定用人单位对劳动者基本权利进行保护的最低标准,具体内容涉及方方面面,如工资、工作时间、休息和休假、非全日制工作和家庭工作、职业安全卫生等。对国家来说,设置劳动条件标准可以构建和谐稳定劳动关系。对用人单位来说,设置劳动条件标准可以提高企业的工作效率和劳动生产率。对劳动者来说,设置劳动条件标准可以切实保障劳动者的基本权利。为构建和谐社会,充分保障劳动者的基本权利,完善我国劳动标准制度尤为重要。

第一节　劳动条件政策概述

一、劳动条件政策定义和特征

劳动条件指用人单位对劳动者从事某项劳动提供的必要条件,包括劳动设施,劳动环境,工资和劳动报酬,劳动强度和劳动时间,劳动安全卫生和劳动保护等条件。

劳动条件政策又称劳动标准或劳动基准,是普遍适用的工作条件,指国家通过法律和行政法规强行规定用人单位对劳动者基本权利进行保护的最低标准,具体内容包括工资、工作时间、休息和休假、非全日制工作和家庭工作、职业安全卫生、女职工和未成年工的特殊保护等。

制定劳动条件政策的基本原则就是努力创造一种工作条件,使得劳动者的工作不会损害他们的生命和健康,使得劳动者有闲暇时间进行休息和娱乐,使得劳动者通过发展个人的能力为社会服务。

(1) 劳动标准是对劳动者、劳动过程、劳动条件和劳动关系以及相关管理活动等方面的重复性事物、概念和行为作出的统一规定,所谓"重复性",是指任一事物、概念和行为反复多次出现的性质,比如任何劳动者进行同类劳动都需要具备相应劳动能力和技能水平;又如流水线作业的劳动者千百次从事同一项劳动;再如同类恶劣自然条件下引发安全事故的客观因素是一样的;还如所有劳动者与用人单位建立劳动关系,其程序都是重复出现的等等。劳动标准就是对这些重复出现的事物、概念和行为,找出其规律性并作出的统一规定。非重复性事物、概念和行为,即使作出规定,也不是劳动标准。

（2）劳动标准的制定方式是多种多样的。由于劳动标准对象分为 10 类,既有自然属性,又有社会属性,不同于产品类标准的对象只具有自然属性中的物理、化学等性质,因而不能采用单一方式制定,尤其不能单一地采用技术办法制定劳动标准。而必须从劳动标准对象的多样性和复杂性出发,对不同类型的劳动标准对象采取不同的制定标准的方式。有的由立法机关制定,比如关于劳动者基本权益保障的劳动标准;有的由标准化机构制定,比如劳动安全卫生标准;有的由劳动关系双方协商制定或者由用人单位一方制定,比如集体合同中的有关劳动标准,企业规章制度中的有关劳动标准等。

（3）劳动标准的制定以劳动领域的自然科学技术和社会科学及其实践经验为基础。进入 21 世纪,劳动工具自动化程度越来越高,劳动者与劳动资料相结合的程度、程序也越来越科学,劳动力素质也日益提高,劳动关系的建立和调整的经验也越来越丰富,有关劳动科研理论也日益成熟。这些都为劳动标准的制定提供了科学的理论和实践的基础。

（4）劳动标准的表现形式是多种多样的。由于劳动标准对象和劳动标准制定方式的多样性,使劳动标准的表现形式不同于工业标准所规定的"以特定形式发布",而必须根据劳动标准对象的不同性质以及制定标准的不同方式,分别确定其不同的表现形式。有的采取劳动法律、法规规范性文件的表现形式,有的采取国家标准规范性文件的表现形式,有的采取劳动关系双方签订契约的表现形式,有的采取用人单位规章制度的表现形式;而且既可以采用定量的、以数据明确劳动标准的表现形式,也可以采用定性的、以文字描述劳动标准的表现形式。

（5）劳动标准的作用方式也是多样化的。劳动标准既有强制性作用,比如劳动法律、法规中规定的劳动标准,国家标准化机构批准的强制性劳动标准都具有法律强制力,有关方面必须遵照执行;劳动标准又具有非强制性作用,比如国家标准化机构推荐的劳动标准就没有强制性,只提倡、鼓励有关方面执行;又比如企业规章制度中规定的劳动标准,虽没有法律强制力,但具有约束力,要求企业内部有关方面和人员执行。

（6）劳动标准实施的目的是明确的。它既与广义、狭义标准概念有关内涵相衔接,同时又有自己的一定特殊性。一方面,劳动具有自然属性,要处理好人与自然的关系,劳动标准制定、颁布和实施的目的在于使劳动过程更加科学、合理,劳动力资源得到优化有效配置,劳动效率更高,创造更多的社会财富;另一方面,劳动具有社会属性,要处理好劳动过程中人与人的社会关系。由于劳动力市场上劳动者一般处于弱势地位,因而劳动标准制定、颁布、实施的目的还必须包括维护劳动者的基本权益,协调处理好劳动关系,使劳动关系"获得最佳秩序"。此外,还要有利于劳动者劳动能力、技能水平的提高,人力资本价值的开发和提升等。

二、劳动条件标准的作用

国际劳工组织的重要文件国际劳工公约和建议书中有大部分都对劳动条件标准进行了规范及指导。各国也纷纷通过立法对劳动条件标准设置了基本要求。这么做并非劳民伤财,这种做法对国家,对用人单位,对劳动者都有着重要的意义。

对国家来说,设置劳动条件标准可以构建和谐稳定劳动关系。和谐劳动关系是指劳动过程中的主体与客体之间的和谐关系,包括人与人、人与物(自然环境劳动条件等)的关系。其中核心,最关键的就是人即劳动者。劳动者得到了保护,劳动关系才能和谐稳定。

对用人单位来说,设置劳动条件标准可以提高企业的工作效率和劳动生产率。限定劳动者工作的时间,给予劳动者充分的休息时间,才能使劳动者尽快恢复在工作中消耗掉的劳动能力,并有时间去学习,进行人力资本投资,提高自己的知识水平,业务能力,操作的熟练程度,从而提高工作效率和劳动生产率。为企业带来更高的利润。

对劳动者来说,设置劳动条件标准可以切实保障劳动者的基本权利。劳动者每天的时间有限,要合理安排工作和休息,还要有一定的时间进行家庭生活,文化生活,体育活动,休闲活动和社交活动,等等。合理的休息时间是每个劳动者恢复劳动能力,享受生活,实现个人全面发展的必要条件。

劳动条件标准是我国近年来大量的事故均与劳动者的劳动基准没有得到保护有密切关系,为构建和谐社会,充分保障劳动者的生存权,完善我国劳动标准制度尤为重要。

第二节　劳动标准

劳动标准是对劳动领域内的重复性事物、概念和行为的规范,以定性或定量的形式作出的统一规定。劳动标准既普遍适用的工作条件,如工资、工作时间、限制夜间工作时间、休息休假及非全日制工作和家庭工作等相关规定。

一、工资

(一) 最低工资

最低工资,是指劳动者在法定工作时间提供了正常劳动的前提下,其雇主(或用人单位)支付的最低金额的劳动报酬。最低工资不包括加班工资、特殊工作环境、特殊条件下的津贴,最低工资也不包括劳动者保险、福利待遇和各种非货币的收入。最低工资一般由一个国家或地区通过立法制定。在国外,除了政府可以制定最低工资之外,某些行业的组织也可以自行制定该行业的最低工资。最低工资可以用月薪制定,也可以用每小时的时薪制定。最低工资的制定反映了监管机构对劳动者权益的保护。在国外,最低工资是政府对劳动市场的正当干预。

国际劳工组织《1970年确定最低工资并特别考虑发展中国家公约》(第131号),第131号公约规定确定最低工资水平时应该考虑的因素包括个人及其家庭的需要,本国工资的一半水平、生活费用、社会保障津贴和其他社会群体相应的生活标准;经济繁忙的因素包括经济发展的需要、生产率水平、实现并保持高水平就业的愿望。最低工资制度应具有法律效力,并不得予以降低。不执行最低工资制度者应该受到适当惩罚或其他制裁。

我国《劳动法》第48条规定,国家实行最低工资保障制度。用人单位支付劳动者的工资不得低于当地最低工资标准。最低工资标准每年会随着生活费用水平、职工平均工资水平、经济发展水平的变化而由当地政府进行调整。依据2004年劳动和社会保障部发布的《最低工资规定》,最低工资指劳动者在法定工作时间或依最低工资法签订的劳动合同约定的工作时间内提供了正常劳动的前提下,用人单位依法应支付的最低劳动报酬。它不包括加班加点工资,中班、夜班、高温、低温、井下、有毒有害等特殊工作环境、条件下的津贴,以及国家法律法规、政策规定的劳动者保险、福利待遇和企业通过贴补伙食、住房等支付给劳动者的非货币性收入等。

(二) 一般工资

"工资"指不论名称或计算方式如何,由一位雇主对一位受雇者,为其已完成的工作或已提供或将要提供的服务,可以货币结算并由共同协议或国家法律及条例予以确定而凭书面或口头雇用合同支付的报酬或收入。

对于应当用货币制度的工资,雇主一律要发给工人法定货币。在允许将部分工资以实物津贴支付的情况下,应采取措施保证适合于工人及其家属个人使用,并符合他们的利益;归属于实物津贴的价值是公平合理的。工资应当直接发给有关工人,禁止雇主以任何方式限制工人支配自己工资的自由。工资应定期支付。在雇用合同终结时,全部应付工资的最终结算应按照国家法律或条例、集体协议或仲裁菜单来进行;没有上述依据时,结算应根据合同的约定,在合理的期限内完成。

为了照顾不同国家的多样性和体现灵活性,国际劳工组织第95号《1949年保护工资公约》规定,如果一个成员国的领土中有大片地区由于人口稀少或基于各地区的发展阶段而不宜实施本公约的规定时,可以对此类地区实行某种程度的豁免。

我国《劳动法》规定,工资分配应当遵循按劳分配原则,实行同工同酬。工资水平在经济发展的基础上逐步提高。国家对工资总量实行宏观调控。用人单位根据本单位的生产经营特点和经济效益,依法自主确定本单位的工资分配方式和工资水平。工资应当以货币形式按月支付给劳动者本人。不得克扣或者无故拖欠劳动者的工资。劳动者在法定休假日和婚丧假期间以及依法参加社会活动期间,用人单位应当依法支付工资。

(三) 工人债权

当企业倒闭或判决清理时,该企业的工人均应享有优先债权人的地位。

"无偿债能力"指为集中解决各债权人的偿还要求,根据国家法律或惯例,已就雇主资产开始法律诉讼这样一种情况。成员国可以将"无偿债能力"扩展到因雇主财务状况方面的原因而使个人债权无法得到偿付的其他情况。

国际劳工组织第 173 号《1992 年在雇主无偿债能力的情况下保护工人债权公约》规定,在雇主无偿债能力的情况下,需以优先权保护工人因其就业而伴生的债权,以使工人能在非优先债权人获得其份额前,从破产雇主的资产中获得偿还。

二、工作时间

工作时间,又称法定工作时间,是指劳动者为履行工作义务,在法定限度内,在用人单位从事工作或者生产的时间。所谓工作日是指法律规定的职工在一昼夜内的工作时间,是以日为计算单位。

工作时间具有以下几个方面的特征:

(1) 工作时间是劳动者履行劳动义务的时间。根据劳动合同的约定,劳动者必须为用人单位提供劳动,劳动者提供劳动的时间即为工作时间。劳动时间有工作小时、工作日和工作周三种,其中工作日即在一昼夜内的工作时间,是工作时间的基本形式。

(2) 工作时间不限于实际工作时间。工作时间的范围,不仅包括作业时间,还包括准备工作时间、结束工作时间以及法定非劳动消耗时间。其中,法定非劳动消耗时间是指劳动者自然中断的时间、工艺需中断时间、停工待活时间、女职工哺乳婴儿时间、出差时间等。此外,工作时间还包括依据法律、法规或单位行政安排离岗从事其他活动的时间。

(3) 工作时间是用人单位计发劳动者报酬依据之一。劳动者按照劳动合同约定的时间提供劳动,即可以获得相应的工资福利待遇。加班加点的,可获得加班加点工资。

(4) 工作时间的长度由法律直接规定,或由集体合同或劳动合同直接规定。劳动者或用人单位不遵守工作时间的规定或约定,要承担相应的法律责任。

工作时间根据划分标准不同,可以作出以下几类划分:

(1) 按照用工形式和计酬时间单位不同,可以分为全日制用工工作时间和非全日制用工工作时间。

（2）按照工作时间的计算方式不同，可以分为计时工作时间和计件工作时间和其他工作时间。

计时工作时间，是指国家法律规定的，在正常情况下，一般职工从事工作或者劳动的时间。计件工作时间，是指以劳动者完成一定劳动定额为标准的工作时间。

计时工作时间可以分为定时工作时间、不定时工作时间和综合计算工作时间。

定时工作时间又可以分为标准工作时间和非标准工作时间。

非标准工作时间包括缩短工作时间和延长工作时间。

其他工作时间，是指用人单位因自身特点不能实行标准工作时间的，经劳动行政部门批准，可以实行的其他工作时间。目前主要有在特殊情况下，对劳动者缩短工作时间，或分别以周、月、季、年为周期综合计算工作时间长度，或采取每日没有固定工作时数的工时形式等。

接下来，我们具体分析几种工作时间标准。

（一）标准工作时间标准

标准工作时间是一般劳动者在正常情况下普遍适用的工作时间。适用的条件为一般工种或工作岗位和常规工作环境。法律一般规定标准工作时间的最高限度。

国际劳工组织在1919年成立之初，就用第1号公约《工业工作时间每日限为8小时及每周限为48小时公约》规范了公营与私营工业企业的标准工作时间，后来在1930年颁布第30号公约，将适用范围扩大到商业企业（包括邮政、电报、电话）雇用的人员，以及事业和行政管理机构主要从事办公室工作的人员，包括公私企业在内。1931年在前两个有关工时公约的基础上制定了31号公约，1935年又以第46号公约加以修正，公约把煤矿井下每天工作时间限制为7小时45分，并要求遵守每周休息和公共节假日休息的规定。1939年的第67号公约也是以每周工作48小时作为基础的，但因具体规定过于严格，目前，只有4个会员国批准[①]。于是1979年又制订第153号公约加以修正，但迄今也只有9个会员国批准[②]。

国际劳工组织在1935年最早提出了每周40小时工作制的标准，第47号公约直至1957年才生效，而到今日批准该公约的仍只有15个国家[③]。我国虽然没有批

① http://www.ilo.org/dyn/normlex/en/f? p＝1000：11300：0：：NO：11300：P11300_INSTRUMENT_ID：312212.

② http://www.ilo.org/dyn/normlex/en/f? p＝1000：11300：0：：NO：11300：P11300_INSTRUMENT_ID：312298.

③ http://www.ilo.org/dyn/normlex/en/f? p＝1000：11300：0：：NO：11300：P11300_INSTRUMENT_ID：312192.

准该公约,但依据我国的相关法律,我国已经达到了国际劳工组织的标准。

在我国,标准工作时间是法律规定国家机关、社会团体、企业事业单位在正常情况下普遍实行的工作时间。标准工作时间包括劳动者每日工作时间和劳动者每周工作时间两方面内容。我国实行的是每日工作不超过 8 小时、每周工作不超过 40 小时的工时制度。我国《劳动法》第 36 条规定:"国家实行劳动者每日工作时间不超过 8 小时、平均每周工作时间不超过 44 小时的工时制度。"根据 1995 年 3 月重新修订的《国务院关于职工工作时间的规定》,标准工作时间调整为职工每日工作 8 小时、每周工作 40 小时。

(二) 缩短工作时间标准

缩短工作时间是指法定特殊条件下少于标准工作时间长度的一种工作时间。

比如,国际劳工组织对"夜间工人"的特殊规定。"夜间工人"指其工作需在超过规定限度的大量夜间工作小时内进行的工资劳动者;此种限度应由主管当局经与最有代表性的雇主和工人组织协商确定,或由集体协议确定。由于夜间工人在夜间工作的特殊性,成员国应该提供专门的特殊保护措施,以工时、报酬或类似福利的方式对夜间工人的补偿应承认夜间工作的性质。如:提供免费的健康检查和咨询;提供适当急救措施,安排及时适当的治疗;为不适合夜间工作的夜间工人提供其他岗位或津贴补偿;不得安排孕期、哺乳期的女工从事夜间工作,等等。切实保护他们的健康,帮助他们承担家庭和社会责任,提供职业晋升机会,以及给予他们适当补偿。《1990 年夜间工作公约》(第 171 号)。"夜间工作"指须经主管当局与最有代表性的雇主和工人组织协商确定,或由集体协议确定,在不少于 7 个连续小时,其中包括午夜至上午 5 时期间内从事的一切工作。最常见的夜间工作是指晚上 10 时到早上 7 时的工作,在此期间妇女如从事夜间工作,至少应有 7 小时的连续休息时间。

在我国,缩短工作时间指用人单位可以在标准工作日和工作周的时间内减少劳动者的工作时间。劳动者每日工作时间不超过 8 小时,本身就包含了缩短工作时间的意思,8 小时是最高限,在 8 小时之内企业可以根据自己的实际情况合理安排工作时间。即可以自行缩短工作时间。

《国务院关于职工工作时间的规定》规定,在特殊条件下从事劳动和有特殊情况,需要适当缩短工作时间的,按照国家有关规定执行。《劳动法》虽未对缩短工作时间作出明确规定,但其第 39 条规定:"企业因生产特点不能实行本法第 36 条、第 38 条规定的,经劳动行政部门批准,可以实行其他工作和休息办法。"1995 年 3 月 25 日劳动部发布的《〈国务院关于职工工作时间的规定〉的实施办法》规定,在特殊条件下从事劳动和有特殊情况,需要在每周工作 40 小时的基础上再适当缩短工作时间的,应在保证完成生产和工作任务的前提下,由企业根据实际情况决定。

　　缩短工作时间一般是对在有害身体健康、劳动条件恶劣、特别繁重体力劳动的职工以及对女工和未成年工实施特殊保护等特定条件下实行的工时制度。根据相关法律法规，主要有以下几种情况：

　　(1) 夜班，实行三班制的企业，从事夜班工作的时间比白班减少一小时。夜班通常指当日晚上 10 点至次日早晨 6 点之间。

　　(2) 特定岗位，从事矿山井下作业、高山作业、严重有毒有害作业、特别繁重和过度紧张的体力劳动的职工，每个工作日的时间要少于 8 小时。如煤矿井下实行四班每班 6 小时工作制，化工行业对从事有毒有害作业的工人，根据生产的特点和条件，分别实行"三工一体"制或 6 至 7 小时工作制。

　　(3) 哺乳期女工，《女职工劳动保护规定》第九条规定：有不满一周岁婴儿的女职工，在每班劳动时间内给予其两次哺乳(含人工喂养)时间，每次 30 分钟。哺乳时间和在本单位内哺乳往返途中的时间，算作劳动时间。

　　(4) 对于从事长久站立、蹲坐、行走等工作的怀孕 7 个月以上的女工，给以工间休息。

　　(5) 未成年工，未成年工应实行少于标准工作日制度。

(三) 延长工作时间标准

　　延长工作时间是指劳动者每个工作日的工作时间超过标准工作时间长度的工作日制度。国际劳工组织建议正常工时外的工作小时应按照加班工资率付给报酬。加班时间的报酬率由各国主管当局或机构确定，但任何情况下都不得低于《1919 年(工业)工时公约》所规定的报酬率，即正常工资的 125%。

　　延长劳动时间，也称加班加点，是指用人单位经过一定程序，要求劳动者超过法律、法规规定的最高限制的日工作时数和周工作天数而工作。一般分为正常情况下延长工作时间和非正常情况下延长工作时间两种形式。加班是指用人单位经过法定批准手续，要求职工在法定节日或公休假日从事工作的时间。加点是指用人单位经过法定批准手续，要求职工在正常工作日之外延长工作的时间。

　　正常情况下延长工作时间，按照《劳动法》的规定，需具备以下三个条件：

　　(1) 由于生产经营需要。生产经营需要主要是指紧急生产任务，如不按期完成，就要影响用人单位的经济效益和职工的收入，在这种情况下，才可以延长职工的工作时间。

　　(2) 必须与工会协商。用人单位决定延长工作时间的，应把延长工作时间的理由、人数、时间长短等情况向工会说明，征得工会同意后，方可延长职工工作时间。

　　(3) 必须与劳动者协商。用人单位决定延长工作时间，应进一步与劳动者协商，因为延长工作时间要占用劳动者的休息时间，所以只有在劳动者自愿的情况下才可以延长工作时间。

除要符合以上条件外,延长工作时间的长度也必须符合《劳动法》的规定。即:一般每日不得超过 1 小时,因特殊原因需要延长工作时间的,在保障劳动者身体健康的条件下延长工作时间每日不得超过 3 小时,但是每月不得超过 36 小时。

但有下列情形之一的,延长工作时间不受限制:

(1)发生自然灾害、事故或者因其他原因,威胁劳动者生命健康和财产安全,需要紧急处理的。

(2)生产设备、交通运输线路、公共设施发生故障,影响生产和公众利益,必须及时抢修的。

(3)法律、行政法规规定的其他情形。

延长工作时间,用人单位应按下列标准支付高于劳动者正常工作时间工资的工资报酬:

(1)安排劳动者延长工作时间的,支付不低于工资的 150％的工资报酬。

(2)休息日安排劳动者工作又不能安排补休的,支付不低于工资的 200％的工资报酬。

(3)法定休假日安排劳动者工作的,支付不低于工资的 300％的工资报酬。

(四) 不定时工作时间标准

不定时工作时间是指工作日的起点、终点及连续性不固定的工作时间。不定时工作制是针对因生产特点、工作特殊需要或职责范围的关系,无法按标准工作时间衡量或需要机动作业的职工所采用的一种工时制度。

根据 1994 年劳动部《关于企业实行不定时工作制和综合计算工时工作制的审批办法》中的规定,可以实行不定时工作制的职工有:一是因工作无法按标准工作时间衡量的职工。主要是指:企业中的高级管理人员,因工作需要在外地的供销、采购和其他常驻人员,在工作时间内可以适当进行休息的值班人员等;二是因工作时间不固定,需要机动进行工作的职工。主要是指:长途运输人员、出租汽车司机和与铁路、港口相关联的驻站人员以及仓库的部分装卸人员等;三是其他因生产经营特点、工作特殊需要或者职责范围的关系,适合实行不定时工作制的职工。

经批准实行不定时工作制的职工,不受《劳动法》第 41 条规定的日延长工作时间标准和月延长工作时间标准的限制,但用人单位应采用弹性工作时间等适当的工作和休息方式,确保职工的休息休假权利和生产、工作任务的完成。实行不定时工作制人员不执行加班工资的规定。但是实行不定时工作人员的工作时间仍应按照相关法规文件的规定,平均每天原则上工作 8 小时,每周至少休息 1 天。

三、休息休假

关于每周休息的规定：第14号公约《1921年工业企业中实行每周休息公约》、第106号公约《1957年商业和办公处所每周休息公约》规定劳动者均应于7天时间内享受有连续至少24小时的休息时间。

关于带薪休假的规定：带薪年休假是劳动者一项重要的休息权，指劳动者依照法律规定在工作满一定期限后每年享有保留原职和工资的连续休假。第132号公约《1970年带薪休假公约（修订）》规定所有人员应有权享受确定的最低期限的带薪年休假。休假的期限在任何情况下不得低于每个工作年的3周工作时间。要获得带薪年休假的权利，必须有一段最低期限的服务时间，此时间在任何情况下不得超过6个月。正式和按惯例的节假日不计算在带薪年休假中。

关于带薪教育休假：学习是劳动者的基本权利之一，劳动者有行使学习权的自由。带薪教育假制是一种教育与劳动相互转换的制度，指在职员工利用工作期间，选择适当时机参与全时或部分时间的教育进修运动，进修期间不仅工作有保障，而且可以领取全部或一部分薪水。进修所需之相关费用，则可由雇主、国家与员工依比例共同分摊。带薪教育假的实施方式主要有两种：一是立法规定。就此制度进行正式的立法，或就现有的法令进行修正，以规范带薪教育假实施的相关事宜。其优点在于可对雇主形成一定的约束力，进而保障社会大众的受教权。其缺点是较缺乏弹性，且其涵盖面不够周延，因而导致实施过程的僵化及可能的参与障碍。二是集体协商协议：由雇主、政府与工会代表，就带薪教育假的实施相关规定进行协商，以达成各方都能接受的共识。其优点是实施上较具弹性，可收因时、因地、因事制宜的三重效果。而其缺点则是弹性过大，缺乏法律保障，较未能兼顾普遍大众的受教育权益。

四、非全日制工作和家庭工作

"非全日制工人"是指其正常工时少于可比全日制工人的受雇人员。其中，"正常工时"得按每周或以一定就业时段的平均值计算；"可比全日制工人"是指与有关非全日制工人相比的下列全日制工人：具有相同类型的就业关系；从事相同或相似类型的工作和职业，并在相同的部门、企业或行业就业。但是，受部分失业影响的全日制工人，即其正常工时因经济、技术或结构原因被集体或临时性削减的工人，不视为非全日制工人。

在第175号公约中，规定了对非全日制工人的保护条款，如：①在组织权利、集体谈判权利和担任工人代表的权利方面；在职业安全与卫生方面；在就业和禁止职业歧视方面，保证非全日制工人得到给予可比全日制工人的同样保护。②保证非全日制工人得到的基本工资,不是仅由于其从事非全日制工作,而低于按同样方法计算的可比全日制工人的基本工资。③应对以职业活动为基础的法定社会保障体制进行修改,以使非全日制工人享受与可比全日制工人的同等条件。④在生育保护、终止就业、带薪年休假和公共假日以及病假方面,保证非全日制工人得到与可比全日制工人同等的条件。但应明确,涉及金钱的各项权利得按工时或收入比例确定。第175号公约也强调,对上述非全日制工人的保护条款应予保证,其措施应包括:①审查可能阻碍使用或接受非全日制工作的法律和法规;②利用现有的职业介绍机构,在职业介绍活动中确认和公布非全日制工作机会;③在就业政策中,要特别关注失业人员、有家庭责任的工人、老年工人、残疾工人和正在接受教育或培训的工人等特殊群体的需要和优先选择;④研究和散发有关非全日制工作满足雇主和工人的经济与社会目标程度的信息。

　　"家庭工作"指工人按照雇主的交派在自己家中所从事、并从雇主处领取报酬的工作。第177号公约规定,有关家庭工作的国家政策,应当在考虑家庭工作的特点,考虑适用于在企业中从事的相同或类似类型工作条件的情况下,尽可能在下列方面促进家庭工人和其他工资劳动者之间的待遇平等:①家庭工人建立或参加他们自行选择的组织的权利及参与此种组织活动的权利;②防止就业和职业方面的歧视;③职业安全与卫生方面的保护。在考虑家庭工作的特点情况下,国家关于安全与卫生的法律和条例应当适用于家庭工作,并应规定在家庭工作中,限制和禁止某些类型的工作和某些物质的使用;④报酬;⑤法定社会保障的保护;⑥获得培训机会;⑦允许就业或工作的最低年龄;⑧生育保护。

第三节　职业安全卫生政策

　　通过前两节的讨论,我们不难发现:在劳动标准的确定中,企业安全卫生毋庸置疑是一个重要的衡量标准,也是重要的内容领域。它以技术性标准的形式体现,既直接影响着企业的劳动成本,同时间接地成为企业间贸易竞争的潜在影响因素。下面我们将从国际和国内视野就职业安全卫生方面的劳动标准政策展开进一步分析。

一、职业安全卫生

　　对于职业安全卫生条件的名称界定,各国都有不同的认识。例如,美国、日本等国家采用职业安全卫生(Occupational Safety Health)这种称呼。德国和中国则主要称之为劳动保护(Labor Protection)。尽管在概念的名称界定上不尽相同,但各国对于职业安全卫生政策的内涵认识基本都包括以下一些内容:企业在生产环节追求劳动生产的最大效率背景下,在理念层面担负着保障劳动者在劳动过程中的安全及健康水平。同时,在事实层面也必须积极地采取各种组织措施和技术措施来改善劳动条件、预防工伤事故及职业病,实现劳逸结合和女职工、未成年工的特殊保护。而以保障劳动者在职业活动过程中的安全与健康为目的的工作领域及在法律、技术、设备、组织制度和教育等方面所采取的各种有针对性的措施。

职业安全卫生针对的对象是人的防护,而不是环境的保护。劳动者依法享有职业卫生保护的权利。企业应为劳动者创造符合国家职业卫生标准和卫生要求的工作环境和条件,并采取措施保障劳动者获得职业卫生保护。而运用国际组织和国家公共权力制定的有关劳动者职业安全卫生的相关政策体系则是企业提供这些劳动条件的主要依据。

二、分类

职业安全卫生属于劳动条件中的特定领域,根据职业安全卫生政策的国际比较和国内实践视野,我们可以把它划分为以下几个宏观的纵向层次。

(一) 国际公约

国际劳工组织成立之初,重点就是制定加强工作场所劳动保护相关的劳工标准政策,以此来保障工人的健康和安全,尤其是对某些危险物质可能引发的职业危害制定专门的公约加以限制,如白铅、炭疽热和白磷等。直到 20 世纪七八十年代关于苯和石棉公约的出台,国际劳工组织一直把重点放在制定针对危险物质的专门公约上。

国际劳工立法协会于 1905 年在伯尔尼召开了代表大会,主要处理了以下两个问题:①禁止在工业中,尤其在钟表业中使用白磷;②禁止妇女夜间工作。这次会议通过了有关这两项内容的协定。另外,从 19 世纪中期开始,白磷广泛用于火柴制造业,但是它的使用导致火柴制造工人(其中大多数是儿童)罹患令人生畏并导致畸形的“磷下巴”。解决这种职业危害造成的悲剧的办法是使用替代物,可以选择另外一种无危害磷——红磷来制造火柴。但是,大量廉价劳动力的存在和缺少工业卫生法规,使得生产模式的转变异常缓慢,需要采取法律强制以及国际上的联合行动,才能逐步消除这一职业危害。因此,在 1919 年第一届国际劳工大会上,国际劳工组织通过了《1919 年白磷建议书》(第 6 号)。该公约是最早的关于职业安全卫生的国际公约之一,约定禁止白磷的使用①。20 世纪 30 年代以后,国际劳工组织开始制定并不断完善行业部门的职业安全卫生标准,尤其是一些特殊经济活动部门的通用安全卫生标准,重点是高风险行业和部门,如码头作业、建筑业、化学

---

① 朱常有.职业安全卫生国际劳工标准[J].劳动保护,2009(5).

工业、矿山和农业部门的职业卫生标准。

　　1. 一般规定标准

　　涉及公约和建议书(包括但不限于如下)①:

- 《1925 年事故赔偿同等待遇公约》(第 19 号);
- 《1929 年预防劳动事故建议书》(第 31 号);
- 《1953 年在工作场所保护工人健康建议书》(第 97 号);
- 《1956 年工人福利设施建议书》(第 102 号);
- 《1959 年劳动医疗服务建议书》(第 112 号);
- 《1961 年工人住房建议书》(第 115 号);
- 《1964 年工伤事故津贴建议书》(第 121 号);
- 《1981 年职业安全和卫生及工作环境公约》(第 155 号);
- 《1981 年职业安全和卫生及工作环境建议书》(第 164 号);
- 《1985 年职业卫生设施公约》(第 161 号);
- 《1985 年职业卫生设施建议书》(第 171 号);
- 《2002 年职业病名单建议书》(第 194 号)。

　　一般规定标准是用来指导成员国为了达到安全卫生的工作环境,保证工人的福利与尊严而制定的方针和措施,一般指政策指导性的标准。

　　第 31 号建议书提出了为了完善企业的安全要建立一个安全和预防事故的机构,任命安全监督员或安全委员会。安全委员会负责对发生的事故进行调查并研究防止再次发生的办法;检查各种安全设施,使其保持完好状态;向新工人,特别是年轻工人进行安全教育;鼓励工人提出保障劳动安全的建议。雇主应采取各种措施防止、减少和消灭危害工人健康的各种危险。在需要的时候,雇主应向工人提供防止事故的衣物和设备。劳动安全和卫生措施不应对工人造成任何经济负担。

　　第 161 号公约中的"职业卫生设施"指主要具有预防功能的,负责向雇主、工人及其企业内代表就职业卫生方面的问题提供咨询的设施。需要提供咨询的问题包括建立和保持安全卫生的工作环境所必需的条件,以及工作与工人的身体和精神健康状况的关系等。第 155 号公约的适用范围覆盖各个经济部门中的一切工人。要求成员国制定、实施和定期审查有关职业安全、职业卫生及工作环境的一项具有连贯性的国家政策。目的在于在合理可行的范围内把工作环境中内在的危险因素减小到最低限度。以预防来源于工作、与工作有关或者在工作过程中发生的事故和对健康的危害。

---

　　① 以下公约和建议书的具体内容都可在 http://www.ilo.org/ilolex/english/convdisp1.htm 和 http://www.ilo.org/ilolex/english/recdisp1.htm 查到。

2. 特殊行业的预防标准

涉及公约和建议书(包括但不限于如下)①:

- 《1929 年标明重量(航运包裹)公约》(第 27 号);
- 《1935 年(妇女)井下作业公约》(第 45 号);
- 《1937 年(建筑物)安全规定公约》(第 53 号);
- 《1964 年商业和办事处所卫生公约》(第 120 号);
- 《1964 年商业和办事处所卫生建议书》(第 120 号);
- 《1979 年码头作业职业安全和卫生公约》(第 152 号);
- 《1979 年码头作业职业安全和卫生建议书》(第 160 号);
- 《1988 年建筑业安全和卫生公约》(第 167 号);
- 《1988 年建筑业安全和卫生建议书》(第 175 号);
- 《1995 年矿山安全与卫生公约》(第 176 号);
- 《1995 年矿山安全与卫生建议书》(第 183 号)。

特殊行业的预防标准是针对某些行业,如建筑业、矿业、农业、商业和办公室及码头等制定的预防标准。

如 176 号公约,要求成员国制定法律或法规,就矿业安全和卫生方面的监督、监察、重大事故报告与调查程序、事故和职业病统计数据的编辑和公布、主权机关职权、工人参与等事项做出规定。雇主有责任就消除、控制和减轻危险采取预防和保护措施。

如 120 号公约,对有关工作场所的清洁、通风、照明、温度、布置、饮水、厕所、座椅、存衣设施、地下室或不开窗户的地方、卫生安全防护设备、减少噪声和振动设备、急救站或急救器材设备等作出了规定。

3. 特殊危害的预防标准

涉及公约和建议书(包括但不限于如下)②:

- 《1921 年(油漆)白铅公约》(第 13 号);
- 《1960 年辐射防护公约》(第 115 号);
- 《1960 年辐射防护建议书》(第 114 号);
- 《1963 年机器防护公约》(第 119 号);
- 《1973 年苯公约》(第 136 号);

---

① 以下公约和建议书的具体内容都可在 http://www.ilo.org/ilolex/english/convdisp1.htm 和 http://www.ilo.org/ilolex/english/recdisp1.htm 查到。

② 以下公约和建议书的具体内容都可在 http://www.ilo.org/ilolex/english/convdisp1.htm 和 http://www.ilo.org/ilolex/english/recdisp1.htm 查到。

- 《1974 年职业癌公约》(第 139 号);
- 《1974 年职业癌建议书》(第 147 号);
- 《1977 年工作环境(空气污染、噪音和振动)公约》(第 148 号);
- 《1977 年工作环境(空气污染、噪音和振动)建议书》(第 156 号);
- 《1986 年安全使用石棉公约》(第 162 号);
- 《1986 年安全使用石棉建议书》(第 172 号);
- 《1990 年作业场所安全使用化学品公约》(第 170 号);
- 《1990 年作业场所安全使用化学品建议书》(第 177 号);
- 《1993 年预防重大工业事故公约》(第 174 号);
- 《1993 年预防重大工业事故建议书》(第 181 号)。

特殊危害的预防标准是针对特殊物质(白铅、辐射、苯、石棉和化学品)、职业癌症、机械搬运、工作环境中的特殊危害而制定的预防标准。

如第 174 号公约适用于重大危害设施和装备,旨在预防危害物质造成重大事故,并限制此类事故的影响。公约要求成员国制定、实施并定期检讨有关工人、公众和环境免于重大事故风险的国家政策。

第 162 号《安全使用石棉公约》应用于在工作过程中接触石棉的所有活动。批准该公约的成员国有责任为预防、控制和保护工人免受由于接触石棉所导致的健康危害而规定必须采取的措施。第 172 号建议书是对该公约的补充。

第 136 号《苯公约》要求批准该公约的成员国采取措施,取代、禁止或控制苯在工作场所中的使用。第 144 建议书是对该公约的补充。

第 139 号《职业癌公约》责成批准该公约的成员国定期地确定致癌物并对其暴露浓度加以限制。对这些致癌物,批准该公约的成员国必须规定为保护暴露于这些物质中的工人应采取的措施,保存适宜的记录,为工人提供医疗检查并进行必要的评估,掌握工人的暴露程度和健康状态。第 147 号建议书是对该公约的补充。

第 115 号《辐射防护公约》要求批准该公约的成员国采取一切适宜的措施有效地防止离子辐射对工人构成的安全和健康威胁。此类措施必须包括将工人的暴露限定在最低水平,收集必要的数据,确定最大允许辐射暴露剂量,告知工人所面临的辐射危险,提供适宜的医疗监测。第 114 号建议书是对该公约的补充。

第 170 号《作业场所安全使用化学品公约》要求批准该公约的成员国,按照本国的条件和惯例并在协商最具代表性的雇主组织和工人组织的基础上制定、实施和定期评审一个工作中安全使用化学品的方针。该方针应明确诸如标签和标识,供应商和雇主的责任,化学品的转移,暴露、操作控制,废弃,信息和培训,工人的职责,工人及其代表的权利以及出口国的责任。第 177 号建议书是对该公约的补充。

第 119 号《机器防护公约》建立了保护工人免受工作场所机械运行所带来的伤

害风险的标准。该标准涉及了机械销售、租用、运输等环节及在这些环节中的风险。第118号建议书是对该公约的补充。

第148号《工作环境（空气污染、噪音和振动）公约》要求批准该公约的成员国规定应采取的措施，预防、控制和保护工作环境中空气污染、噪声和振动所带来的职业危害。措施的开发必须考虑本公约的要求。第156号建议书是对该公约的补充。

4. 保护措施标准

涉及公约和建议书（包括但不限于如下）①：

• 《1919年保护生育公约》（第3号）；
• 《1932年（码头工人）防止事故公约（修订）》（第32号）；
• 《1946年未成年人就业体格检查（工业）公约》（第77号）；
• 《1946年未成年人就业体格检查（非工业）公约》（第78号）；
• 《1946年未成年人就业体格检查建议书》（第79号）；
• 《1946年未成年人（非工业）就业夜间工作公约》（第79号）；
• 《1946年未成年人（非工业）就业夜间工作建议书》（第80号）；
• 《1948年（工业）未成年人夜间工作公约（修订）》（第90号）；
• 《1952年保护生育公约（修订）》（第103号）；
• 《1965年未成年人（井下作业）体格检查公约》（第124号）；
• 《1965年未成年人（井下作业）就业建议书》（第125号）；
• 《1967年最大负重量公约》（第127号）；
• 《1967年最大负重量建议书》（第128号）；
• 《1975年移民工人公约（补充条款）》（第143号）；
• 《1973年最低年龄公约》（第138号）；
• 《1990年夜间工作公约》（第171号）；
• 《1990年夜间工作建议书》（第178号）；
• 《2000年保护生育公约（修订）》（第183号）。

保护措施标准针对未成年人体格检查、妇女的生育保护、搬运最大负重量而制定的保护措施。如第127号《最大负重量公约》责成批准该公约的成员国对单人一次人工搬运的重量做出上限规定。任何工人都不能被强求或允许从事人工搬运这样的重物，即由于其重量的原因，可能危及该搬运工人的安全与健康。第128建议书是对该公约的补充。

―――――――――――

① 以下公约和建议书的具体内容都可在 http://www.ilo.org/ilolex/english/convdisp1.htm 和 http://www.ilo.org/ilolex/english/recdisp1.htm(last visited Nov. 30，2013)查到。

（二）国家职业安全卫生保护相关法律政策体系

职业安全卫生保护权是关乎劳动者在职业场所的生命权、健康权的一项基本权利。职业安全卫生保护主要包括：劳动安全和劳动卫生两个方面劳动安全是指在生产劳动过程中，防止中毒、车祸、触电、塌陷、爆炸、火灾、坠落、机械外伤等危及劳动者人身安全的事故发生。劳动卫生是指对劳动过程中的不良劳动条件和各种有毒有害物质的防范，或者是防范职业病的发生。

对于发展中国家的政府来说，在经济扩张的同时，应该制定积极的改善工作条件和维护劳工权利的政策。我国已经基本建立了社会主义法制体系，在这个宏大的体系中，在国家政策层面，有关劳动者的职业安全卫生保护的法律政策体系主要包括以下几个部分：

1. 全国人大及其常委会制定的劳动保护的有关法律

- 《中华人民共和国宪法》；
- 《中华人民共和国刑法》；
- 《中华人民共和国安全生产法》；
- 《中华人民共和国劳动法》；
- 《中华人民共和国矿山安全法》；
- 《中华人民共和国消防法》；
- 《中华人民共和国工会法》；
- 《中华人民共和国海上交通安全法》；
- 《中华人民共和国妇女权益保障法》；
- 《中华人民共和国未成年人保护法》；
- 《中华人民共和国环境保护法》；
- 《中华人民共和国电力法》；
- 《中华人民共和国公路法》；
- 《中华人民共和国铁路法》；
- 《中华人民共和国进出口商品检验法》；
- 《中华人民共和国建筑法》；
- 《中华人民共和国煤炭法》。

需要注意的是，虽然我国《宪法》第 42 条规定了："中华人民共和国公民有劳动的权利和义务。国家通过各种途径，创造劳动就业条件，加强劳动保护，改善劳动条件，并在发展生产的基础上，提高劳动报酬和福利待遇。劳动是一切有劳动能力的公民的光荣职责。国有企业和城乡集体经济组织的劳动者都应当以国家主人翁的态度对待自己的劳动。国家提倡社会主义劳动竞赛，奖励劳动模范和先进工作者。国家提倡公民从事义务劳动。国家对就业前的公民进行必要的劳动就业训练。"但这里主要规定了公民所拥有的劳动权利,并没明确规定公民的职业安全健康权利。

2. 劳动保护行政法规

我国国务院在劳动保护领域制定的行政法规有很多,主要集中在以下几个领域:工会、女工未成年工保护;事故管理安全综合管理等。

3. 劳动保护标准

对于以上法律法规的具体实施,国家制定了相应的劳动保护标准加以实施,主要分为:管理类标准,如《特种作业人员安全技术考核管理规则》;规程类标准,如《工业企业煤气安全规程》;机械、设备设施、器具类标准,如《起重机械超载保护装置安全技术规范》。

其中,为了实现劳动者的劳动安全,防止和消除劳动者在劳动和生产过程中的伤亡事故,以有防止生产设备遭到破坏,我国《劳动法》和其他相关法律、法规制定了劳动安全技术规程。安全技术规程主要包括:①机器设备的安全;②电气设备的安全;③锅炉、压力的容器的安全;④建筑工程的安全;⑤交通道路的安全。企业必须按照这些安全技术规程使各种生产设备达到安全标准,切实保护劳动者的劳动安全。

另外,为了保护劳动者在劳动生产过程中的身体健康,避免有毒、有害物质的危害,防止、消除职业中毒和职业病,我国制定了有关劳动卫生方面的法律、法规:《劳动法》、《环境保护法》、《工厂安全卫生规程》、《国务院关于加强防尘防毒工作的规定》、《关于防止厂矿企业中粉尘危害的决定》、《工业企业设计卫生标准》、《工业企业噪声卫生标准》、《防暑降温暂行办法》、《中华人民共和国关于防治尘肺病条例》等。这些法律、法规都制定了相应的劳动卫生规程,主要包括以下内容:①防止粉尘危害;②防止有毒、有害物质的危害;③防止噪声和强光的刺激;④防暑降温和防冻取暖;⑤通风和照明;⑥个人保护用品的供给。企业必须按照这些劳动卫生规程达到劳动卫生标准,才能切实保护劳动者的身体健康。

思考题

1. 什么是劳动条件政策?
2. 劳动标准的主要类型有哪些?
3. 职业安全卫生政策的主要内容有哪些?

本章参考文献

[1] 佘云霞、王祐.国际劳工标准[M].北京:中国劳动社会保障出版社,2007.

[2] 佘云霞.国际劳工标准:演变与争议[M].北京:社会科学文献出版社,2006.

[3] 朱常有.职业安全卫生国际劳工标准[J].劳动保护,2009(5).

[4] 张健明,等.劳动标准与劳动监察:政策与实务[M].北京:北京大学出版社,2008.

第六章　工资政策

为了保障劳动者在劳动过程中所付出的劳动能够得到及时、合理的回报,避免劳动者获得劳动报酬的基本权益受到损害,政府制定了企业内部调节工资和国家宏观调控收入等相关法律、法规和条例等,如《工资支付暂行规定》《中华人民共和国个人所得税法》《最低工资规定》《股份有限公司劳动工资管理规定》等,对工资支付方式、工资薪金所得税率、最低工资支付标准、工资集体协商的展开等做出了规定。

第一节　工资政策概述

一、工资的含义

工资是雇主或者法定用人单位对劳动者付出的劳动所支付的报酬。伴随着时代的变迁和经济社会的发展,工资的含义也在发生着变化。

1. 经济学意义上的工资

从经济学的角度讲,工资就是劳动力作为生产要素的价格,是由劳动力的需求和劳动力供给共同决定的。劳动力需求与劳动力供给相一致时所形成的均衡价格就是工资。在劳动力需求与劳动力供给的共同作用下,工资会处于一种相对静止的状态。如果有其他力量使劳动力需求或劳动力供给或供求双方发生变动,则会在新的条件下实现新的市场均衡,即新的均衡工资。

同时,工资决定着劳动力资源的配置和流向。通常情况下,工资上升导致劳动力需求下降和劳动力供给上升;工资下降导致劳动力需求上升和劳动力供给下降。这一规律是解释劳动力劳动和合理配置的根本原因。

2. 管理学意义上的工资

从管理学的角度讲,工资是雇佣关系的产物,它不仅是雇主人工成本的重要组成部分,也是劳动者获得谋生的手段,在市场经济社会,工资分配关系是雇佣关系的最好体现。对于微观经济主体,一方面要合理控制人工成本,保证企业产品或服务的市场竞争能力及企业盈利能力;另一方面要做到使工资满足员工的基本需要以及对员工的激励作用,发挥好工资在选人、用人和留人方面的积极作用。如何权衡两者之间的关系,是推动企业长期发展的关键。从宏观经济层面看,国民收入初次分配形成政府所得(生产税净额)、资本所得(利润)、劳动所得(工资)三大收入,体现了政府、资本和劳动三者之间的分配关系。工资分配关系着我国收入分配不公、收入分配差距扩大、经济增长方式转换、社会不稳定等一系列问题。理顺政府、资本和劳动三者之间的分配关系,适度降低政府所得和资本所得,逐步提高国民收入初次分配中劳动所得的比重,做好收入分配的深层次改革,实现我国经济增长方式的转变和社会经济的稳定发展。

二、我国工资制度的发展历程

随着管理理念的革新,工资的含义在发生着变化。在过去计划经济体制下,用人单位实行传统的"人事管理"制度;在市场经济体制下,现代企业实行的是"人力资源管理"制度,过去人事管理制度下的"工资"一说也逐渐转变为现在人力资源管理制度下的"薪酬"一说。最为关键的是薪酬管理制度发生了相应的变化。

1. 计划经济时期的工资制度

改革开放之前,在计划经济体制下,我国的工资制度由国家统一制定,工资标准、工资晋级条件、工资发放形式都由国家统一规定。企业工人实行的是技术等级工资制,企业干部实行的是职务工资制,但工人技术等级和干部职务等级的确定主要依据资历或工龄,这样的工资制度实则为"身份工资"和"资历工资"。企业不能根据自己的生产经营状况调整职工的工资收入,不能使职工工资的调整与企业劳动生产率的变动及职工的工作绩效相适应;劳动者也不能与企业协商工资、待遇。工资制度僵化,缺乏灵活性,平均主义、吃大锅饭现象严重,导致职工工作积极性不足,企业效率低下。

2. 转型经济时期的工资制度

1979年开始,国有企业的工资分配制度逐渐由国家直接对职工分配转变为企业工资总额同企业绩效挂钩,再由企业对职工实行按劳分配。1985年1月,国务院发布的《关于国营企业工资改革问题的通知》,明确提出"企业与国家机关、事业单位的工资改革和工资调整脱钩。企业职工工资的增长应依靠本企业经济效益的提高,国家不再统一安排企业职工的工资改革和工资调整,企业之间因经济效益不同,工资水平也可以不同。允许具有相同学历、资历的人,随所在企业经济效益的不同和本人贡献大小,工资收入出现差距"。在此背景下,国有企业开始探索薪酬制度改革,企业内部开始实行结构工资制。结构工资一般包括基础工资、职务(岗位、技术)工资、年功工资、浮动工资四个部分,其中浮动工资取决于企业的经营状况、个人的工作绩效与贡献大小。浮动工资的出现打破了原来的平均主义分配格局,企业薪酬管理领域引入了一种新的机制,即报酬量随劳动成果量大小(即绩效优劣)增减的机制①。工效挂钩政策在一定程度上增加了体制内劳动力市场的工资灵活性。

3. 市场经济推进过程中的工资制度

自 1992 年我国确立社会主义市场经济体制的改革目标之后,建立现代企业制度成为经济体制改革的核心目标。企业工资的决定机制,也从传统的行政决定机制、计划决定机制,与企业的效益和效率脱节,逐渐转变为市场决定机制。在日益开放的市场经济条件下,我国企业向员工支付报酬的依据,即报酬要素发生了重大转移。从岗位技能工资制的广泛应用和奖金的模糊发放,到以职位为基础的体现内部公平性、外部竞争力的薪酬制度和体现员工贡献的基于绩效的薪酬制度,对以人的知识、技能和能力支付报酬的探索,以及市场驱动的谈判工资的实施,真正意义上的企业薪酬管理实践探索开始,并经历着巨大的变革②。

第二节 工资支付政策

一、我国企业工资支付政策

在市场经济推进的过程中,工资支付方式更加复杂化。为了规范用人单位向劳动者支付工资的行为,保护劳动者通过劳动获得合理的劳动报酬,同时,为了配合 1994 年 7 月我国《中华人民共和国劳动法》(1995 年 1 月 1 日起施行,以下简称《劳动法》)的颁布,国家劳动和社会保障部③制定了《工资支付暂行规定》(1994 年 7 月发布,1995 年 1 月 1 日起施行)。《工资支付暂行规定》的第四条指出"工资支付主要包括:工资支付项目、工资支付水平、工资支付形式、工资支付对象、工资支付时间以及特殊情况下的工资支付"。

1. 工资支付项目

工资支付项目是指用人单位依据劳动合同的规定,以各种形式支付给劳动者的工资报酬,可以包括基本工资、绩效加薪、浮动薪酬、长期激励,以及福利等。

2. 工资支付水平

工资支付水平是指用人单位在劳动者完成劳动定额或规定的工作任务后,根据实际需要安排劳动者在法定标准工作时间以外工作的,应按以下标准支付工资:

---

① 曾湘泉.薪酬:宏观、微观与趋势[M].北京:中国人民大学出版社,2006:36.
② 曾湘泉.薪酬:宏观、微观与趋势[M].北京:中国人民大学出版社,2006:36.
③ 2008 年 3 月全国人民代表大会通过国务院机构改革方案,将劳动和社会保障部与人事部合并为中华人民共和国人力资源和社会保障部。

（1）用人单位依法安排劳动者在日法定标准工作时间以外延长工作时间的，按照不低于劳动合同规定的劳动者本人小时工资标准的150％支付劳动者工资。

（2）用人单位依法安排劳动者在休息日工作，而又不能安排补休的，按照不低于劳动合同规定的劳动者本人日或小时工资标准的200％支付劳动者工资。

（3）用人单位依法安排劳动者在法定休假节日工作的，按照不低于劳动合同规定的劳动者本人日或小时工资标准的300％支付劳动者工资。

3. 工资支付形式

工资支付形式是指工资应当以法定货币支付，不得以实物及有价证券替代货币支付。

4. 工资支付对象

工资支付对象要求用人单位应将工资支付给劳动者本人。劳动者本人因故不能领取工资时，可由其亲属或委托他人代领。

5. 工资支付时间

工资支付时间要求工资必须在用人单位与劳动者约定的日期支付。如遇节假日或休息日，则应提前在最近的工作日支付。工资至少每月支付一次，实行周、日、小时工资制的可按周、日、小时支付工资。对完成一次性临时劳动或某项具体工作的劳动者，用人单位应按有关协议或合同规定在其完成劳动任务后即支付工资。劳动关系双方依法解除或终止劳动合同时，用人单位应在解除或终止劳动合同时一次付清劳动者工资。

6. 关于特殊人员的工资支付问题

《工资支付暂行规定》还对劳动者受处分后的工资支付，学徒工、熟练工、大中专毕业生在学徒期、熟练期、见习期、试用期及转正定级后的工资待遇，复转军人的工资待遇等特殊人员的工资支付也做了明确规定。

（1）劳动者受处分后的工资支付分两种情况：①劳动者受行政处分后仍在原单位工作（如留用察看、降级等）或受刑事处分后重新就业的，应主要由用人单位根据具体情况自主确定其工资报酬；②劳动者受刑事处分期间，如收容审查、拘留（羁押）、缓刑、监外执行或劳动教养期间，其待遇按国家有关规定执行。

（2）学徒工、熟练工、大中专毕业生在学徒期、熟练期、见习期、试用期及转正定级后的工资待遇由用人单位自主确定。

（3）新就业复员军人的工资待遇由用人单位自主确定；分配到企业的军队转业干部的工资待遇，按国家有关规定执行。

我国的《工资支付暂行规定》发布后，在贯彻执行中遇到一些具体问题，劳动部于1995年5月又发布了《对〈工资支付暂行规定〉有关问题的补充规定》。尽管如此，随着经济体制改革的深入带来的企业类型多样化和劳动关系复杂化，这些工资支付相关规定的内容由于不够具体以及缺乏可操作性而不能完全满足实际需要，不但造成了执行中的混乱，而且引发了诸多的劳动争议问题。基于这些原因，一些地区开始修订或制订本地区的工资支付办法。2001年，珠海市通过了首部有关企业工资支付的地方性劳动工资法规，随后，北京、上海、天津、深圳等地也发布了本地区的工资支付法规，目前多数省份已经修订或制订了工资支付条例。

二、国外企业工资支付政策对我国的启示

在国外的工资管理实践中，工资支付规定中一个备受人们关注之处是豁免和非豁免的问题。由于劳动特征的多样性，总有一些岗位难以按照法律所规定的标准工作时间运作。为此，在劳动时间的计算以及工资的支付上，对于那些由于劳动特点所决定难以按照标准劳动时间有规律地工作的岗位，各国法律大多做出豁免规定。如美国的公平劳动标准法（FLSA）规定部分技术岗位和行政管理岗位可以列入豁免范围。其中，技术岗位豁免的条件是：①工作所需的知识是通过长期的专业化学习得来的，或者是从事于独特的创造性的艺术领域；②经常行使决断权；③所做的工作是脑力的且不循规蹈矩；④至少有80%的工作时间用于这些活动。行政管理岗位豁免的条件是：①主要承担管理职责；②监督两个或更多的雇员；③能够控制（至少具有巨大的影响）招聘、解雇和晋升；④行使决断权；⑤至少有80%的工作时间从事这些活动[①]。

1994年我国也曾颁布了《关于企业实行不定时工作制和综合计算工时工作制的审批办法》，其中规定了部分工作时间和工资支付豁免岗位范围。但由于许多地区认为在以经济建设为中心的条件下，建立严格的豁免和非豁免界限会加大企业人工成本，影响本地区的竞争力，因此，在实践中法律执行的严肃性远远不够，豁免和非豁免问题还没有引起人们的足够重视。随着改革的深入和全球经济一体化的加快，这一问题将会逐步成为人们关注的一个热点问题[②]。

第三节　工资宏观指导与调控政策

《劳动法》规定："工资水平在经济发展的基础上逐步提高。国家对工资总量实行宏观调控。"这就要求企业在确定劳动者的工资水平时，不仅要考虑自身的生产经营发展和赢利状况；还要考虑宏观经济的发展水平，与整个劳动力市场的工资水

---

① Gerge T. Milkovich, Jerry M. Newman [M]. Compensation (Eighth Edition), McGraw-Hill/Irwin. 543-544.

② 曾湘泉. 薪酬：宏观、微观与趋势[M]. 北京：中国人民大学出版社，2006：36.

平保持一致。在这一背景下,政府逐步放开了企业微观工资管理权限,同时改变了宏观工资调控管理方式,通过实施工资指导线制度、劳动力市场工资指导价位制度、企业人工成本信息制度等(简称"三项制度")对收入分配领域进行宏观指导和调控。

一、工资指导线制度

自 1993 年劳动和社会保障部在《关于建立社会主义市场经济体制时期劳动制度改革总体设想》中明确提出要推行工资指导线制度以来,劳动部首先选择于1994 年开始在深圳、成都两市试行制定和发布工资指导线的工作,于 1996 年开始在北京的试点,之后,为了适应社会主义市场经济体制的需要,建立"市场机制决定,企业自主分配,政府监督调控的企业工资分配体制",劳动部根据《劳动法》第四十六条"国家对工资总量实行宏观调控"的有关规定,发布了《试点地区工资指导线制度试行办法》(劳部发[1997]27 号),并将试点范围由北京、深圳、成都 3 个城市扩大包括江苏、江西、山东、广东、湖南、山西、吉林在内的 10 个地区。1998 年起,劳动部逐步扩大试点地区,使这项工作由点及面、稳步地在全国开展起来。

工资指导线制度也称为工资增长线制度,是为了引导企业合理安排工资分配,由政府综合考虑社会经济发展水平、物价水平以及其他社会经济指标而确定工资增长水平的一种宏观调控制度。工资指导线一般是确定短期的工资增长幅度,通常以年为单位制定和发布年度工资指导线。中国各省(市)的工资指导线是以本地区年度经济增长率、社会劳动生产率、城镇居民消费价格指数为主要依据,并综合考虑城镇就业状况、劳动力市场价格、人工成本水平和对外贸易状况等相关因素制定的。

工资指导线水平包括本年度企业货币工资水平增长基准线、上线、下线。工资增长基准线是工资增长的基本要求,适用于生产经营效益处于市场平均水平的企业,这类企业可以参照工资增长基准线安排劳动者工资的增长。工资增长上线也可称为预警线,是指企业货币工资增长允许达到的最高幅度,是政府允许企业工资增长的最高限额,各企业工资增长均不得突破指导线规定的上线,适用于生产经营效益增长较快的企业。工资增长下线是指企业工资增长的最低要求,适用于经济效益下降或亏损的企业。

工资指导线对不同类别的企业实行不同的调控办法:第一,国有企业和国有控股企业应严格执行政府颁布的工资指导线,企业在工资指导线所规定的下线和上线区间内,围绕基准线,根据企业经济效益合理安排工资分配,各企业工资增长均不得突破指导线规定的上线。在工资指导线规定的区间内,对工资水平偏高、工资增长过快的国有垄断性行业和企业,按照国家宏观调控阶段性从紧的要求,根据有关政策,从严控制其工资增长。第二,非国有企业(城镇集体企业、外商投资企业、私营企业等)应依据工资指导线进行集体协商确定工资,尚未建立集体协商制度的企业,依据工资指导线确定工资分配,并积极建立集体协商制度。企业在生产经营正常的情况下,工资增长不低于工资指导线所规定的基准线水平,效益好的企业可相应提高工资增长幅度。第三,其他各企业支付给职工的工资不得低于当地政府颁布的最低工资标准。表 6-1 为我国 2013 年部分省(市)企业工资指导线。

表 6-1　2013 年部分省(市)企业工资指导线

地区	上线	基准线	下线
北京	16.5%	12.0%	5.0%
天津	22.0%	16.0%	7.0%
上海	16.0%	12.0%	5.0%
广东	16.0%	10.5%	4.0%
福建	18.0%	13.0%	3.5%
山东	22.0%	15.0%	6.0%
山西	20.0%	15.0%	4.0%
吉林	17.0%	15.0%	7.0%
江西	17.0%	13.0%	6.0%
四川	20.0%	14.0%	7.0%
云南	20.0%	14.0%	3.0%
新疆	19.0%	16.0%	6.0%
宁夏	19.0%	15.0%	0.0%
青海	17.0%	10.0%	5.0%
甘肃	20.0%	17.0%	7.0%
陕西	19.0%	13.0%	6.0%

数据来源:各省(市)人民政府或人力资源和社会保障厅发布的企业工资指导线数据。

正确实施工资指导线制度可以使企业和行业工资增长水平得到有效的控制,促进劳动力市场均衡价格的形成,引导劳动力合理有序的流动;可以帮助企业提高分配效率,保持合理的分配格局,调动经营者和劳动者的积极性;可以用于指导工资集体协商,参考工资指导线确定工资增长水平,建立员工工资正常增长机制。

二、劳动力市场工资指导价位制度

为了完善符合社会主义市场经济发展要求的企业工资宏观调控体系,劳动部于 1999 年下发了《关于建立劳动力市场工资指导价位制度的通知》(劳社部发〔1999〕34 号),劳动力市场工资指导价位制度成为企业工资宏观调控体系的重要组成部分。

　　劳动力市场工资指导价位制度主要内容是,人力资源和社会保障部门按照国家统一规范和制度要求,定期对各类企业中的不同职业(工种)的工资水平进行广泛调查,经过汇总、分析、加工,形成各类职业(工种)的工资价位,向社会发布,用以指导企业合理确定劳动者个人的工资水平和工资关系,调节劳动力市场价格。

　　各地区(省、自治区、直辖市)在对不同行业、企业、职业(工种)的工资水平进行调查之后,将同一职业(工种)的全部调查职工工资收入从高到低进行排列,按下列方法分别确定本职业(工种)工资指导价位的高位数、中位数和低位数:工资收入数列中前 5% 的数据的算术平均数作为高位数;将处于工资收入数列中间位置的数值作为中位数;将工资收入数列中后 5% 的数据的算术平均数作为低位数。

　　对有关数据进行检查、分析及作必要调整后,制订有关职业(工种)工资指导价位。每一职业(工种)工资指导价位应分为高位数、中位数和低位数三档,由国家规定职业资格的职业(工种)还应按技术等级进行划分。另外,还可以根据实际需要,按行业、经济类型等对有关数据进行分析整理后,制订分行业、经济类型的工资指导价位。

表 6-2　2013 年北京市管理人员及专业技术人员部分职业工资指导价位

单位:元/人·年

序号	职业	低位数	中位数	高位数	平均数
1	财务总监	38 234	146 465	601 066	296 496
2	市场总监	40 133	157 300	588 463	263 241
3	人力资源总监	35 624	147 174	572 702	224 740
4	销售总监	26 782	142 637	561 677	232 371
5	策划总监	26 460	98 483	431 335	223 589
6	总工程师	48 495	155 287	513 317	237 424
7	总经济师	60 420	191 800	581 656	284 883
8	总经理助理	31 265	111 996	398 626	205 986
9	生产或经营经理	39 718	127 574	583 293	215 020
10	财务经理	33 405	97 525	373 732	194 456
11	行政经理	31 378	108 200	356 658	185 684

（续表）

序号	职业	低位数	中位数	高位数	平均数
12	人力资源经理	31 990	109 367	468 349	233 359
13	销售和营销经理	26 528	84 300	403 194	205 244
14	广告和公关经理	23 822	77 665	367 105	185 993
15	法务部经理	47 260	143 760	402 936	230 257
16	外贸经理	44 346	102 812	308 482	180 590
17	网络软件项目经理	31 017	93 088	320 007	168 019
18	工程部经理	32 438	73 692	329 460	173 631
……	……	……	……	……	……

数据来源：北京市人力资源和社会保障局，http://www.bjld.gov.cn/gzcx/。

表 6-3　2013 年北京市服务、生产人员部分职业工资指导价位　　单位：元/人·年

序号	职业	价位等级	综合价位	初级工	中级工	高级工	技师	高级技师
1	营业员	低位数	23 388	23 227	27 947	34 149	56 996	
		中位数	39 804	35 042	43 597	59 597	73 408	
		高位数	89 035	78 931	86 694	107 353	108 409	
		平均数	54 610	49 236	56 459	73 296	85 438	
2	采购人员	低位数	25 735	23 704	25 813	30 493	35 100	55 658
		中位数	53 648	46 261	48 140	53 498	54 646	68 242
		高位数	15 3877	111 716	117 495	131 111	174 646	273 779
		平均数	87 801	59 835	72 912	82 815	100 533	116 480
3	仓库管理员	低位数	23 615	22 431	24 443	26 177	44 825	
		中位数	42 138	39 080	41 780	49 942	88 817	
		高位数	105 763	80 719	91 325	119 475	133 703	
		平均数	62 910	51 237	57 943	70 386	94 102	
4	储运人员	低位数	24 697	24 000	24 626	27 885	28 990	29 680
		中位数	33 895	30 577	54 538	56 458	68 634	135 890
		高位数	120 408	85 752	96 567	132 379	146 401	170 790
		平均数	70 242	53 961	59 370	79 456	85 643	120 816

（续表）

序号	职业	价位等级	综合价位	初级工	中级工	高级工	技师	高级技师
5	中式烹调师	低位数	27 022	19 253	27 557	35 110	35 408	45 046
		中位数	49 096	37 600	41 836	49 692	51 637	71 357
		高位数	92 410	61 031	66 751	75 258	82 354	124 911
		平均数	58 308	40 974	46 774	56 472	58 321	83 740
6	中式面点师	低位数	25 210	22 844	24 000	26 400	28 573	31 491
		中位数	45 563	41 536	42 321	46 447	46 505	53 334
		高位数	84 053	72 360	74 281	75 294	79 761	87 244
		平均数	54 154	46 731	48 580	53 431	57 909	62 421
7	西式烹调师	低位数	25 766	18 767	27 412	36 278	39 221	42 462
		中位数	47 745	35 777	42 250	53 357	54 729	63 284
		高位数	78 860	56 469	58 658	68 985	69 858	115 702
		平均数	51 987	39 303	44 519	54 647	56 688	71 183
8	餐厅服务员	低位数	21 232	17 051	20 199	26 160	27 281	33 265
		中位数	46 222	30 893	43 416	49 046	58 865	60 687
		高位数	87 439	59 994	61 096	74 925	91 364	134 532
		平均数	52 873	38 840	39 773	49 534	64 600	114 209
9	供水、供热及生活燃料供应服务人员	低位数	28 599	25 912	45 896	49 629	82 907	
		中位数	55 626	44 836	56 912	59 193	83 543	
		高位数	107 589	81 458	82 533	84 180	127 663	
		平均数	99 636	66 259	67 791	83 543	124 144	
……	……	……	……	……	……	……	……	……

数据来源：北京市人力资源和社会保障局，http://www.bjld.gov.cn/gzcx/。

工资指导价位有利于企业利用劳动力市场价格信号指导企业合理进行工资分配，将市场机制引入企业内部分配，为企业合理确定工资水平和各类人员工资关系、开展工资集体协商提供重要依据；有利于促进劳动力市场形成合理的价格水平，为劳动力供求双方协商确定工资水平提供客观的市场参考标准，减少供求双方的盲目性，提高劳动者求职的成功率和劳动力市场运作的整体效率；有利于引导劳动力的合理、有序流动，调节地区、行业之间的就业结构，使劳动力价格机制与劳动力供求机制紧密结合,构建完整的劳动力市场体系。

三、行业人工成本信息指导制度

为了促进企业加强人工成本管理,合理确定工资水平,劳动部于 2004 年下发了《关于建立行业人工成本信息指导制度的通知》(劳社部发[2004]30号),使得行业人工成本信息指导制度与工资指导线制度、劳动力市场工资指导价位制度相结合,共同指导企业工资分配,完善了与现代企业制度相适应的企业工资宏观调控体系,改进和加强了政府对企业工资分配的社会管理和公共服务职能。

行业人工成本信息指导制度是指政府人力资源和社会保障部门或由其委托的社会组织调查、收集、整理并分析预测行业人工成本水平,定期向社会公开发布行业人工成本信息,指导企业加强人工成本管理、合理确定人工成本水平的制度。

各地区(省、自治区、直辖市)对不同行业、企业、职业(工种)的人工成本总额(包括从业人员劳动报酬总额、社会保险费用、福利费用、教育费用、劳动保护费用、住房费用和其他人工成本共 7 个构成部分)、企业从业人员平均人数(包括在岗职工人数)、企业增加值、企业销售收入、企业利润总额、企业成本(费用)总额等数据进行调查,并对数据进行汇总分析,向社会发布人工成本总额、人均人工成本水平指标、企业人工成本占总成本比重指标、企业人工成本结构指标、人工成本投入产出指标、人工成本变动趋势及对人工成本水平偏高和过高的企业进行提示和预警等信息。

表 6-4　2012 年北京市各行业企业人工成本状况　　　　　单位:元/人·年

行业分类		行　业	平均人工成本	人工成本/增加值(%)	人工成本/销售收入(%)	人工成本/成本总额(%)
A	010000	农、林、牧、渔业	75 725	50.08	14.66	17.17
A	020000	采矿业	115 786	39.45	18.49	19.22
A	030000	制造业	93 354	29.67	5.78	6.17
A	040000	电力、热力、燃气及水生产和供应业	114 283	38.86	8.80	8.75
A	050000	建筑业	80 411	24.61	5.15	4.05
A	060000	批发和零售业	78 301	42.47	3.61	3.69
A	070000	交通运输、仓储和邮政业	83 284	64.99	29.20	20.32
A	080000	住宿和餐饮业	62 016	67.82	17.32	23.26
A	090000	信息传输、软件和信息技术服务业	165 998	55.70	19.80	18.59

（续表）

行业分类	行　　业		平均人工成本	人工成本/增加值(%)	人工成本/销售收入(%)	人工成本/成本总额(%)
A	100000	金融业	182 149	52.49	16.06	45.02
A	110000	房地产业	88 343	18.62	6.29	6.99
A	120000	租赁和商务服务业	67 549	39.37	11.34	11.44
A	130000	科学研究和技术服务业	113 529	62.16	13.12	6.81
A	140000	水利、环境和公共设施管理业	63 470	65.67	20.40	20.78
A	150000	居民服务、修理和其他服务业	64 934	59.98	11.99	12.10
A	160000	教育	72 987	74.24	32.92	43.62
A	170000	卫生和社会工作	88 238	67.44	22.70	28.92
A	180000	文化、体育和娱乐业	95 147	61.65	18.87	13.65

数据来源：北京市人力资源和社会保障局，http://www.bjld.gov.cn/gzcx/。

　　行业人工成本信息指导的建立，有利于企业加强人工成本管理，促进企业提高人工成本投入产出效率，提升企业的盈利能力。同时，有利于调节行业间、企业间的分配关系。

第四节　调节收入分配的工资政策

一、最低工资政策

　　最低工资制度是国家通过立法形式干预企业工资分配的一种制度，目的是保障劳动者在履行必要的劳动义务后能够获得维持劳动力再生产的最低工资收入。

　　1. 最低工资制度的产生与发展

　　最低工资制度最早产生于 19 世纪末的新西兰和澳大利亚。1894 年，新西兰颁布调解和仲裁法规定：仲裁法庭有权用裁定最低工资的办法来解决产业纠纷，而且这种裁定对发生纠纷地区的所有工人都具有约束力。这种做法很快在澳大利亚也开始推行，澳大利亚还尝试用这种最低工资条例来消灭血汗工资[①]。此后，英国、法国、美国等国家也建立了各自的最低工资制度。进入 20 世纪之后，随着工人运动的高涨和社会经济的发展，资本主义国家普遍实行了最低工资立法。二战后，

---

　　① 彭仁贤，韩兆洲. 最低工资文献综述[J]. 改革与战略，2011(1)：183-186.

一些发展中国家也陆续制定了最低工资制度。通过最低工资立法保障工人的工资水平已经成为世界各国通行的做法。

　2. 我国最低工资制度概况

　我国最早建立最低工资制度的地区为珠海市，早在1989年珠海市就制订了最低工资法规。深圳市于1992年在《深圳经济特区企业工资管理暂行规定》中制定了有关最低工资制度的条款，随后一些省市特别是沿海发达地区都陆续出台了本地区的最低工资标准。为了满足经济发展的需要，1993年劳动部发布了《企业最低工资规定》。之后颁布的《劳动法》和《劳动合同法》对最低工资都有相关的规定。《劳动法》第48条规定，"国家实行最低工资保障制度。用人单位支付劳动者的工资不得低于当地最低工资标准。"同时，《劳动合同法》第二十条规定："劳动者在试用期的工资不得低于本单位相同岗位最低档工资或者劳动合同约定工资的百分之八十，并不得低于用人单位所在地的最低工资标准。"2003年12月劳动和社会保障部发布了《最低工资规定》，2004年3月1日起施行，同时，1993年11月24日原劳动部发布的《企业最低工资标准》废止。随后，全国各省、自治区、直辖市先后颁布了本地区的最低工资标准，我国的最低工资保障体系基本形成。

　《最低工资规定》中对最低工资标准的界定是"劳动者在法定工作时间或依法签订的劳动合同约定的工作时间内提供了正常劳动的前提下，用人单位依法应支付的最低劳动报酬。"最低工资将下列收入排除在最低工资组成之外：①加班加点工资；即延长工作时间工资；②中班、夜班、高温、低温、井下、有毒有害等特殊工作环境、条件下的津贴；③国家法律法规、政策规定的劳动者福利待遇等延期支付报酬。

　最低工资标准一般采取月最低工资标准和小时最低工资标准的形式。月最低工资标准适用于全日制就业劳动者，小时最低工资标准适用于非全日制就业劳动者。《最低工资规定》第六条规定：确定和调整月最低工资标准，应参考当地就业者及其赡养人口的最低生活费用、城镇居民消费价格指数、职工个人缴纳的社会保险费和住房公积金、职工平均工资、经济发展水平、就业状况等因素；确定和调整小时最低工资标准，应在颁布的月最低工资标准的基础上，考虑单位应缴纳的基本养老保险费和基本医疗保险费因素，同时还应适当考虑非全日制劳动者在工作稳定性、劳动条件和劳动强度、福利等方面与全日制就业人员之间的差异。

　《最低工资规定》第十条规定"最低工资标准每两年至少要调整一次"，2005—2007年期间，我国各地区曾分别设立并上调了最低工资标准，由于受国际金融危机的冲击，部分企业特别是劳动密集型中小企业生产经营面临困难，就业形势异常严峻，人力资源和社会保障部在2008年11月发出通知，要求暂缓调整企业最低工资标准，2009年各地对最低工资标准的调整基本上全面停止。2010年之后，随着经济的逐步恢复,最低工资标准重新开始不断上调。

表 6-5　全国各省(市)最低工资标准　　　　　　单位:元

地区	月最低工资标准	小时最低工资标准	标准实行时间
北京	1 560	16.9	2014 年 4 月 1 日
天津	1 680	16.8	2014 年 4 月 1 日
河北	1 320、1 260、1 150、1 040	13.0、12.0、11.0、10.0	2012 年 12 月 1 日
山西	1 450、1 350、1 250、1 150	16.0、15.0、14.0、13.0	2014 年 4 月 1 日
内蒙	1 350、1 250、1 150、1 050	11.4、10.6、9.7、8.9	2013 年 10 月 1 日
辽宁	1 300、1 050、900	13.0、9.8、8.6	2013 年 7 月 1 日
吉林	1 320、1 220、1 120	11.5、10.5、9.5	2013 年 7 月 1 日
黑龙江	1 160、1 050、900、850	11.0、9.0、8.5、8.0	2012 年 12 月 1 日
上海	1 820	17	2014 年 4 月 1 日
江苏	1 480、1 280、1 100	13.0、11.0、9.5	2013 年 7 月 1 日
浙江	1 470、1 310、1 200、1 080	10.7、9.5、8.6、7.7	2013 年 1 月 1 日
安徽	1 260、1 040、930、860	13.0、11.0、10.0、9.0	2013 年 7 月 1 日
福建	1 320、1 050、1 170、950	14.0、12.4、11.1、10.1	2013 年 8 月 1 日
江西	1 230、1 150、1 070、980、900	12.3、11.5、10.7、9.8、9.0	2013 年 4 月 1 日
山东	1 500、1 350、1 200	15.0、13.5、12.0	2014 年 3 月 1 日
河南	1 240、1 100、960	11.7、10.4、9.0	2013 年 1 月 1 日
湖北	1 300、1 020、900	14.0、11.0、9.5	2013 年 9 月 1 日
湖南	1 265、1 145、1 035、945	12.5、10.9、10.4、9.8	2013 年 12 月 1 日
广东	1 550、1 310、1 130、1 010	15.0、12.5、11.1、10.0	2013 年 5 月 1 日
广西	1 200、1 045、936、830	10.5、9.5、8.5、7.5	2013 年 2 月 1 日
海南	1 120、1 020、970	9.9、9.0、8.6	2013 年 12 月 1 日
重庆	1 250、1 150	12.5、11.5	2014 年 1 月 1 日
四川	1 200、1 140、1 070、1 000	12.6、12.1、11.1、10.4	2013 年 7 月 1 日
贵州	1 030、950、850	11.0、10.0、9.0	2013 年 1 月 1 日
云南	1 265、1 130、955	11.0、10.0、9.0	2013 年 5 月 1 日
西藏	1 200、1 150	11.0、10.5	2012 年 9 月 1 日

（续表）

地区	月最低工资标准	小时最低工资标准	标准实行时间
陕西	1 280、1 170、1 060、970	12.8、11.7、10.6、9.7	2014 年 2 月 1 日
甘肃	1 350、1 300、1 250、1 200	13.7、13.3、12.7、12.2	2014 年 4 月 1 日
青海	1 070、1 060、1 050	10.8、10.7、10.6	2012 年 12 月 1 日
宁夏	1 300、1 220、1 150	12.5、11.5、10.5	2013 年 5 月 1 日
新疆	1 520、1 320、1 240、1 160	15.2、13.2、12.4、11.6	2013 年 6 月 1 日

注：1. 各省对所属的地区进行分类，不同类别的地区采用不同的最低工资标准。
　　2. 珠海市属于广东省二类地区，2013 年在省标准的基础上自行提高到月最低工资标准 1 380 元，非全日制就业劳动者小时工资标准 13.2 元/小时。
　　3. 深圳市于 2014 年 2 月 1 日起，将月最低工资标准提高到 1 808 元，小时最低工资标准提高到 16.5 元/小时。

数据来源：各省（市）人力资源和社会保障厅（局）网站、中华人民共和国人力资源和社会保障部网站。数据资料截止到 2014 年 4 月 20 日。

3. 最低工资的计算方法

确定最低工资标准有两种通用方法：一是比重法，即根据城镇居民家计调查资料，确定一定比例的最低人均收入户为贫困户，统计出贫困户的人均生活费用支出水平，乘以每一就业者的赡养系数，再加上一个调整数；二是恩格尔系数法，即根据国家营养学会提供的年度标准食物谱及标准食物摄取量，结合标准食物的市场价格，计算出最低食物支出标准，除以恩格尔系数，得出最低生活费用标准，再乘以每一就业者的赡养系数，再加上一个调整数。

根据以上方法计算出月最低工资标准后，再考虑职工个人缴纳社会保险费、住房公积金、职工平均工资水平、社会救济金和失业保险金标准、就业状况、经济发展水平等进行必要的修正。

例如，某地区最低收入组人均每月生活费支出为 400 元，每一就业者赡养系数为 1.87，最低食物费用为 226.5 元，恩格尔系数为 0.604，平均工资为 1 800 元。

（1）按比重法计算得出该地区月最低工资标准为：

$$月最低工资标准 = 375 \times 1.87 + a = 701 + a（元） \tag{6-1}$$

（2）按恩格尔系数法计算得出该地区月最低工资标准为：

$$月最低工资标准 = 226.5 \div 0.604 \times 1.87 + a = 701 + a（元） \tag{6-2}$$

公式（6-1）与（6-2）中 a 为调整因素，主要根据当地个人缴纳养老、失业、医疗保险费和住房公积金等费用来确定。

另外，按照国际上一般月最低工资标准相当于月平均工资的 40%～60%，则该地区月最低工资标准范围应在 720 元～1 080 元之间。

二、个人所得税制度

个人所得税是对个人(自然人)取得的各项应税所得为征收对象所征收的一种税。个人收入所得税制度能够起到调节收入分配关系,平衡劳动者收入水平,缓解社会分配不公的作用。

1. 个人所得税制度的产生与发展

个人所得税制度 1799 年始创于英法拿破仑战争时代的英国,曾经被称为"击败拿破仑之税"。也就是说,由于征收了个人所得税,大大丰富了英国的国家收入,从而击败了强大的拿破仑。战争一结束,认为所得税侵犯隐私和个人权利的言论就占据了上风,所得税因而结束了。直到 1842 年,行政部门才又一次让议会和民众信服所得税的必要性。个人所得税毫无疑问是英国对于现代财政体制最重要的贡献之一[①]。

继英国之后,其他一些国家也陆续开征个人所得税。同样是为了筹措战争费用,美国于 1862 年南北战争期间开征了个人所得税,到 1866 年,个人所得税已占联邦政府财政收入的 25%。1913 年,美国国会通过了个人所得税法,经过近一个世纪的发展,个人所得税已经成为联邦财政收入的主要来源。

到目前为止,世界上已有 180 多个国家开征了个人所得税。由于各国历史与现实的不同,以及在税制整体设计与个人所得税税制建设上的差异,个人所得税的重要程度亦各不相同。这大致可分为三个不同类型:第一类是个人所得税主导型,如美国、英国、加拿大和澳大利亚等就属此类国家,在这些国家个人所得税是中央政府最大的税种,以美国为例,从 20 世纪 60 年代以来,个人所得税占税收总收入和 GDP 的比例一直维持在 45% 和 10% 左右;第二类是个人所得税与货物税并重型,这以德国表现得最为典型,该国个人所得税占税收总收入和 GDP 的比例分别为 16% 和 14%;第三类是个人所得税辅助型,此类国家的税收收入以货物税为主,因此个人所得税占税收收入的比例较低,例如法国这一比例仅为 13%[②]。

2. 我国个人所得税制度概况

我国个人所得税制度的建立始于 1980 年 9 月 10 日《中华人民共和国个人所得税法》的颁布。20 世纪 80 年代中期,随着中国经济体制改革的全面展开,人民的收入水平普遍提高,其中一部分人率先走上了富裕的道路,个人收入差距明显加大,需要通过税收手段加以适当调节。从此,通过税收调节收入分配的提法逐渐见诸中共中央、全国人民代表大会、国务院、财税部门的许多重要文件与邓小平、江泽

---

① 毕竞悦. 18 世纪个人所得税的诞生及其宪制背景[J]. 中国政法大学学报,2010(5):54-60.

② 邵培德. 中西方个人所得税比较研究[J]. 涉外税务,1999(11):45-47.

民、胡锦涛等党和国家领导人的有关重要指示之中①。1994 年,为了适应建立社会
主义市场经济体制的需要,我国对个人所得税制度实行了全面改革。将原来按照
不同的纳税人分别设立的个人所得税、个人收入调节税和城乡个体工商业户所得
税合并为统一的个人所得税,并从纳税人、征税项目、免税项目、税率、费用扣除等
方面加以完善,从而形成了新中国成立以后第一套比较完整、统一的,适应经济发
展需要的,符合本国国情的个人所得税制度②。1994 年以后,根据经济和社会发展
的需求,个人所得税法又经过了几次修改,最近的一次修改在 2011 年 6 月 30 日,
国务院颁布《关于修改〈中华人民共和国个人所得税法实施条例〉的决定》,自 2011
年 9 月 1 日起施行。

　　个人所得税的纳税人既包括居民纳税义务人,也包括非居民纳税义务人:居民
纳税义务人,应当承担无限纳税义务,即就其在中国境内和境外取得的所得,依法
缴纳个人所得税;而非居民纳税义务人,承担有限纳税义务,仅就其从中国境内取
得的所得,依法缴纳个人所得税。个人所得税的征税对象是个人所得,其具体征税
项目一共设有 11 类,即工资、薪金所得,个体工商户的生产经营所得,对企业、事业
单位的承包经营、租赁经营所得,劳务报酬所得,稿酬所得,特许权使用费所得,利
息、股息、红利所得,财产租赁所得,财产转让所得,偶然所得,经国务院财政部门确
定征税的其他所得。其中,个人的工资、薪金所得在扣除一定金额后,实行累进税
率。随着经济的快速发展和个人收入水平的提高,我国个人所得税起征点从 1980
年的 800 元提高到 2005 年的 1 600 元,2008 年又提高到 2 000 元,2011 年修改个人
所得税法实施条例后,个人所得税免征额从 2 000 元提高到 3 500 元,同时,将个人
所得税第 1 级税率由 5% 修改为 3%,9 级超额累进税率修改为 7 级,取消 15% 和
40% 两档税率,扩大 3% 和 10% 两个低档税率的适用范围。

表 6-6　2011 年 9 月 1 日起调整后的 7 级超额累进税率

级数	全月应纳税所得额	税率(%)	速算扣除数(元)
1	不超过 1 500 元的部分	3	0
2	超过 1 500 元至 4 500 元的部分	10	105
3	超过 4 500 元至 9 000 元的部分	20	555
4	超过 9 000 元至 35 000 元的部分	25	1 005

　　①　刘佐.中国个人所得税制度发展的回顾与展望——纪念《中华人民共和国个人所得税
法》公布 30 周年[J].税务研究,2010(9):3-8.
　　②　刘佐.中国个人所得税制度发展的回顾与展望——纪念《中华人民共和国个人所得税
法》公布 30 周年[J].税务研究,2010(9):3-8.

（续表）

级数	全月应纳税所得额	税率(%)	速算扣除数(元)
5	超过 35 000 元至 55 000 元的部分	30	2 755
6	超过 55 000 元至 80 000 元的部分	35	5 505
7	超过 80 000 元的部分	45	13 505

3. 国外个人所得税制度对我国的启示

目前,包括美国、英国、法国、澳大利亚等国在内的世界上大多数国家的个人所得税都实行综合制与分类制相结合的税制模式。我国现行个人所得税采取分类税制,各项收入按类别纳税共分为 11 个大类,以个人为纳税基本单位,纳税方式以代扣代缴为主。这种税制模式在改革开放初期、个人收入单一、税收征管水平较低的情况下是适宜的。但随着经济社会的发展个人收入呈现多元化的趋势,这种单一的分类所得税制,在源泉征收的实际操作中由于在非工资性收入方面覆盖不到位逐渐沦为以工薪收入为主要对象的"工资税",导致逆向调节,反而进一步拉大了收入差距[①]。为更好发挥个人所得税在缩小收入分配差距中的作用,未来可考虑将我国个人所得税征收模式改为混合征收模式,即对个人经常性所得实施综合征收;而对非常态的、较难控制的其他类型所得分类征收。如此一来,可以较好平衡税收征管与收入分配两者之间的固有矛盾,待以后条件成熟,亦可再过渡到美、英、法等国家所施行的综合所得税制[②]。

三、工资集体协商政策

工资集体协商是指工会(雇员)代表与用人单位(雇主)代表依法就企业内部工资分配制度、工资分配形式、工资收入水平等事项进行平等协商,在协商一致的基础上签订工资协议的行为。工会作为劳动者共同利益的代表同雇主方进行工资协商、保证劳动者在收入分配过程中获得更大份额是工会职能的具体体现,同时也是由工会本质属性所决定的。

1. 工资集体协商的产生与发展

集体谈判萌芽于 18 世纪末的英、美等国。当时,随着工业革命的兴起,经济和社会发生巨大变革,为了改变劳动关系中的弱势地位,英、美等国的工人成立工会组织,使得工会获得与资方平等的谈判地位,通过代表与雇主协商谈判并签订集体

---

① 白婧,刘澄,王燕. 国外个人所得税制度特点及其对我国的启示[J]. 税务研究,2011(12):92-94.

② 吴梦云,陆杰. 对个人所得税改革的几点建议[J]. 税务研究,2012(12):92.

合同,为工人争取更多的合法利益。但是,各国政府对集体谈判行动多采取禁止态度,国家法律只承认个人劳动合同。最著名的是 1799 年英国《反结社法》的颁布,该法律明确规定任何工人团体为改善就业条件而进行的联合都是违法的,工会属于非法组织。20 世纪初,随着工人运动的发展壮大,各国政府开始承认并支持集体合同立法,1904 年新西兰制定了有关集体谈判的相关法律,成为世界上最早进行集体谈判立法的国家。随后奥地利、荷兰、瑞士等国也先后颁布了相关法律,明确工会、雇主协会的地位和有关谈判的规则、程序等,使得集体谈判合法化。二战后,一些发展中国家也开始通过制定劳工法或劳资关系法对工资集体谈判做出专门规定。20 世纪 60 年代以来,集体谈判在西方工业化市场经济国家兴起。

2. 我国工资集体协商制度概况

我国最早的有关集体协商的规定是 1922 年中国劳动组合书记部发布的《劳动法大纲》,其中规定工人有集会、结社、罢工等权利,保障工人最低工资和享受劳动保险等,把签订集体合同作为工人阶级维护自己权益的法定权利确定下来。1940年 11 月,陕甘宁边区总工会印发《陕甘宁边区战时工厂集体合同暂行准则》供公营工厂参照执行,其中第 12 条规定"工人最低工资 16 元,最高工资不得超过 40 元,有特殊技术者,可另行估价。"具体到每个人的工资等级,是由工人大会上选举出估价委员会,由估价委员会估定,经厂务会议议决公布[①]。

新中国成立后,工会在企业中普遍建立起来,集体合同也随之进一步得到发展。在建国初期,具有临时宪法作用的《中国人民政治协商会议共同纲领》规定:"私人经营的企业,为实现劳资两利的原则,应由工会代表工人职员与资方订立集体合同。"同年 11 月,中华全国总工会制定的《关于私营工商企业劳资双方订立集体合同的暂行办法》对集体合同做出了具体规定。1950 年 6 月,中央人民政府颁布了《中华人民共和国工会法》,集体谈判、缔结集体协议的权利被列为工会的首要权利。随后,集体协商制度在纺织、铁路、电力等产业的一些国营工厂和私营企业中建立起来,为建国初期经济建设的恢复起到了积极的作用。但是,随着生产资料社会主义改造的完成和大跃进的到来,集体合同制度逐步停止实行。

改革开放以来,我国实行了全面经济体制改革。在向市场经济的过渡中,劳动就业制度发生了重大改变,基于劳动合同产生的新型雇主—雇员关系取代了国企的终生就业关系[②]。为适应改革建设的需要,集体合同制度被再度提上议事日程。1979 年,全国总工会向全国发出了在全民所有制企业中恢复签订集体合同的倡

① 康小怀. 抗战时期陕甘宁边区公营工厂工人待遇探析[J]. 兰州学刊,2009(5):207-210.
② 程延园. 集体谈判制度在我国面临的问题及其解决[J]. 中国人民大学学报,2004(2):136-142.

议。1994 年 7 月,《劳动法》的颁布标志着我国集体合同制度进入了一个崭新的发展阶段。2000 年 11 月 8 日,劳动和社会保障部发布了《工资集体协商试行办法》,对平等协商和签订集体合同的重要内容之一——工资做出了规定,这意味着我国的集体合同工作已经开始向深入推进。

《劳动法》和《工资集体协商试行办法》是工资集体协商的主要依据。《劳动法》规定"企业职工一方与企业可以就劳动报酬、工作时间、休息休假、劳动安全卫生、保险福利等事项,签订集体合同。"这是对集体协商和集体合同制度所做的原则性规定。《工资集体协商试行办法》分别对工资集体协商内容、工资集体协商代表、工资集体协商程序、工资协议审查等内容做出了详细的规定。

2011 年,全国总工会出台《中华全国总工会 2011—2013 年深入推进工资集体协商工作规划》(以下简称《规划》)。《规划》强调,将着重抓好区域性、行业性工资集体协商、非公有制企业工资集体协商建制、世界 500 强在华企业建制工作。特别是要在产业集群、中小企业、劳动密集型企业相对集中的地区和行业,重点推行区域性、行业性工资集体协商,着力解决一线职工劳动报酬偏低的问题,促进劳动关系和谐发展。根据《规划》提出的目标,全国工会将从 2011 年起,用 3 年时间,全面推进企业建立工资集体协商制度,努力实现 2011 年年底全国已建工会组织的企业工资集体协商建制率达到 60%,2012 年年底实现已建工会组织的企业工资集体协商建制率达到 70%,2013 年年底已建工会组织的企业工资集体协商建制率达到 80%,其中世界 500 强在华企业全部建立工资集体协商制度的目标。

3. 国外工资集体协商制度对我国的启示

集体谈判是工业化国家在劳资关系管理方面,特别是在劳资谈判过程中所普遍采用的协商方式。但是,不同国家的劳资关系管理因政治、文化、经济和法律环境的不同而有所差异,进而衍生出不同的集体谈判模式[1]。工业化国家的集体谈判模式主要可以划分为美国模式、以德国为代表的欧洲模式和日本模式三种[2]。美国政府通常不参与工会组织与雇主组织集体谈判的过程,主要通过法律途径规范双方的集体谈判;德国集体谈判制度的典型特征是由工会和雇主协会签订所谓的地区或行业协议[3];日本的集体谈判则主要是在企业层面进行。

结合国外其他国家工资集体协商制度的特点和目前我国经济、社会及劳动关系发展的实际情况,我国在开展工资集体协商工作中更应该注重以下问题。第一,

① 赵曙明,赵薇. 美、德、日劳资关系管理比较研究[J]. 外国经济与管理,2006(1):17-22,29.
② 赵曙明. 国外集体谈判研究现状述评及展望[J]. 外国经济与管理,2012(1):18-26.
③ [荷]马滕·科伊内,[匈]贝拉·高尔戈齐主编,崔钰雪,译. 欧洲:各国的工资和工资集体协商——自二十世纪九十年代以来的发展[M]. 北京:中国工人出版社,2012.

确立企业工会的身份独立性。企业工会必须在身份上保持独立性,才有可能真正代表职工的利益。工会代表在协商过程中必须要能够代表所有的劳动者,而不是只代表个别劳动者。同时,工会代表还要有能力代表所有的劳动者,增强工资集体协商的针对性和有效性;第二,通过签订区域性和行业性集体合同提高工资集体合同覆盖面。区域性工资集体合同依法生效之后,对所辖企业和职工双方都具有约束力。企业劳动合同中的劳动报酬和劳动条件等标准不得低于区域性、行业性工资集体合同的规定。区域性、行业性工资集体协议的签订能够更多地保护包括中小企业员工、非正规就业人员和灵活就业人员的切身利益;第三,建立行业间工资集体协商的关联性。我国目前以企业层面为主的集体协商,仅局限在单个企业的劳动者与雇主之间,无法协调行业之间的收入差距。在行业之间建立工资关联性的可能,有助于形成有序的集体谈判机制,有效地缩小行业之间的收入差距。

思考题

1. 简述工资的含义。
2. 我国企业工资支付政策包括哪些内容?
3. 简述我国工资宏观指导与调控政策的内容。
4. 调节收入分配的工资政策主要有哪些? 分别指什么?

本章参考文献

[1] 曾湘泉. 薪酬:宏观、微观与趋势[M]. 北京:中国人民大学出版社,2006.

[2] (荷)马滕·科伊内,(匈)贝拉·高尔戈齐. 欧洲:各国的工资和工资集体协商——自二十世纪九十年代以来的发展[M]. 崔钰雪,译. 北京:中国工人出版社,2012.

[3] 毕竞悦. 18 世纪个人所得税的诞生及其宪制背景[J]. 中国政法大学学报,2010(5).

[4] 邵培德. 中西方个人所得税比较研究[J]. 涉外税务,1999(11).

[5] 刘佐. 中国个人所得税制度发展的回顾与展望——纪念《中华人民共和国个人所得税法》公布 30 周年[J]. 税务研究,2010(9).

[6] 白婧,刘澄,王燕. 国外个人所得税制度特点及其对我国的启示[J]. 税务研究,2011(12).

[7] 吴梦云,陆杰. 对个人所得税改革的几点建议[J]. 税务研究,2012(12).

[8] 康小怀. 抗战时期陕甘宁边区公营工厂工人待遇探析[J]. 兰州学刊,2009

(5).

[9] 程延园. 集体谈判制度在我国面临的问题及其解决[J]. 中国人民大学学报，2004(2).

[10] 赵曙明,赵薇. 美、德、日劳资关系管理比较研究[J]. 外国经济与管理,2006(1).

[11] 赵曙明. 国外集体谈判研究现状述评及展望[J]. 外国经济与管理,2012(1).

[12] 彭仁贤,韩兆洲. 最低工资文献综述[J]. 改革与战略,2011(1).

第七章 与劳工有关的社会保障政策

　　社会保障是公民的一项基本权益,也是劳动者一项重要的权利,社会保障制度的完善对于劳动者权益保护、和谐劳动关系的建立以及经济社会稳定发展都有着重要的积极作用,当然,由于社会经济发展的历史背景不同等多种因素的影响,我国劳动者社会保障权益的维护和实现与西方发达国家相比还有一定的差距,如何在经济全球化和经济社会转型的背景下完善社会保障制度,维护劳动者社会保障权益是当前面临的重大课题。

第一节　与劳工有关的社会保障政策概述

一、与劳工有关的社会保障政策的内涵与外延

　　人类进入工业化社会以来,与劳工有关的社会保障政策的不断健全完善,内涵与外延不断延伸拓展,但迄今为止,对于社会保障却没有确切的定义,世界各国的论著和政策文献中表述不一,没有一个被普遍接受的统一表述,社会保障的概念处于一个模糊不清的状态。

　　1. 与劳工有关的社会保障政策的基本概念

　　"社会保障"一词最早出自 1935 年美国的《社会保障法案》,但从与劳工有关的社会政策的内涵与外延来看,社会保障相关概念几乎与工业社会同步。国际劳工组织自成立之日起就致力于在全球范围内促进社会保障,维护劳工社会保障权益。1919 年该组织成立时所通过的《国际劳工组织章程》里即提出:"保护工人疾病及因工作而得之伤害……规定老年及残废之养老金"。目前,国际劳工大会通过的有关社会保障的公约和建议书已超过 50 项。

　　社会保障在世界范围内并没有统一接受的确切定义,国内外对社会保障也有不同解释,有的是从权益的角度出发,有的是从制度层面予以解释,也有的体现为特定的计划和社会保障项目。先列举如下:

　　尽管各国对社会保障的内涵界定存在异议,但都普遍认可社会保障是每个社会成员的一项基本权利。《世界人权宣言》第 22 条规定:"每个社会成员都有权享有社会保障的权利";第 25 条更是明确规定:"社会保障权利包括社会成员在面临

年老、失业、患病、工伤以及其他无法预料的社会风险时有权获得社会保障。"①社会保障也是我国公民的一项基本权益。《中华人民共和国宪法》明确规定:"中华人民共和国公民在年老、疾病、或者丧失劳动能力的情况下,有从国家和社会获得物质帮助的权利。"

在各国政策实践中,社会保障呈现一个制度系统和政策系统。如郑功成教授在综合考查社会保障制度在各国实践发展后,把社会保障界定为:社会保障是国家或社会依法建立的、具有经济福利性的、社会化的国民生活保障系统。也有人把社会保障定义为:社会保障是国家和社会通过立法对国民收入进行分配和再分配,对社会成员特别是生活有特殊困难的群体的基本生活权利给予保障的社会安全制度。显然这是从制度层面来予以界定的。

当然,对社会保障概念的界定随着社会保障内涵的发展而不断充实和拓展。如国际劳工组织在 1942 年出版的文献中将社会保障定义为:通过一定的组织对这个组织的成员所面临的某种风险提供保障,为公民提供保险金、预防或治疗疾病,失业时资助并帮助他重新找到工作。但随着实践发展,国际劳工组织将社会保障定位拓展为:社会通过一系列公共设施,为其成员提供保护,以防止因疾病、产期、工伤、失业、年老和死亡等原因致使停止或大量减少收入造成的经济和社会困难,提供医疗和为有子女的家庭提供补助金。而后随着社会保障的内涵和外延的不断扩大,在国际劳工组织和各国在政策实践中更多出现了"社会福利政策"、"社会政策"、"社会保护"等概念,他们从某种意义上说都是社会保障一词的内涵与外延的拓展。

当前,发达市场经济国家其社会保障体系已经相当完善,尽管"社会保障"一词在世界范围没有统一的和广泛接受的确切定义,尽管世界各国对社会保障的理解存在差异性,但这并不影响社会保障内涵与外延的不断拓展,社会保障的内涵也处于不断变化和发展之中。此外,由于不同历史时期、不同国家和不同学者价值观和研究视角的差异,正如我们不能要求一个全球统一的社会保障体系,统一接受的社会保障概念界定似乎不太现实。

2. 与劳工有关的社会保障政策的历史发展

从世界社会保障发展历史来看,与劳工有关的社会保障政策可以分为以下四个阶段:

1) 起源

与劳工有关的社会保障政策的建立是在工人运动的推动下建立起来的,劳动

---

① International Labour Office. Can low-income countries afford basic social security? Social security policy briefings; Paper 3, Social Security Department (Geneva: ILO, 2008), pp1.

者争取生存权利的长期斗争促成了现代社会保险制度的建立,因此,现代与劳工有关的社会保障政策起源于德国。19世纪80年代,德国相继通过疾病保险计划(1883年)、工伤事故保险计划(1884年)和退休金保险计划(1889年),不久,大多数西欧国家纷纷仿效德国,于一战前建立了健康、工伤、养老金和失业保险计划。这些计划与传统的济贫大不相同,是强制性的,要求特定工种的工人和企业必须参加,这些工人和企业必须至少支付一部分费用,最重要的是社会保险为劳工保障提供了合法的诉求途径,使其成为劳工的一项不可或缺的基本权利。

2）发展

与劳工有关的社会保障政策活动范围在20世纪中期取得了重大拓展,这主要表现在两个方面:一是劳工收入保障之基本计划——退休、失业、工伤——的范围和覆盖率逐步持续上升,原来局限于特定工种和特定人群的社会保险计划被放宽限制、修订并拓宽到覆盖全体社会成员。社会保障的标准也不断提高,由最初设定为最低生存标准线的待遇水平被提高到符合主流社会的合理标准水平。

3）成熟

20世纪50年代后,社会保障在欧洲发达国家获得了充分发展,出现了以高福利为特征的"福利国家"。社会保险持续扩展,到1975年,西欧国家投入社会保障的平均开支占到国内生产总值(GDP)的四分之一左右。经济的增长和繁荣支撑了社会保障的发展。

4）紧缩

1973年"石油危机"标志战后经济黄金时代的终结,西方国家普遍陷入滞涨,"福利国家"面临财政负担过重、劳动力成本上升、效率低下等诸多问题,在新自由主义的影响下,各国政府开始对社会保障制度进行以市场化和私有化为取向的调整和改革。如英国前首相撒切尔夫人1979年上台后进行的养老年金改革。20世纪90年代后,西方福利国家掀起了新一轮社会保障改革热潮,走所谓的"第三条道路"。社会保障政策尤其是社会救助政策更多与就业审查结合在一起。这对世界各国社会保障制度改革产生了深刻的影响。

二、与劳工有关的社会保障政策的主要内容和功能

1. 与劳工有关的社会保障政策的主要内容

1952年国际劳工组织通过的"社会保障最低标准公约"认为,作为最低标准的社会保障,由九大项目构成:①医疗服务;②疾病津贴;③工伤保险与工伤津贴;④生育保险与生育津贴;⑤失业保险与失业津贴;⑥养老保险与养老金;⑦残障保险与残障津贴;⑧家庭补助;⑨遗属保险与遗属养育金。

我国社会保障是国家有义务对无生活来源和低收入者提供最低生活保障,对

遭遇人身和社会风险暂时或永远失去工资的劳动者提供基本生活保障，以及稳步增进生活福利，赖以实现国民的生存权和发展权，从而为社会和经济的可持续发展创造一种分配和再分配手段，也发挥社会"内在稳定器"作用。主要由四部分构成：

社会救助是中国政府对因各种原因而无法维持最低生活水平的公民给予无偿救助。救助的对象覆盖城乡贫穷个人和家庭，主要包括：没有劳动能力且没有生活来源者；或虽有收入来源，但生活水平低于法定最低标准者；或虽有劳动能力和收入来源，但由于意外灾害使生活暂时无法维持者。

社会保险是我国社会保障制度的核心，《中华人民共和国劳动法》第70条规定："国家发展社会保险，建立社会保险制度，设立社会保险基金，使劳动者在年老、患病、工伤、失业、生育等情况下获得帮助和补偿。"由此可知，社会保险是国家通过立法，征集基金，用于保障丧失或暂时丧失劳动能力或劳动机会而不能劳动的劳动者提供一定的物质帮助或相应的补偿，保障他们基本的生活和基本的医疗。在我国，社会保险项目包括：国家基本养老保险、失业保险、医疗保险、工伤保险和生育保险等。社会保险覆盖对象包括城乡劳动者。

社会福利是指对生活能力较弱的儿童、老人、母子家庭、残疾人、慢性精神病人等的社会照顾和社会服务，我国政府和社会向特别需要关怀的社会成员提供必要援助，目前包括老人福利、儿童福利、残疾人福利等。

社会优抚是针对军人的一种特殊保障，是政府和社会对军人等特殊工作者及其家属予以优待、抚恤和妥善安置。一般表现在对现役、退役军人予以优待，对残废军人、牺牲与病故军人家属予以抚恤。

社会互助是中国政府鼓励和支持社会团体、社会成员自愿组织参与的扶弱济困活动。目前主要有工会、妇联、青联等社会团体组织的互助互济，民间公益事业团体组织的慈善救助，居民组织的各种形式的互助等。

经过多年改革和发展，我国已经初步形成了以社会保险、社会救助、社会福利为基础，以基本养老、基本医疗、最低生活保障制度为重点，以慈善事业、商业保险为补充的维护劳工社会保障权益的多层次社会保障制度体系框架。

2. 与劳工有关的社会保障政策的功能

在现代社会中，以社会保险为核心内容的社会保障体系，是保障劳动者权益、构建和谐劳动关系的重要机制，也是体现社会公平，构建和谐社会的必然要求。劳工社会保障政策对劳动者、劳资关系和社会和谐都会产生重大影响，主要表现在以下三个方面：

1）保障劳动者生存与发展需要的功能

"老无依靠"、疾病、失业、工伤和生育风险是劳动者面临的重要风险，解决他们共同社会风险最为有效的办法就是对他们实施社会保障，通过强制性的社会保险共同抵御社会风险。

除了解决劳动者基本生存问题之外,社会保障政策的另外一项重大功能就是提高劳动者素质和职业技能。在社会保障制度相对完善的条件下,劳动者除了基本生存和发展权利能够得到维护外,其受教育的权利也能够有所保障,从而使其劳动技能能够通过培训等方式不断提高,其个人素质也因此得以提高,进而促进人力资本的形成。

2）维护和谐劳动关系的功能

在当今的劳动关系中,劳资冲突越来越多地凸显为劳动者的社会保障问题。当前,由于我国社会保障制度的不健全不完善,使用人单位得以以各种理由不为劳动者办理社会保险或者少缴社会保险费。特别是部分民营企业,不为职工缴纳社会保险或少缴社会保险现象还十分突出,这加深了劳资矛盾,加剧了劳资冲突。

企业为员工缴纳社会保险,对员工给予一定的救助和帮助,是企业应尽的基本义务,是和谐劳动关系的核心内容。我国《劳动法》第七十二条规定,用人单位和劳动者必须依法参加社会保险,缴纳社会保险费。劳动关系的优化调整有利于劳工社会保障权益的实现,同时,健全完善的劳工社会保障制度也有利于优化劳动关系。

3）促进经济社会发展的功能

社会保障被称为国民经济的稳定器。它作为现代社会的公民保证制度和福利提供制度,为现代市场经济的运行提供了一个“安全网络”,为全体社会成员的基本物质生活提供了有效保障,使社会成员在其因各种原因而遇到生活困难时能够获得“生存权利”保障。

国家建立社会保障体系的目的是通过利益的再分配保障公民的基本生活需求,缓解劳资矛盾,维持社会稳定,为社会经济发展提供安定的社会环境。如果社会保障权益缺失,社会保障制度缺位,将会使社会成员在失去工作机会或劳动能力后得不到任何帮助。这一方面不能保障劳动者的基本需求,会阻碍劳动力的市场供给,并阻碍经济发展;另一方面,也有可能引发社会动荡,不利于经济社会和谐稳定发展。

三、我国与劳工有关的社会保障政策的发展与变革

1. 我国劳工社会保障发展历程与改革背景

改革开放30多年来,我国由高度集中的计划经济体制向社会主义市场经济体制的转变,使得资源配置的方式由行政命令手段为主转向了以市场价格机制为主。这一资源配置方式的转变使劳动关系发生了深刻变化,使国家为主体的劳动关系变为主体多样,职工能进能出、能上能下的动态流动型劳动关系,劳动关系的动荡

和变革使得劳工社会保障也呈现复杂性和过渡性的特点。我国劳工社会保障政策可以分为以下两个阶段：

1) 计划经济体制下的劳工社会保障

在新中国成立之初，系统的社会保障制度还没有建立，直到 1951 年 2 月，政务院颁布《中华人民共和国劳动保险条例》，将城镇机关事业单位之外的所有企业和职工全部囊括，从此计划经济时期的"国家—单位"保障制开始逐步建立。此后几年，中国相继出台医疗、退休、退职、五保户等制度，用以完善城镇职工社会保障的各个方面，到 1956 年，中国已基本确立了建立在"单位体制"上的"低工资高福利"保障体系。即"国家—单位"保障制。单位成了职工享受所有福利保障的具体实施者，而职工作为单位人，生老病死各种费用全部由财政和企业负担，个人基本上不用交纳任何费用。"单位报销"、"单位负责"是计划经济年代用以描述劳工社会保障与福利最简单、最形象的词汇。在此后的 30 年中，尽管极少数地区在医疗和养老方面进行了试验，但以单位为重心的格局一直没有被触动，也没有改变。

如果从劳动关系与社会保障视角来看，这种保障体制是与计划经济体制下的劳动关系相适应的，也是新中国计划经济体制下劳动关系的重要体现，历史上曾经起到了促进社会经济和谐稳定快速发展的积极作用。在计划经济体制下，劳动者与企业的关系是国家与主人翁的关系，有了劳动关系就必然拥有高福利的社会保障，国有企业员工（劳动者）的社会保障完全依赖于企业，劳动者离开企业则不能享有医疗、养老、失业等社会保障。在此体制下劳动关系相当稳定和谐，劳动者平等享有社会保障权益。但是这种体制下的劳动关系并非真正意义上的劳动关系，与之相应的社会保障制度效率十分低下。

2) 市场经济体制下劳工社会保障

经济体制的变革动摇了原有社会保障制度的经济基础和社会基础，国有单位长生不死的神话伴随城市经济体制改革而破灭，农村家庭联产承包责任制的全面实施也使农村"五保"制度、合作医疗丧失了赖以支持的集体经济基础。到 80 年代末 90 年代初，中国社会已经明显感觉到原有的社会保障体系难以支撑，改革势在必行。但在改革之初，所有的其他社会体制的变革都是为市场经济改革服务的，都是跟随着市场经济改革的步伐进行的，社会保障的改革也不例外。这种快节奏下的社会保障改革，虽然短时间内打破了计划经济时期的管理体制，但新的却没有建立起来，政府对全国国民福利的管理与实现途径出现混乱与茫然。1998 年，劳动和社会保障部建立，从而相对结束了由多部门管理、分割的社会保障管理体制。同时，社会保障制度全面走向社会化和去单位化，并跳出了片面为国企改革配套和单纯为市场经济服务的观念，开始逐渐成为一项基本的社会制度。

改革开放以来,企业与劳动者的劳动关系发生了根本性变化:一是劳动关系主体呈现多元化,劳动力进入市场,职工与企业实行双向选择,打破了计划经济体制下国家对劳动力实行"统包统配"、忽视企业用人主体和劳动主体的法律地位的做法,劳动者流动性增大。二是劳动关系形态多样化。在社会主义市场经济条件下,我国实行了以公有制经济为主体、多种经济形式共存的所有制体制,这就决定了不同所有制形式的劳动关系的形态多样化。很多劳动者从公有制经济体制中脱离出来成为个体和私营经济的雇佣者。而劳动关系的这种深刻变化必然打破原来的国家—单位保障体制,与劳动关系捆绑在一起的社会保障制度随着部分劳动者进入非公有制企业而自然消亡,处于非公有制经济范围之外的劳动者被排斥在社会保障体系之外,劳工社会保障得不到实现。因此,在非公有制之外的劳动关系中,劳动关系与社会保障出现了分离,即有事实的劳动关系而享受不到相应的社会保障与福利。而劳工社会保障的缺失必然对劳动关系产生了不良影响,不利于和谐劳动关系的建立与劳动关系的持续稳定。

可见,随着经济体制改革的不断深入,我国企业乃至机关事业单位的劳动关系的变化,我国社会保障也需要进行改革和变革,不过其本质都是建立与社会主义市场经济条件下新的劳动关系相适应的社会保障制度。

2. 我国劳工社会保障的改革现状和未来

经过多年改革和发展,我国已经初步形成了以社会保险、社会救助、社会福利为基础,以基本养老、基本医疗、最低生活保障制度为重点,以慈善事业、商业保险为补充的维护劳动者社会保障权益的多层次社会保障制度体系框架。劳动者社会保险覆盖面持续扩大,待遇水平不断提高。

当然社会保障制度改革是一个复杂的系统工程,也是一个长期的变迁过程。目前我国劳工社会保障制度还存在一些问题。第一,社会保险覆盖面偏窄,相当数量的劳动者尚未纳入社会保障范围;第二,社会保障制度的不统一导致劳动者社会保障权益的不平等;第三,社会保障制度体系各层次之间还缺乏有机联系,出现劳动者社会保障缺失的真空。此外,我国长期二元城乡结构导致的社会保障制度的二元结构使得农村劳动者尤其是农民工社会保障问题尤为突出,这对我国经济社会稳定产生了不利影响。

因此,未来我国社会保障发展的目标和任务有:建立构建统一城乡的社会保障体系,要健全和完善包括养老、医疗、工伤、失业等在内的社会保险制度,建立和完善综合性的弱势群体社会救助系统,要不断提高劳动者的社会福利水平。

第二节　养老保险

一、养老保险相关概念及理论

1. 什么是养老保险

养老保险,又称老年保险或年金保险,是指劳动者在达到国家规定的解除劳动义务的劳动年龄界限,或因年老丧失劳动能力的情况下,能够依法获得经济收入、物质帮助和生活服务的社会保险制度。养老保险就其保险范围、保险水平、保险方式的不同,又可分为基本养老保险、补充养老保险和个人储蓄性养老保险。国际社会通常称之为养老保险的第一支柱、第二支柱和第三支柱。基本养老保险是由国家立法强制实行的政府行为,全体劳动者必须参加。基本养老保险事务由政府设立的社会保险机构负责经办,为劳动者年老丧失劳动能力后提供基本的生活保障。补充养老保险是在国家法律、法规和政策指导下,在企业和职工已经参加基本养老保险的前提下,由企业或单位与职工视企业经营状况,通过民主协商,自主确定是否参保和确定保险水平,自行选择经办机构。它是一种企业行为,是基本养老保险的必要补充。个人储蓄性养老保险完全是一种个人行为,公民和劳动者均可按照自己的意愿决定是否投保以及投保的水平和选择经办机构。本节所讲的养老保险主要是指基本养老保险。

养老保险是社会保险的主要险种之一,是社会保险制度的重要组成部分,属于社会保障体系的范畴。无论在任何国家,养老保险都是依法规范并以社会保险形式所体现的一种政府行为,基本要求是:保障水平与社会生产力发展水平相适应,劳动者的权利和义务相对应,公平与效率相结合,社会互济与自我保障相结合。养老保险的基本内容包括制度覆盖范围、制度模式、享受条件、待遇标准、基金筹集、管理体制等方面[①]。

2. 养老保险相关理论

养老保险制度的发展离不开养老保险理论的指导,理论源于实践,同时,也指导制度改革的方向。本节简要介绍几个养老保险相关理论及其主要观点:

1) 储蓄的生命周期理论

著名的现代凯恩斯主义学者、美国经济学家佛朗科·莫迪利安尼(Franco Modigliani)和布伦伯格(Richand Brumberg)共同提出了一种新颖的储蓄理论——储蓄的生命周期理论。该理论将储蓄与终生收入和个人的生命周期紧密联系在一

---

① 焦凯平,等.养老保险(第二版)[M].北京:中国劳动社会保障出版社,2009:2-3.

起,富于创见地探讨了影响储蓄行为的各种因素。莫迪利安尼认为,一个典型的消费者对于他在各个年龄阶段的消费安排,将取决于他的终生收入,即一生的全部收入,而不是取决于当期收入。储蓄的生命周期理论的主要观点包括①人生的收入曲线为驼形;②人生的消费曲线呈斜向上的曲线;③人们在未成年期和老年期是负储蓄。

莫迪利安尼认为,人们在心理上总是试图将其所掌握的资源在一生中进行适当的分配,以便使消费者在一生中保持在一个相对稳定的水平上。但是,在现实生活中有两种重要的因素会使人们无法按照生命周期理论很好地安排储蓄:一是人们很难准确地预测其生存的时间;二是人们对未来的收入预期与实际收入存在偏差,这种收入的不确定性使人们在消费时,无法实现一生中各时期的等额消费。养老保险制度的出现,消除了人们这方面的顾虑,方便了人们的储蓄活动,即通过养老保险的缴纳与退休金的领取,来代替以往人们的储蓄行为。按照这一理论假说,在理想状态下,有着完善的劳动市场和资本市场,没有税收,没有不确定性,人们缴纳的养老准备金被看做人们为保证自己退休阶段的收入而进行储蓄的一种实现形式。生命周期假说构成了以储蓄方式提供劳动者退休收入的养老金理论依据①。

2) 持久收入理论

最早由弗里德曼(M. Friedman)提出来,与储蓄的生命周期理论有相似之处,都认为长期平均消费倾向和边际消费倾向具有稳定性。这一理论认为居民消费不取决于现期收入的绝对水平,也不取决于现期收入和以前最高收入的关系,而是取决于居民的持久收入。

根据该理论,可将居民收入分为暂时收入和持久收入。相应地,消费也分为暂时消费和持久消费。该理论认为人们应该有风险和忧患意识,在工作期要考虑非工作期的困难。因此,人们在工作期间并不消费他们的全部收入,而是拿出一部分储蓄用于退休阶段的消费,从而使全部收入在一生中形成一个稳定的消费流。养老保险制度的出现是为了方便人们这种储蓄活动,是通过养老保险的缴费与退休金的支取,来代替人们传统的储蓄行为。

3) 世代交叠理论

与生命周期假说中不涉及两代人的关系不同,由阿莱、萨缪尔森和戴蒙德等人创立的世代交叠理论的出发点为,任何时候都有几代人共同生活着,每一代人在其生命的不同周期都可以和不同代人进行交易。按照该理论,每个人都有年轻和年老的区别,经济在每一时刻都是年轻人和老年人共存的。同时,按照该理论,在不同的养老保险制度下,或是进行代际之间的再分配,或是进行代内再分配,都会改

① 孙树菡,朱丽敏.社会保险学(第二版)[M].北京:中国人民大学出版社,2012:102-103.

变消费者在年轻和年老时的福利，也会改变消费者的最优决策，从而对经济中的资本积累、人口增长、人力资本形成产生深刻的影响①。

二、西方主要国家养老保险制度

现代意义上的养老保险制度最早诞生于德国。1889 年德国开始实行养老保险制度时，对象仅为生活艰难的伤残老工人，缴费与给付水平很低。第二次世界大战后，随着贝弗里奇计划的实施以及英国福利国家的建立，工业化国家纷纷建立起公共养老保险制度。从世界各国，特别是工业化国家推行养老保险制度的实践来看，可以依据不同的标准，把养老保险规范为不同的模式。按照养老保险基金的筹集方式，可分为现收现付制、完全积累制和部分积累制；按照养老金水平的确定与给付方式，可分为待遇确定型(DB)和缴费确定型(DC)制度；按照养老保险制度的构成以及政府参与程度可以分为传统型、福利型、国家保障型和公积金型。本节按照最后一种分类方法简要介绍养老保险制度的运行模式②：

1. 主要养老保险制度模式

1）传统型养老保险制度

以美、德、法等发达市场经济国家为代表，贯彻"选择性"原则，并不覆盖全体国民，而是选择一部分社会成员参加，强调待遇与工资收入及缴费或税相关联，也可称之为"收入关联型养老保险"。保险对象一般为工薪劳动者，费用由雇主和雇员共同承担，待遇一般有利于低收入群体。

2）高福利国家养老保险模式

福利型养老保险制度以日、英、澳、加等部分市场经济国家为代表，贯彻普惠制原则，基本养老保险体系覆盖全体国民，强调国民皆有年金，也称为普惠制养老保险。在这种制度下，所有退休国民或达到一定年龄的退休国民，均可无条件地从政府领取一定数额养老金。这种养老金与公民的身份、职业、在职时的工资水平、缴费或税年限无关，所需资金完全来源于政府税收。

3）国家保障型养老保险制度

国家保障型养老保险制度曾在大多数实行计划经济的国家流行，以前苏联、东欧国家为代表。按照国家统包的原则，由用人单位缴费，国家统一组织实施，工人参与管理，待遇标准划一，保障水平较高。不可否认，这种养老保险制度在历史上曾经发挥了积极作用，但与市场经济不能适应，不利于企业参与市场竞争，不利于劳动力的流动，不利于培养劳动者个人的自我保障意识。目前，这种养老保险制度

①　孙树菡，朱丽敏. 社会保险学(第二版)[M]. 北京:中国人民大学出版社,2012:104-105.
②　焦凯平，等. 养老保险(第二版)[M]. 北京:中国劳动社会保障出版社,2009:13-25.

类型已经或者正在退出国际社会保障领域。

4）基金型养老保险制度

基金型养老保险制度在一批新兴市场经济国家流行，主要以新加坡、智利以及一批英联邦成员国家为代表，强调自我保障的原则，实行完全积累的基金模式，建立不同类型的个人养老保险账户或者"公积金"账户。养老保险费用由雇主和雇员共同分担，在被保险人退休或遇有特殊需要时，将个人账户基金定期或一次性支付给个人。

在实施基金制养老保险制度的国家中，分别以新加坡和智利为代表的两类国家的主要区别在于，前者的基金由政府成立的专门机构管理，负责基金的运营、投资、管理以及基金安全的保障；后者则更是由私营养老基金管理公司管理，市场化因素较为明显。

2. 近年来世界范围内养老保险制度的改革

随着人口老龄化在世界范围内的蔓延，各国传统的现收现付制养老保险制度均不同程度地遭遇了财政困难等不可持续的问题。20 世纪 70 年代以来，各国积极不断探索养老保险制度改革的有利措施，观察各国养老保险制度的改革不难发现，我们可以把改革国家分为两类：一类是剧烈改革本国原有养老保险制度模式的国家，学界称之为结构式养老保险制度改革。例如，随着智利等新兴国家养老保险制度的创新，拉美地区及中东欧国家先后有 20 余国实施了不同程度的养老金私有化改革。另一类是渐进式改革本国养老保险制度中不合理因素的参量式改革。例如，德国、英国等发达资本主义国家也相继对原有基本养老保险制度进行了一系列改革，如德国的积分制改革使得养老金待遇计发更加合理。

然而，2008 年金融危机的到来再次引发了人们对于养老保险制度改革的思考。以阿根廷、匈牙利为代表的拉美及中东欧国家先后对私人养老金计划的国有化，再次引发现收现付制度与积累型基金制度孰优孰劣的思考。

三、我国养老保险制度

1. 我国养老保险制度演变

1951 年 2 月 26 日，政务院颁布《中华人民共和国劳动保险条例》[①]，标志着中国城镇企业职工劳动保险制度的确立。条例规定，100 人以上的国营工业企业职工，享有工伤、疾病、养老等劳动保险待遇，保险费用全部由企业负担，企业月缴纳职工工资总额的 3% 作为劳动保险金，其中 30% 作为劳动保险统筹基金，上缴中华

---

① 本节所有文件相关内容均来源于人力资源与社会保障部网站：http：//www. mohrss. gov. cn/.

全国总工会,剩余 70% 留存企业基层公会,作为劳动保险基金①。到 1956 年,享受该条例待遇职工人数达到 1 600 万,占当年国营、公私合营和私营企业职工总数的 94%②。

1958 年国务院发布《关于工人、职员退休处理的暂行规定(草案)》,规定养老保险的覆盖范围包括企业、机关事业单位以及人民团体的工人、职员,这实际上是把机关事业单位和企业的养老保险制度统一起来③。"文革"期间养老保险制度遭到严重破坏,自 1969 年起,原由各级工会负责管理的劳动保险基金不再筹集。

1978 年国务院颁布《关于工人退休、退职的暂行办法》和《关于安置老弱病残干部的暂行办法》,此举标志着养老保险制度再次分立为企业养老保险和机关事业单位养老保险。

1991 年国务院发布《关于企业职工养老保险制度改革的决定》,将覆盖面扩大到集体经济,改养老保险金由国家、企业、个人共同负担,建立基本养老保险、企业补充养老保险和职工个人储蓄性养老保险相结合的养老保险体制机制。

党的十四届三中全会通过的《中共中央关于建设社会主义市场经济体制若干问题的决定》中提出,城镇职工养老保险由单位和个人共同负担,实行社会统筹和个人账户相结合,也就是大家熟知的"统账结合"。它指的是国家按照养老保险基金部分积累的模式,由社会保险机构按照规定的缴费基数和比例向企业和职工统一筹集、统一管理、统一调剂使用养老保险基金的一种制度,同时,由社会保险机构为参保职工建立个人账户,记录相关信息,作为职工退休时计发基本养老金的依据。

1995 年国务院《关于深化企业职工养老保险制度改革的通知》提出"基本养老保险费用由企业和个人共同负担,实行社会统筹与个人账户相结合"。当时国务院考虑到各地的不同情况,提出了两个实施方案,最终导致在实际操作中形成了各地多种方案并存的局面。为此,1997 年,国务院颁布了《关于建立统一的企业职工基本养老保险制度的决定》,标志着统账结合制度的正式建立。

1998 年,国务院发布《关于实行企业职工基本养老保险省级统筹和行业统筹移交地方管理有关问题的通知》,将行业养老保险统筹基金统一划归地方管理。1999 年,国务院颁布《社会保险费征缴暂行条例》,养老保险覆盖范围由国有企业、城镇集体企业扩大到外商投资企业、城镇私营企业、城镇个体工商户。2005 年,国务院颁布《关于完善企业职工基本养老保险制度的决定》,明确规定城镇各类企业

---

①　机关事业单位的相关制度以颁布单项法规的形式建立起来。

②　郑秉文,于环,高庆波. 新中国 60 年社会保障制度回顾[J]. 当代中国史研究,2010(2).

③　郑秉文,于环,高庆波. 新中国 60 年社会保障制度回顾[J]. 当代中国史研究,2010(2).

职工、个体工商户和灵活就业人员都要参加企业职工基本养老保险。决定指出,当前及今后一个时期要以非公有制企业、城镇个体工商户和灵活就业人员参保工作为重点,扩大基本养老保险覆盖范围,同时还调整了个人账户的缴费比例,明确了单位缴费不再划入个人账户。至此,我国城镇基本养老保险制度的基本格局逐渐清晰。

2010年10月28日颁布的《社会保险法》规定,我国现行养老保险制度的覆盖范围包括:国有企业、城镇集体企业、外商投资企业、城镇私营企业和其他城镇企业及其职工,实现企业化管理的事业单位及其职工。职工应当参加基本养老保险,由用人单位和职工共同缴纳基本养老保险费。无雇工的个体工商户、未在用人单位参加基本养老保险的非全日制从业人员以及其他灵活就业人员可以参加基本养老保险,由个人缴纳基本养老保险费。其中,企业缴纳基本养老保险费的比例,一般不超过企业工资总额的20%。个人缴纳的标准是工资总额的8%。企业缴费全部计入社会统筹基金,个人缴费全部计入个人账户。前者充当社会统筹基金的来源,后者属于职工个人所有,可以继承。享受基本养老保险金需要具备以下两个条件:一是达到国家法定退休年龄;二是在基本养老保险覆盖范围并且参加保险缴费期限满15年。《社会保险法》的颁布在我国社会保险制度的历史上无疑是里程碑式的事件,它赋予了劳动者的社会保险权益,还以法律形式确立了养老保险制度采取统账结合的基本模式。但由于它是一部综合法,涵盖范围较广,很多细节问题有待相关法律法规的补充和完善。

2. 对我国现行养老保险制度的简单评价

我国的养老保险制度起源于1951年颁布的《劳动保险条例》[①],建立之初参考了前苏联等国的社会保障制度,因而有着明显的国家保障型特征。尽管其后该条例在覆盖人群等方面进行过一些完善,但"文化大革命"期间,养老保险制度遭到极大破坏。养老保险制度也失去了统筹调剂功能,由国家保险变为企业保险制度。加上制度本身存在的一些缺陷,覆盖面窄、社会化程度低、层次单一、享受权利及待遇水平因职工身份不同存在差异等问题长期存在,改革开放之后,各地从20世纪80年代开始,对企业职工养老保险制度改革进行了一系列探索。

由于学界对现收现付制和基金积累制养老金模式的争论从未停止,我国在结合自己国情的情况下,选择了"社会统筹与个人账户相结合"模式,其初衷是将两种模式的优势集中起来,实现优势互补、优化组合,既体现传统意义上社会保险的社会互济、分散风险、保障性强的特点,又强调职工的自我保障意识和激励机制,从而

---

① 本节中国的养老保险制度仅指城镇职工基本养老保险制度,不涉及机关事业单位相关养老制度,也不涉及城乡居民养老保险制度。

建立一种公平与效率相结合、社会互济与自我保障相结合的新型养老保险运行机制。可以发现,我国的统账结合制度试图将现收现付制和积累制结合起来,是一个创新。但是该制度在实际运行过程中仍存在着一系列问题,例如,各地区之间制度差异较大、个人账户空账运行、企业和个人缴费负担较重、转移接续困难等问题,亟待解决。

第三节　医疗保险政策

一、医疗保险的概念

　　医疗保险有国家医疗保险、社会医疗保险、商业医疗保险和储蓄型医疗保险等各种不同的模式。一般意义而言,医疗保险是指特定的组织或者机构经办,通过带强制性的政策法规或自愿缔结的契约,在一定区域的一定参保人群中筹集医疗保险基金,在参保人(被保险人)因疾病而招致健康和经济损失时实施经济补偿的一系列政策、制度与办法。

　　医疗保险是保险的一种,是补偿因疾病造成经济损失的一种保险。医疗保险是对国民收入进行分配和再分配,形成专门的消费基金,对劳动者因疾病医治造成的经济损失给予一定补偿的一种保障制度。具体来说,医疗保险是将医疗保险费集中起来建立医疗保险基金,用于支付医疗保险合同规定赔付范围内医疗费用的一种保障制度。医疗保险的理论基础是互助互济、风险共担。医疗保险的目的是在人们患病时减轻疾病的经济负担,降低或消除因疾病风险带来的经济损失,从而保护生产力,促进社会经济持续、稳定和快速发展,维护社会的稳定。

二、社会医疗保险

1. 定义

　　社会医疗保险是指社会劳动者乃至全体公民因疾病需要治疗时,根据有关法律的规定从国家或者社会获得应有的医疗服务,对因疾病造成的经济损失及医疗费用给予可能的补偿,以恢复和保障社会劳动者或公民身体健康的一种社会保险制度。

　　社会医疗保险社会化程度高、覆盖面广,可以覆盖全体劳动者,甚至所有人群。城市社会医疗保险的统筹层次一般以市为单位,农村和社会医疗保险一般以县为单位;社会医疗保险通过立法强制执行,人人都必须参加医疗保险。医疗保险合同具有法律效力;医疗保险基金由国家、用人单位和个人共同缴纳或筹集;医疗保险机构健全,如有专门的队伍对有关单位执行医疗保险规定的情况进行经常性监督检查等。

2. 社会医疗保险的特性

1) 福利性

社会医疗保险把社会效益放在第一位,以保障人们的身心健康、促进经济发展和维护社会稳定为最高宗旨,不以营利为目的。社会医疗保险作为社会保障体系的重要组成部分,是一项社会公共事业。政府财政或企业为职工缴纳部分医疗保险费,每个被保险人在患病时均能得到一定的经济补偿,通过社会医疗保险和互助共济享受一定程度的社会福利。

2) 普遍性

社会医疗保险所应对的疾病风险对一个人群、一个人的整个生命过程来说具有必然性,是不可避免要发生的,风险的普遍性决定了社会医疗保险的普遍性。疾病风险是客观存在的,所以社会医疗保险的实施范围首先面向全体劳动者,并逐步扩大到劳动者的家属,以致全体社会成员。

3) 强制性

国家通过法律强制实施社会医疗保险。任何单位及其职工都必须参加社会医疗保险,社会医疗保险机构必须接受各单位及其员工参保,个人、单位或财政都应按规定缴纳医疗保险费。在社会化大生产中,劳动者面临社会化大生产带来的各种风险,其中包括疾病风险,可以通过社会医疗保险来解决。社会医疗保险的强制性,既有强制的一面,所有的劳动者都必须参加社会医疗保险,又有义务的一面,劳动者参加社会医疗保险,也是对社会和其他劳动者应尽的义务。

3. 社会医疗保险与商业医疗保险的区别

1) 基本属性不同

社会医疗保险是公益性福利事业,带有强制性;商业医疗保险属于商业性质,以盈利为目的,不带有强制性,主要靠保险公司的信誉去争取客户。

2) 保险费筹集办法不同

社会医疗保险费由国家、单位和个人三方承担,采用工资的一定比例或以保险税的形式缴纳;商业医疗保险费国家不予分担。在我国城镇居民医疗保险和新型农村合作医疗保险费的筹集主要由各级政府和个人承担,个人往往按照规定的支付标准定额缴纳。

3) 管理体制不同

社会医疗保险由中央政府或地方政府集中领导,由医疗保险经办机构具体管理,医疗保险经办机构有全额和差额两种类型的预算管理单位;商业医疗保险由金融结构领导,由保险公司具体承办,保险公司作为相对独立的经济实体,实行自主经营、自负盈亏。

4）保险范围不同

社会医疗保险的保险范围较广,不仅保"大病"而且保"小病",不仅对参保人的住院费给予一定补偿,而且对其门诊费用给予一定补偿。商业医疗保险的保险范围较小,一般对指定范围内的几种疾病或者一种疾病的住院费用给予一定金额的补偿。

5）参加保险的条件不同

属于社会医疗保险范围内的对象都可以参加。社会医疗保险接受单位集体或某类劳动者以群体形式参保,或者以家庭为单位参保,一般不接受个人参保。商业医疗保险的参保条件是参保人一般必须未患有指定范围内的疾病,否则不接受参保,但是它接受个人参保。

6）保险待遇不同

社会医疗保险一般按医疗费用的一定比例给予补偿,保基本医疗,一般有最高补偿限额;商业医疗保险一般按一定金额或比例补偿。缴纳的保险费越高,补偿金额越高。

三、医疗保险模式

根据不同的分类标准,世界各国的医疗保险制度可有不同的模式分类。根据医疗保险基金筹集方式,世界各国的医疗保险可以划分为国家(政府)医疗保险、社会医疗保险、商业医疗保险、其他医疗保险四大类。

1. 国家(政府)医疗保险

国家医疗保险(National Health Service)简称 NHS,是指政府直接举办医疗保险事业,通过税收形式筹措医疗保险基金,由财政预算支付国民卫生服务消耗的一种医疗保险模式。国家医疗保险主要具有以下特点:①政府是医疗保险的直接组织,医疗保险基金主要来自国家财政拨款,所以这种模式通常以国家雄厚的财政实力为后盾。②公民享有免费或者低费用的综合医疗服务,其保障范围一般包括预防、基本医疗和护理康复等。③医疗服务机构主要为国家所有,医生及其有关人员的工资由国家支付。政府通过举办医疗机构或购买私人医疗服务,为全体国民或者特定人群提供所需要的医疗服务。④卫生资源的调节主要靠计划调节,市场机制的作用有限。国家医疗保险模式是一种用福利性医疗保险模式,在世界各国中以其为医疗保险模式的主要是一些经济发达国家,比如英国、瑞典、西班牙、加拿大等。除此之外,一些原英国殖民地国家的医疗保险制度也属于这种模式,如南非、澳大利亚、新西兰等。

国家医疗保险模式的优点主要表现为以下方面:具有较好的普遍性和公平性;有利于保障全体公民的身体健康;费用增长相对缓慢。尽管如此,国家医疗保险模式也存在一些不足之处,主要表现为整个体系的运行效率不高。

　　2. 社会医疗保险

　　社会医疗保险(Medical Social Insurance)是指国家通过立法强制实施,由雇主与个人按一定比例缴纳保险费建立社会医疗保险基金,以用于劳动者个人及其家属看病就医补偿的一种医疗保险模式。社会医疗保险模式主要具有以下特点:①由国家通过立法强制实施,凡是符合条件的雇主和个人都必须参保。由于是通过立法手段强制雇主和个人参保,所以又被称为法定医疗保险。②采取多渠道方式筹集医疗保险基金,并强调劳动者个人在医疗保险方面的责任。在社会医疗保险模式下,保险基金由国家、雇主和劳动者共同负担,劳动者享受医疗保险的权利与医疗保险缴费义务相联系。③保险基金实行社会统筹,互助共济,其实质是个人收入的再分配,是健康者的部分收入向患病者的转移。④社会医疗保险一般由中介结构组织实施,政府不直接参与,但政府对其实施宏观监督和管理。⑤社会医疗保险机构作为"第三方付费组织",统一管理医疗保险基金,并按照规定在参保人发生医疗费用时,向医疗服务提供机构支付医疗费用。⑥社会医疗保险基金按照"现收现付"筹集,并根据"以支定筹、以收定付、当年收支平衡"的原则管理。除了一定的风险基金,一般没有积累。⑦根据医疗保险筹集和偿付水平的高低确定保障水平。由于各国社会经济发展水平不同,医疗保险筹资和偿付水平不同,其医疗保险提供的医疗服务内容也不尽相同,但是一般都能包括保障参保人得到基本的医疗服务。目前,将社会医疗保险作为医疗保险主体模式的国家最多,如德国、法国、荷兰、比利时等,其中以德国为典型代表。

　　社会医疗保险模式的主要优点体现在以下四个方面:①医疗保险基金来源稳定且多元化,体现了政府、社会、个人对健康的经济责任。②医疗保险基金的使用实行社会统筹,互助互济,在一定程度上实现了个人收入的横向转移,体现社会公平原则。③医疗保险机构同医疗机构的合同契约关系有利于促进医疗机构服务质量和效率的提高。④重视医疗保险中权利与义务的密切联系,有利于强化自我保障意识,在一定程度上体现了效率原则。

　　社会医疗保险模式存在的主要问题主要体现在以下方面:①以现收现付方式筹集资金,保险基金实行当年平衡,缺乏积累,无法解决医疗费用负担的"代际转移"问题,特别是在人口年龄结构不平衡,老龄化程度较高的国家和地区,这个问题将更为突出。②由于第三方付费,医患双方缺乏费用意识,容易出现医患双方的道德风险,导致不合理费用增加,医疗费用上涨较快。正因为存在上述问题,实行社会医疗保险的国家大多实行不同程度的改革,如对医疗机构实行总额预算支付方式,以控制医疗费用的增长。

3. 商业医疗保险

商业医疗保险也称市场保险或自愿医疗保险。商业医疗保险模式下,医疗保险作为一种金融产品,按照市场法则由商业医疗保险机构自由经营,公民自愿投保、自主选择,政府较少干预。以商业医疗保险为主体模式的典型代表是美国。商业医疗保险具有如下特点:

(1) 医疗保险机构按照商业惯例自主经营,他们大多以营利为经营目的,也有少数非营利性保险组织,主要通过市场进行筹资,保险机构往往通过对投保人的风险选择,降低赔付风险,确保商业利润。

(2) 由保险人和被保险人按照风险共担原则共同分担疾病造成的经济损失,并遵循多投多保,少投少保的原则,保险人与被保险人之间是一种契约关系,双方履行各自的权利和义务。

(3) 医疗保险作为一种特殊的金融商品,其供求受市场调节,由市场不同需求以及风险概率的梳理测算和精算确定不同的险种和费率。

(4) 医疗服务提供机构大多为私有,分营利性和非营利性两种。医生大多数独立行医,少数受雇于医院。政府对医疗服务机构和医疗服务实行市场调节,对于营利性医疗供给以及服务价格很少干预。

(5) 主要采取"第三方付费"的支付机制,即参保人发生的医疗费用由保险机构向医疗服务提供机构支付。

(6) 政府的责任是制定与医疗保险相关的法规,从制度上对医疗保险市场和医疗服务市场进行规范,从税收等宏观政策上给予扶持,保护投保人和保险人的利益。政府一般不承担医疗保险的经济责任,也不干预医疗保险机构的自主经营行为。

商业医疗保险模式的优点可以概括为以下四个方面:第一,在商业医疗保险模式下,保险只是作为一种商业活动,这减轻了政府的负担,无需花费很大的精力去筹划和经营。第二,商业医疗保险模式有利于促进医疗卫生事业的发展,加快医疗科技的进步与更新,满足人们对高水平医疗保健服务的需要。第三,商业医疗保险模式可以充分发挥市场机制的作用,促进商业医疗保险组织在价格和质量上进行竞争,提高质量,降低价格,有效配置卫生资源并提高服务效率。第四,商业医疗保险自由灵活且多样化,可以适应社会不同医疗保险的需求。

尽管如此,商业医疗保险模式依然存在一些问题。首先,医疗费用上涨过快,资源浪费严重。由于医疗保险的商业性及其营利动机,导致社会极力发展高、精、尖的医疗技术,大量资源投入到高水平的医疗服务,满足医疗高消费。商业保险的竞争性又迫使保险机构开展许多与医疗保险无关的活动,消耗了相当的资源,导致医疗费用高涨。其次,商业医疗保险伴随着各种逆向选择和道德风险。由于医疗保险机构大多是以盈利为目的,为了保证其盈利的实现,往往要对投保人进行选择,导致体弱多病者和老年人被拒之门外。

除了上述三种医疗保险模式之外,还有其他一些医疗保险模式,这些医疗模式产生的时间较晚,实施范围相对局部。例如,新加坡的个人储蓄医疗保险和泰国的"三十铢计划"。

四、中国的医疗保障制度

当前中国的基本医疗保障体系由城镇职工基本医疗保险、城镇居民基本医疗保险、新型农村合作医疗和城乡医疗救助共同组成,分别面向城镇就业人口、城镇非就业人口、农村人口和城乡困难人群。

1. 城镇职工基本医疗保险

城镇职工基本医疗保险覆盖城镇所有用人单位,包括企业(国有企业、集体企业、外商投资企业、私营企业等)、机关、事业单位、社会团体、民办非企业单位及其职工。基本医疗保险费由用人单位和职工按比例共同缴纳。城镇职工基本医疗保险费由用人单位和职工共同缴纳。用人单位缴费率控制在职工工资总额的6%左右,职工缴费率一般为本人工资收入的2%。城镇职工基本医疗保险施行"统账结合"的财务模式。建立基本医疗保险统筹基金和个人账户。职工个人缴纳的基本医疗保险费,全部计入个人账户。用人单位缴纳的基本医疗保险费分为两部分,一部分用于建立统筹基金,一部分划入个人账户。划入个人账户的比例一般为用人单位缴费的30%。

2. 城镇居民基本医疗保险

从2007年开始,我国政府开展了针对城镇非从业居民的基本医疗保险试点工作,并在2010年在全国全部推开。城镇居民基本医疗保险覆盖中小学阶段学生、少年儿童和其他城镇非从业人员。城镇居民基本医疗保险采取个人缴费与政府补助相结合的筹资机制。个人缴费以家庭缴费为主,对于参保居民政府按照不低于每人每年40元的标准进行补助。与此同时,对于残疾人、低收入家庭60岁以上老人政府对其缴费进行额外补助。城镇居民基本养老保险主要保障参保居民门诊和住院大病医疗支出。

3. 新型农村合作医疗制度

2003年,中国开始在全国范围内进行新型农村合作医疗试点并在此基础之上逐步推广。新型农村合作医疗实行国家、集体、个人责任共担。农民以家庭为单位自愿参加新型农村合作医疗,按时足额缴纳合作医疗经费;乡(镇)、村集体要给予资金扶持;中央和地方各级财政每年要安排一定专项资金予以支持。农民个人每年的缴费标准不应低于10元;地方财政每年对参加新型农村合作医疗农民的资助不低于人均 10 元；中央财政每年通过专项转移支付对中西部地区除市区以外的参加新型农村合作医疗的农民按人均 10 元安排补助资金。农村合作医疗制度主要承担参加新型农村合作医疗农民的大额医疗费用或住院医疗费用。

从 2006 年开始，国家加大了中央和地方财政对农村新型合作医疗制度的支持力度。中央财政对中西部地区除市区以外的参加新型农村合作医疗的农民由每人每年补助 10 元提高到 20 元，地方财政也要相应增加 10 元。新型合作医疗保险制度迅速在全国范围内推开，截至 2006 年年底，全国已有 1 451 个县（市、区）开展了新型农村合作医疗，覆盖人口为 5.08 亿人，4.1 亿农民参加了合作医疗，参合率为 80.7％。2006 年全国共补偿参加新型农村合作医疗的农民 2.72 亿人次，补偿资金支出合计为 155.81 亿元。

4. 城乡医疗救助

城乡医疗救助包括城市医疗救助和农村医疗救助。其中，城市医疗救助的方式主要是，对救助对象看病发生的医疗费用，在扣除各项医疗保险可支付部分、单位应报销部分及社会互助帮困给予的补贴后，须由个人负担的超过一定金额的医疗费用或政策规定的特殊病种的医疗费用，再按一定比例或确定金额给予一定的补助。农村医疗救助的方式主要是，在开展新型农村合作医疗的地区，资助医疗救助对象缴纳个人应负担的全部或部分资金，使之能够参加当地合作医疗，享受合作医疗待遇。对因患大病经合作医疗补助后个人负担医疗费用过高，影响家庭基本生活的，再给予适当的医疗救助。在未开展新型农村合作医疗的地区，对患大病个人负担费用难以承担，影响家庭生活的，给予医疗救助。

第四节　与劳工有关的失业保险政策

一、失业保险定义及特点

1. 定义

失业保险是国家根据一定的法规，对暂时失去工作的劳动者提供经济保障的一种社会保险制度。在市场经济条件下，由于经济波动、行业竞争、产业转型、劳动者之间的就业竞争等原因，每个就业者都有失业风险。一旦失业，对于劳动者来说就会失去经济生活来源，后果严重，对雇主来说辞退雇员也要承受经济上和心理上的压力，常常造成劳动关系紧张。这就需要由政府负责建立一种制度，要求雇主与雇员居安思危，在有工作的时候共同出资缴费，建立一个基金，由政府负责管理，一旦失业事件发生，失业者就可以从该基金中获得保险金，基本生活有保障，还有一定的剩余资金用于找工作，这种制度就是失业保险制度。

2. 特点

与其他险种相比,失业保险有如下特点:

(1)失业保险的对象是失去工作机会而没有丧失劳动能力的劳动者。失业保险兼有保护失业者劳动能力的责任。养老、医疗、工伤和生育保险的对象都因为暂时或永久丧失劳动能力而失去或影响工资收入,失业保险的对象是因为失去了工作机会而失去工资收入,而不是因为失去劳动能力。因此,养老、医疗、工伤和生育保险的获得者与在职职工没有竞争关系,而失业保险的获得者与在职职工之间依然有竞争关系。

(2)失业保险有支付期限。养老、医疗、工伤和生育等其他险种,只要受保原因没有消除(比如劳动能力没有恢复),保险就会延续。而对于失业保险来说,即使失业依旧,当初受保原因没有变化,只要支付期限已满,失业保险就会停止支付。

(3)失业保险一般完全由政府承办,没有商业保险公司参加。而养老、医疗、工伤等险种除了政府负责以外,往往还有企业和商业保险公司参与,补充政府的保险。

二、失业保险的意义

(1)失业保险保障失业者的基本生活,维护社会稳定。失业是人生重大挫折,失业者会失去赖以生存的工资收入,但失业保险金能保障失业者的基本生活,使失业者免去了生活上和心理上的巨大的波动,同时也避免一定的社会震荡。

(2)失业保险保护失业者的劳动能力。失业津贴水平一般高于最低社会保障金,这种设计的目的是为了让失业者在最低生活以外还可以有一定的经济能力寻找“合适”的工作,不至于为了生存而匆忙择业,从事与自己专项劳动能力不符的工作。

(3)失业保险制度造就了剩余劳动力的“水库”,有利于劳动力重新配置。当经济不景气劳动力过剩时,将剩余劳动力引入“劳动力水库”,当经济复苏,劳动力水库再向市场供给劳动力;各类用人单位也可以利用“劳动力水库”来调整自己的劳动力结构。失业保险就对劳动力市场产生了积极影响,有利于劳动力市场的长期平衡。当然,“劳动力水库”大小必须合适,也就是说失业率要控制在适当的范围内。

(4)失业保险在一定程度能发挥稳定经济的作用。经济景气时,就业率高,上缴的失业保险费也多,这在一定程度上等于强制储蓄,抑制了消费能力过热;但经济不景气时,失业增多,失业金发放增加,保障消费水平不至于波动太大。

三、各国失业保险制度类型

世界各国失业保险制度不尽相同各有特色。总体上来看,各国失业保险制度主要可以分为三种类型:失业保险制度、失业救助制度、失业保险制度与失业救助制度并存。

1. 失业保险制度

失业保险制度是大多数国家实行的制度模式,在这种模式下,个人一般需要缴费,一旦失业发生,个人即可以兑现失业保险。

2. 失业救助制度

失业救助制度是由政府或雇主为雇员承担失业风险的制度,个人无需缴费,一旦失业发生,政府或雇主必须承担救助责任,根据各种规定,或者一次性支付失业保险金或解雇费,或根据失业者申请,经过家计调查,对符合救助条件者予以失业救助。实行失业救助的国家和地区有:澳大利亚、新西兰、中国香港等。

3. 失业保险制度与失业救助制度并存

失业保险制度与失业救助制度在一些国家并存,各司其职,互相补充。这些国家包括:法国、德国、英国、荷兰、西班牙等。比如在英国,失业救助用于那些虽然已经参加失业保险但还不够参保时间的人;或者用于那些虽然参加失业保险但没有按时足额缴纳失业保险金因此没有资格领取失业金的人。失业救助的对象主要是长期失业者,这项制度在英国两次世界大战之间扮演过重要角色[①]。

四、失业保险制度内容

失业保险制度与其他社会保险制度一样有许多环节组成,其主要内容如下:

1. 覆盖范围

任何一项社会保险制度都有其覆盖范围,失业保险也是如此。失业保险组织者比如政府或工会,首先要规定本保险覆盖哪些人群,然后才能对这些人群进行保险管理,比如,收取保险费,然后对覆盖范围的人员承担责任。失业保险的覆盖范围有一个不断扩大的过程,最初是那些职业最不稳定的季节工、临时工,以后逐渐扩大到部分行业雇员,再扩大到所有企业雇员最后扩大到教师和公务员等。每个国家失业保险的范围大同小异。

2. 资金筹集

失业保险资金来源主要是政府、雇主和雇员。具体到一个国家,失业保险资金

---

① 丁建定,杨凤娟.英国社会保障制度的发展[M].北京:中国劳动社会保障出版社,2004:80.

来源有所不同。有些国家(比如德国、英国、日本等)政府、雇主和雇员三方共同负担;有些国家(比如意大利)政府和雇主共同负担,个人不缴费;有些国家(法国)雇主和雇员共同缴费;有些国家(比如澳大利亚、新西兰、匈牙利)政府单独负担,这主要是那些实行失业救济模式的国家;还有雇主单独负担的,比如印度尼西亚。

3. 资格条件

失业保险支付对象是"合格失业者",即领取失业津贴是需要满足一定条件的。各国失业津贴支付一般会要求以下这些条件:非自愿失业;非本人过错被解雇;参加了保险并满足最低缴费时限;及时去社会保障经办部门办理失业登记手续;有劳动能力并在法定劳动年龄之内;有就业愿望;工作后失业等等。

4. 等待期

失业保险等待期是指合格失业者失业登记后并不能马上获得失业津贴,而需要等待 7～10 天才开始领取失业津贴①。实际上各国等待期长短不一:瑞士 2 天,英国 3 天,芬兰 5 天,澳大利亚 7 天,加拿大 14 天,加纳 30 天,等等。当然,有许多国家的失业保险不设等待期,如丹麦、法国等国家,失业时间及津贴从登记之日开始算起。

5. 支付水平

衡量失业津贴(失业保险金)水平的指标是"失业保险工资替代率",即失业金相当于失业前本人工资的百分比。从原则上说,失业保险金应该高于当地最低生活保障金,低于失业前本人工资。

6. 支付期限

为了避免"失业陷阱"(惯懒汉),除了失业金水平限制外,还有失业保险支付期限的限制,如果无期限永远支付下去,那就一定会挫伤失业者寻找工作的积极性,因此失业制度都设有支付期限。当然,支付期短了也不行,一是有损于失业者的正当权益;二是没等失业者重新找到合适工作就可能没有失业津贴了,不利于劳动力资源的保护。国际劳工组织 1934 年通过的《失业补贴公约》(第 44 号)规定:支付期应为每年至少 156 个工作日,在任何情况下,也不能少于 78 个工作日。实际失业支付期限各国长短不一,有两个月的,也有两年的。

五、我国失业保险制度

中国现行失业保险制度的法律依据是 1999 年 1 月 22 日国务院颁布的《失业保险条例》。

根据该条例,中国失业保险制度的基本内容如下:

---

① 国际劳工组织《促进就业和失业保护公约》(1988 年国际劳工大会通过)。

1. 覆盖范围

覆盖范围为城镇企业事业单位和城镇企业事业单位职工。所谓城镇企事业单位是指国有企业、城镇集体企业、外商投资企业、城镇私营企业以及其他城镇企业。

2. 资金来源

资金来源为城镇企业事业单位按照本单位工资总额的 2‰ 缴纳失业保险费。城镇企业事业单位职工按照本人工资的 1‰ 缴纳失业保险费。城镇企业事业单位招用的农民合同制工人本人不缴纳失业保险费。

3. 支付条件

(1) 具备下列条件的失业人员,可以领取失业保险金:按照规定参加失业保险,所在单位和本人已按照规定履行缴费义务满 1 年的;非因本人意愿中断就业的;已办理失业登记,并有求职要求的。

(2) 失业人员在领取失业保险金期间有下列情形之一的,停止领取失业保险金,并同时停止享受其他失业保险待遇:重新就业的;应征服兵役的;移居境外的;享受基本养老保险待遇的;被判刑收监执行或者被劳动教养的;无正当理由,拒不接受当地人民政府指定的部门或者机构介绍的工作的;有法律、行政法规规定的其他情形的。

4. 保险支付与支付期限

分城镇职工和农民合同制工人:

(1) 对于城镇职工,失业保险支付期限长短与缴费时间长短挂钩,最长支付期限为 24 个月。失业人员失业前所在单位和本人按照规定累计缴费时间满 1 年不足 5 年的,领取失业保险金的期限最长为 12 个月;累计缴费时间满 5 年不足 10 年的,领取失业保险金的期限最长为 18 个月;累计缴费时间 10 年以上的,领取失业保险金的期限最长为 24 个月。重新就业后,再次失业的,缴费时间重新计算,领取失业保险金的期限可以与前次失业应领取而尚未领取的失业保险金的期限合并计算,但是最长不得超过 24 个月。

(2) 对于单位招用的农民合同制工人,连续工作满 1 年,本单位并已缴纳失业保险费,劳动合同期满未续订或者提前解除劳动合同的,由社会保险经办机构根据其工作时间长短,对其支付一次性生活补助。

5. 保险待遇

(1) 失业保险金的标准,按照低于当地最低工资标准、高于城市居民最低生活保障标准的水平,由省、自治区、直辖市人民政府确定。《中华人民共和国社会保险法》(2011 年 7 月 1 日施行)没有强调"低于当地最低工资标准"。

(2) 失业人员在领取失业保险金期间患病就医的,可以按照规定向社会保险经办机构申请领取医疗补助金。

（3）失业人员在领取失业保险金期间死亡的,参照当地对在职职工的规定,对其家属一次性发给丧葬补助金和抚恤金。

6. 失业保险与城市最低生活保障衔接

失业保险支付期满,失业人员还没有找到工作,如果失业人员符合城市居民最低生活保障条件的,按照规定享受城市居民最低生活保障待遇。

第五节　与劳工有关的生育保险政策

一、生育保险定义及其特点

生育保险制度一般是由政府发起的,在女性生育期间对生育责任承担者给予收入补偿、医疗服务和生育休假的制度安排。

与其他保险项目相比较,生育保险特点主要有:

（1）保险对象以女性为主。虽然男性也是生育保险对象,但享受保险的绝大多数是女性。因此生育保险更多关系到女性权益和性别公正。

（2）享受保险的时间短而固定,时间一般为12～14周。

（3）生育过程类似医疗过程,生育费用类似医疗费用,因此许多国家将生育保险与医疗保险合并;生育津贴（产假工资）类似失业津贴,都是向已经不在岗的投保人短期发放保险金,因此少数国家将生育保险并入失业保险。

二、生育保险对于劳工权益的保护意义

（1）生育保险保护女性劳动力。保障产妇健康也是保障女性劳动力的恢复与再生,从历史上看,建立生育保险是因为越来越多的女性成为产业工人。如今,随着劳动工具和劳动环境的改善,随着产业结构的变化,第三产业的崛起,女性劳动力早已成为世界经济发展中不可缺少的人力资源。

（2）生育保险保障家庭正常生活水平。妇女自己承担生育责任会导致本人及其家庭的生活水平的突然下降。本来添丁加口就会加重全家经济负担,如果没有生育保险,还要减少原来的经济收入,贫困家庭就会增多。由于女性已经大规模地参与经济活动,女工的经济收入对于大多数家庭来说已经不再是无足轻重。比如中国,过去长期实行男女平均工资,目前男女工资差距也是世界上最小的国家之一,女性工资收入是家庭总收入中不可缺少的一部分。

（3）生育保险实现生育社会补偿,保证性别公正。女性生育不仅是家庭私事,也是事关人类永续的公事,如果女性为承担人类永续责任却要自己承担休假经济损失,有悖于社会公正。生育保险实现生育休假损失社会补偿,保证了社会公平。

（4）生育保险保障了妇女公平就业的权利。这一条是相对于"企业生育保险"（雇主责任制）而言的,有了生育保险企业就不必担心本企业女职工生育带来"性别亏损",同时也减少求业女性和在业女工对怀孕生育的担心:担心就业难,担心被解雇。有了生育保险,企业就能排除女工生育因素更准确地评价男女雇员的劳动能力,男女就业机会更加平等。生育保险是劳动力市场上男女公平竞争的平台,国际劳工公约 103 号《生育保护公约》第四条约定:"对于提供生育津贴的强制社会保险计划,其所应交纳的任何保险费和为提供此种津贴而设立的根据工资总额征收的任何税,不论由雇主和雇员共同交纳或由雇主交纳,均应不分性别,按有关企业所雇男子和妇女总数予以交纳。在任何情况下,不应责成雇主个人对其所雇用的妇女承担此种津贴的费用。"

三、生育保险制度内容

生育保险制度主要由以下内容构成:覆盖范围、资金来源、支付条件、保险待遇、保险管理等。

1. 覆盖范围

（1）按性别分,保险对象包括男人和女人。

男人也是生育保险的对象。生育保险覆盖对象按性别可以分为:男人和女人。传统上都认为,生育保险的对象是女人,是生育妇女,其实男人也是生育保险的对象。

（2）生育保险对象按就业性质可以分为正规就业者和非正规就业者。

在我国,"职工生育保险"的对象主要是"城镇女职工",但仍有千千万万的城镇女工不能享受生育保险。她们虽然也是工作在城镇的劳动者,但她们主要在"非正规部门"工作,或者以"非正规方式"就业,一般还不能参加生育保险。在世界其他国家,"职工生育保险"的对象也主要是在"正规部门"、以"正规方式"就业的女工,"非正规部门"或者以"非正规方式"就业的女工也往往被排除在外,这些女工主要是:个体户、家庭保姆、钟点工、临时工、非全日工和在自己家里包活干的人。

（3）生育保险受益女性按身份可以分为在业女工、未就业配偶和女性国民。

生育保险主要受益者是在业女工,覆盖面再放宽一点,受益者也包括男性雇员未就业配偶,少数国家覆盖全民,全体女性国民都是受益者。

2. 资金来源

世界上大多数国家没有单列"生育保险",在管理上往往都将生育保险与医疗保险等融合一体,合并收费,只有少数国家,比如,中国有单独的生育保险缴费,因此,这里所说的生育保险资金来源,一般是指包括生育保险缴费的多险种合并缴费。

3. 支付条件

支付条件一般有：参保缴费、缴费时间，或者在业及在业时间、居住年限、是否符合本国的人口出生政策，等等。

有的国家要求怀孕和生育事先告知，比如，澳大利亚要求女工至少在产假前10周将自己怀孕的事实告知雇主；奥地利要求女工一旦知道自己怀孕就要及时报告，并在产假前4周再次通知雇主；爱尔兰和英国也要求女工事先通知。

4. 保险待遇

（1）产假津贴，即在法定的生育休假期间对保险人的工资收入损失给予经济补偿，俗称"产假工资"。生育津贴还包括家属生育津贴，即对生育保险对象没有工作的家属（如妻子）的生育费用给予补贴。

（2）医疗护理，即承担与生育有关的医护费用，包括住院费、接生费、产前检查费等。

（3）生育补助，比如，"婴儿补助"和"保姆补助"等。

（4）育儿假，"育儿假"（Parental Leave）包括母亲育儿假（Maternity Leave）和父亲育儿假（Paternity Leave），领养婴儿在有些国家也享受休假。"父育假"是母亲产假期间的父亲育儿假，有津贴的"父育假"一般为3～10天，津贴相当于原工资的100%。

5. 保险管理

生育保险从资金收支上来看是一个相对较小的社会保险险种，在管理上常常与其他险种合并收费。各国管理方式不同，生育保险基金来源也有所不同：有的国家将生育保险基金与另一险种结合，如与养老、医疗、失业或工伤保险结合；有的国家将所有的保险项目放在一起管理，向雇主、雇员征收单一的保险费，等等。

第六节　工伤保险政策

一、工伤保险的概念与原则

1. 工伤保险的概念

工伤，也称工业伤害，是指劳动者在从事职业工作或在规定的某些特殊情况下，遭受的意外伤害或职业病。最初，工伤不包括职业病，后来，随着职业病的增多，各国逐渐把职业病纳入了工伤的范围。工伤是大机器工业社会的产物，在工业社会以前，劳动者几乎全靠手工从事经济活动，因工致残、中毒、死亡的可能性很小。进入工业社会，大机器生产和化学工业带来比农业和手工业生产更多的危险。现代工业机械化、自动化时代，提高生产率的同时，也增加了工伤发生的可能性。

工伤保险,又称职业伤害保险,是指劳动者在工作中或在规定的某些特殊情况下,因遭受意外伤害或患职业病,暂时或永久丧失劳动能力以及死亡时,劳动者或其遗属从国家和社会获得物质帮助的一种社会保险制度。工伤所造成的直接后果是伤害到劳动者的健康及生命,使劳动者的健康权、生存权和劳动权受到影响,损害甚至剥夺,并由此造成劳动者及其家庭成员的精神痛苦和经济损失。为劳动者提供必要的工伤保险,不仅有利于保障劳动者的身心健康和基本生活,而且有利于维护正常的生产和生活秩序,维护社会安定。因此,在大多数国家的立法实践中,都明确规定了劳动者应享有工伤保险权利,工伤保险政策是世界上最早推出的社会保险项目之一。

2. 工伤保险的原则

世界上大多数国家在实行工伤保险制度时,普遍遵循的原则主要有以下几点:

1) 无过失补偿原则

无过失补偿原则亦称严格责任或绝对责任原则,它是指劳动者在工作过程中遭遇工伤事故或职业病,无论企业或雇主是否有过错,只要不是劳动者本人故意所为,均按照法律规定的标准支付劳动者相应的工伤保险待遇。无过失补偿原则的确立有利于劳动者在工伤发生后能够得到及时的治疗和经济补偿。但这并不妨碍有关事故责任的行政追究,其目的是为防止类似事故重复发生,教育广大群众,降低事故率。

2) 个人不缴费原则

工伤事故属于职业性伤害,是在生产劳动过程中,劳动者为企业或雇主创造物质财富而付出的健康乃至生命的代价,因此,工伤保险待遇带有明显的“劳动力修复与再生产投入”性质,属于企业生产成本的特殊组成部分。

3) 保障与补偿相结合的原则

社会保险制度的一项基本原则就是保障原则,即当工资劳动者在暂时或永久丧失劳动能力时,对其给予物质上的充分保证,使他们能够继续拥有基本的生活水平,以保证劳动力再生产运行和社会的稳定。此外,工伤保险还具有补偿的原则,因为,劳动力是有价值的,在生产劳动过程中,劳动者受到伤害,用人单位理应给予相应的补偿。

4) 补偿与预防康复相结合的原则

工伤补偿、工伤预防与工伤康复三者是密切相连的。其中,工伤预防是最基本措施,目前,各国政府都致力于采取各项措施,减少或消灭事故。当工伤事故发生后,应立即对受害者予以医治并给予经济补偿,使受害者能够得到及时的救治,同时使其(或家庭)生活得到一定的保障。此外,还要及时地对受害者进行医学康复及职业康复,使其尽可能恢复劳动能力,能够具备从事某种职业的能力,尽可能减少或避免人力资源的浪费。

5）因工伤亡与非因工伤亡区别对待的原则

由于职业伤害与职业有着直接的关系，因此，工伤保险待遇水平要明显高于因病或非因工伤亡的医疗待遇，而且享受条件也不受到年龄、性别、缴费期限等条件的限制。对因工伤亡和非因工伤亡的区分是建立工伤保险的前提和出发点。

6）确定伤残和职业病等级原则

工伤保险待遇根据伤残和职业病等级而分类确定的，各国在制定工伤保险政策时，都制定了伤残和职业病等级，并通过专门的鉴定机构和人员，对受职业伤害职工的受伤害程度予以确定，区别不同伤残和职业病状况，以给予不同标准的待遇。

二、国外的工伤保险政策

国外立法建立工伤保险始于 19 世纪后期的德国，1884 年 7 月，德国颁布了《工伤保险法》，其影响遍及整个欧洲乃至世界，其他国家纷纷效仿，建立了本国的工伤保险制度，颁布相关法规。

1. 德国的工伤保险

德国是第一个建立现代社会保障制度的国家，其工伤保险制度比较完善。工业革命后，为了社会稳定，俾斯麦政府根据 1881 年的《皇帝诏书》建立了社会保障制度的框架，其中就包含工伤保险。1884 年颁布了《工伤保险法》，1885 年成立了工伤保险经办机构－工伤保险同业公会。自建立工伤保险制度起，德国就把工伤保险管理的职能授予了独立于政府之外的同业公会负责。政府没有向该公会资助任何费用，所有资金都来自于雇主缴纳的工伤保险费。工伤保险基金由同业公会自收自支，国家不对基金征税。政府只负责制定法律，并在联邦、州政府劳动与社会福利部门设立工伤保险监督局，负责监督安全法规的实施并追究工伤事故的责任人。

德国的工伤保险同业公会按行业组建，在全国分为 35 个行业进行设置，每个同业公会是相对独立的自治组织，共同组成工伤保险同业公会总会。任何企业一经注册，即自动成为该行业工伤保险同业公会的成员，履行缴费义务，享受保险权利。这种体系的优点在于：由于在各自管理领域同工业实际紧密结合，可寻求最好的事故预防和卫生防护方案。这些方案与工作区域的实际风险愈吻合，所采用的每个措施就愈有效。目前，德国的工商业有 35 个同业公会，覆盖了 280 万家企业，4 200 万名雇员。这些同业公会中，历史最早的如矿业同业公会，自 1884 年德国首相俾斯麦颁布《工伤保险法》时就成立了，成功运作了近 130 年。

德国工伤保险制度将事故预防、工伤康复和工伤补偿结合起来，采取"三位一体"的工作方式。德国工伤保险基金实行现收现付、略有积累的基金收支制度,基金的筹集支付都是由独立于政府机构的同业公会负责。近年来,德国工伤保险开支占全国国民生产总值的 0.6%,低于养老、医疗保险的支出。

德国的工伤保险制度国家不出一分钱,除了制定基本法律外,不干预工伤保险基金的管理,取得明显的经济效益和社会效益。经验可归纳为:①只有雇主和雇员共同参与工伤管理,劳资双方在工伤预防上取得共识,才能促进安全生产;②工伤基金由公法团体自筹自支,国家不干预,具体实施由劳资双方共同操作,保证了制度的有效运转;③差别费率和浮动费率相结合的缴费制度,形成了良性自我约束和激励机制,促进了安全生产同业公会通过向企业收缴不同费率的保险费,用来刺激企业搞活职业安全卫生预防和控制工作①。

2. 英国的工伤保险

英国于 1897 年颁布了工伤保险法规,它保留了雇主的民事补偿责任,工人补偿法是在严格的"无过错补偿"的雇主责任制的基础上发展而成的强制性的法律。1946 年英国颁布了国民工业伤害保险法,该法与国民健康服务、家庭津贴计划和社会救济等项目一起构成了英国社会保障保护体系,它使雇主对工伤工人的补偿责任变为一种社会责任,并为受伤害职工提供社会服务。所有在英国就业的有劳动合同的职工和学徒必须参加保险,一些难以订立劳动合同的自谋职业者如出租车司机、汽车、轮船驾驶员等,也被工伤保险所覆盖,临时性的工作人员,如家佣;以及一些公共部门的就业人员,如军人等,不在覆盖范围之中。英国规定只有"由于就业引起的和在就业过程中发生的事故而造成伤亡的"人员才有资格享受工伤保险待遇。由于提供证据困难,在实际运作上将"就业过程中的事故"也用"由于就业引起的事故"来代替。英国对上下班交通事故的规定较为严格,只有是在雇主提供的或经雇主认可的公共交通工具上发生的交通事故才被认定为工伤。

英国没有单独的工伤保险基金,工伤保险待遇由社会保险基金支付。社会保险基金来源于雇主、雇员和政府三方。涉及工伤保险的管理机构包括工伤保险机构、工伤仲裁机构和司法裁决机构等。在医疗和伤残鉴定方面,还有由医疗人员组成的专门机构处理争议案件②。

3. 日本的工伤保险

日本工伤保险制度是根据 1947 年《工伤事故补偿保险法》而建立起来的。该制度的目的是当工人在工作期间或上下班途中发生受伤、疾病、残疾或死亡时,能够得到及时的经济补偿和合理的照料。该制度更致力于增加工人的福利,促进伤

① 穆怀中. 社会保障国际比较[M].北京:中国劳动社会保障出版社,2002:274.
② 穆怀中. 社会保障国际比较[M].北京:中国劳动社会保障出版社,2002:274-276.

残职工重返社会,帮助和保护伤残职工及其家庭,确保工人得到适当的工作条件。工伤补偿保险制度适用范围是强制性适用于所有工业行业及雇佣工人,农业、林业和渔业不适用,船员和公务员另有制度。中小企业主个人可以通过特殊参加制度进行保险。

日本的保险制度由政府管理,政府通过向行业、企业征缴保险费建立保险基金,入不敷出时由政府补贴。保险费是根据职工工资总额和不同费率计算,费率是按行业不同类型来计算,并考虑过去的事故率和其他因素[①]。

从世界各国实践来看,工伤保险政策的特点与发展趋势可以概括为以下三个方面:

(1) 工伤保险的覆盖范围日趋扩大。早期的工伤保险只覆盖从事危险工作的体力劳动者,而将脑力劳动者排除在外;也有些国家将农业工人、家庭保姆排除在外,有些国家将小企业工人排除在外。随着工伤保险的不断发展,工伤保险的覆盖范围不但从体力劳动者扩展到脑力劳动者,而且从正规就业部门扩大到非正规就业部门,许多国家还将农业工人、家庭保姆等纳入了工伤保险的范围。可见,工伤保险的覆盖范围不断扩大,最终会覆盖所有从事经济活动的劳动者。

(2) 工伤保险从补偿向预防和康复发展。国家通过设立工伤保险基金,对工伤受害者给予一定补偿,这是工伤保险的基本职能。工伤保险的最高理想是不发生工伤事故或尽可能少地发生工伤事故,因而不能只有单纯的工伤事故事后赔偿,而应当加强平时的安全生产管理与工伤预防,并增进事后的康复服务。只有做到事前预防、事故赔偿和事后康复相结合,才能真正全面保障劳动者的权益。一些国家的实践证明,工伤保险向预防工伤事故领域发展,可以减少事故发生率和降低基金支付率;向受害者提供医疗康复和职业康复服务,是对受害者的损失更积极、更深层的补偿,于劳动者个人、家庭、企业和社会都有利。

(3) 雇主责任保险向工伤社会保险类型过渡已成为国际潮流。据国际劳工专家统计,世界上实行职业伤害保险的国家中有66%的实行职业伤害社会保险类型,有30%的国家实行雇主责任保险类型,只有5%左右的发展中国家实行混合型。可见,工伤社会保险已成为主流方式。

三、我国的工伤保险政策

我国的工伤保险政策建立于20世纪50年代初,原来属于劳动保险制度的一项内容。改革开放后,我国对工伤保险进行了改革探索。经过60多年的发展历程,我国已建立了与市场经济相适应的新型工伤保险制度。

---

① 吕学静.社会保障国际比较[M].北京:首都经济贸易大学出版社,2007:220.

（一）工伤保险的发展历程

我国的工伤保险制度在新中国建立初期就开始设立,1951 年政务院颁布实施《劳动保险条例》,这是一部包括工伤、死亡、遗属等社会保险问题的全国性统一法规,是我国工伤保险制度开始实施的起点。1957 年 2 月,卫生部制定和颁布了《职业病范围和职业病患者处理办法的规定》,确定了 14 种法定职业病,其后多次增添病种。1986 年卫生部开始对职业病范围进行修订,1987 年由卫生部、劳动人事部、财政部和中华全国总工会联合公布,确定了 9 类共 99 种法定职业病。针对我国原有工伤保险制度存在的问题,政府有关部门和理论界经过多方论证和试点,于1996 年发布了《企业职工工伤保险试行办法》。该《试行办法》首次将工伤预防、工伤康复和工伤补偿三项任务结合起来,对沿用了 40 多年的企业自我保障的工伤福利制度进行了全面改革。工伤保险作为一种相对独立的制度,加以体系化、规范化,表明我国的工伤保险制度的建设已进入一个崭新的阶段。1996 年 3 月,原国家技术监督局颁布了《职工工伤与职业病致残程度鉴定》。这两个文件的实施,工伤保险制度改革取得初步效果。

2003 年 4 月 27 日,国务院颁布《工伤保险条例》,并于 2004 年 1 月 1 日开始施行,它将取代 1996 年的《企业职工工伤保险试行办法》,工伤保险也就成为我国社会保险体系中适用范围最为广泛的险种,劳动者的职业安全也将由此得到更为广泛有力的保护。这是我国社会保障法制建设过程中具有里程碑意义的大事,对于保障我国工伤职工的合法权益、促进经济发展、保障社会稳定具有十分重要的意义和影响。2010 年 10 月 28 日,第十一届全国人民代表大会常务委员会第十七次会议通过《社会保险法》,并于 2011 年 7 月 1 日起实施。《社会保险法》第四章规定了工伤保险。2010 年 12 月 20 日,国务院颁布了《关于修改〈工伤保险条例〉的决定》,并于 2011 年 1 月 1 日起施行。

（二）工伤保险的基本内容

2010 年修订后的《工伤保险条例》扩大了工伤保险适用范围,调整扩大了工伤认定范围。增加了工伤认定简易程序。明确了再次鉴定和复查鉴定的时限,取消了行政复议前置程序。大幅度提高了工伤保险待遇标准。增加了基金支出项目,减轻了参保用人单位的负担。我国的工伤保险政策的基本内容如下:

1. 工伤保险的目的

《工伤保险条例》规定,建立工伤保险制度的主要目的:一是为了保障因工作遭受事故伤害或者患职业病的职工获得医疗救治和经济补偿;二是促进工伤预防和职业康复;三是分散用人单位的工伤风险。

2. 工伤保险的原则

根据《工伤保险条例》,工伤保险除了具有社会保险一般原则外,还强调了以下几个原则：第一，与社会主义初级阶段生产力发展水平相适应的原则；第二，倡导社会主义道德风尚的原则。该条例把在抢险救灾等维护国家利益、公共利益活动中受到伤害的，也视同工伤，以鼓励维护国家利益、公共利益的行为；第三，切实维护和保障职工基本权益的原则。第四，权利与义务相对应的原则。

3. 工伤保险的实施范围

根据《工伤保险条例》，参加工伤保险的单位如下：一是中华人民共和国境内的企业、事业单位、社会团体、民办非企业单位、基金会、律师事务所、会计师事务所等组织及其职工；二是有雇工的个体工商户及其雇工；三是公务员和参照公务员法管理的事业单位、社会团体的工作人员，具体办法由国务院社会保险行政部门会同国务院财政部门规定。

4. 工伤保险基金

根据《工伤保险条例》，工伤保险基金由用人单位缴纳的工伤保险费、工伤保险基金的利息和依法纳入工伤保险基金的其他资金构成。工伤保险费根据以支定收、收支平衡的原则，确定费率。国家根据不同行业的工伤风险程度确定行业的差别费率，并根据工伤保险费使用、工伤发生率等情况在每个行业内确定若干费率档次。行业差别费率及行业内费率档次由国务院社会保险行政部门制定，报国务院批准后公布施行。统筹地区经办机构根据用人单位工伤保险费使用、工伤发生率等情况，适用所属行业内相应的费率档次确定单位缴费费率。国务院社会保险行政部门应当定期了解全国各统筹地区工伤保险基金收支情况，及时提出调整行业差别费率及行业内费率档次的方案，报国务院批准后公布施行。用人单位应当按时缴纳工伤保险费。职工个人不缴纳工伤保险费。用人单位缴纳工伤保险费的数额为本单位职工工资总额乘以单位缴费费率之积。对难以按照工资总额缴纳工伤保险费的行业，其缴纳工伤保险费的具体方式，由国务院社会保险行政部门规定。工伤保险基金逐步实行省级统筹。工伤保险基金存入社会保障基金财政专户，用于本条例规定的工伤保险待遇，劳动能力鉴定，工伤预防的宣传、培训等费用，以及法律、法规规定的用于工伤保险的其他费用的支付。工伤保险基金应当留有一定比例的储备金，用于统筹地区重大事故的工伤保险待遇支付；储备金不足支付的，由统筹地区的人民政府垫付。储备金占基金总额的具体比例和储备金的使用办法，由省、自治区、直辖市人民政府规定。

5. 工伤的范围

根据《工伤保险条例》，工伤的范围包括7种应当认定为工伤的情况，3种视同工伤的情形，同时还规定了3种不能认定或者视同工伤的情形，具体如下：

（1）应当认定为工伤的情形。《条例》规定，职工有下列情形之一的，应当认定为工伤：一是在工作时间和工作场所内，因工作原因受到事故伤害的；二是工作时间前后在工作场所内,从事与工作有关的预备性或者收尾性工作受到事故伤害的;三是在工作时间和工作场所内,因履行工作职责受到暴力等意外伤害的;四是患职业病的;五是因工外出期间,由于工作原因受到伤害或者发生事故下落不明的;六是在上下班途中,受到非本人主要责任的交通事故或者城市轨道交通、客运轮渡、火车事故伤害的;七是法律、行政法规规定应当认定为工伤的其他情形。

(2)视同工伤的情形。《条例》规定,职工有下列情形之一的,视同工伤:一是在工作时间和工作岗位,突发疾病死亡或者在48小时之内经抢救无效死亡的;二是在抢险救灾等维护国家利益、公共利益活动中受到伤害的;三是职工原在军队服役,因战、因公负伤致残,已取得革命伤残军人证,到用人单位后旧伤复发的。

(3)不能认定为工伤的情形。《条例》规定,有下列情形之一的,不得认定为工伤或者视同工伤:一是故意犯罪的;二是醉酒或者吸毒的;三是自残或者自杀的。

6.工伤认定的程序

《条例》规定,职工发生事故伤害或者按照职业病防治法规定被诊断、鉴定为职业病,所在单位应当自事故伤害发生之日或者被诊断、鉴定为职业病之日起30日内,向统筹地区社会保险行政部门提出工伤认定申请。遇有特殊情况,经报社会保险行政部门同意,申请时限可以适当延长。社会保险行政部门应当自受理工伤认定申请之日起60日内作出工伤认定的决定,并书面通知申请工伤认定的职工或者其近亲属和该职工所在单位。社会保险行政部门对受理的事实清楚、权利义务明确的工伤认定申请,应当在15日内作出工伤认定的决定。

7.劳动能力鉴定

职工发生工伤,经治疗伤情相对稳定后存在残疾、影响劳动能力的,应当进行劳动能力鉴定。劳动能力鉴定的程序如下:一是提交鉴定申请;二是做出鉴定结论。

8.工伤保险待遇

《工伤保险条例》规定了工伤保险待遇包括医疗待遇、工资待遇和伤残待遇和死亡待遇。

9.法律责任

《工伤保险条例》规定,用人单位依照本条例规定应当参加工伤保险而未参加的,由社会保险行政部门责令限期参加,补缴应当缴纳的工伤保险费,并自欠缴之日起,按日加收万分之五的滞纳金;逾期仍不缴纳的,处欠缴数额1倍以上3倍以下的罚款。依照本条例规定应当参加工伤保险而未参加工伤保险的用人单位职工发生工伤的,由该用人单位按照本条例规定的工伤保险待遇项目和标准支付费用。用人单位参加工伤保险并补缴应当缴纳的工伤保险费、滞纳金后,由工伤保险基金和用人单位依照本条例的规定支付新发生的费用。

(三) 工伤保险政策的实施情况

2010 年修订的《工伤保险条例》扩大了工伤保险适用范围及工伤认定范围,增加了工伤认定简易程序,明确了再次鉴定和复查鉴定的时限,取消了行政复议前置程序,大幅度提高了工伤保险待遇标准,增加了基金支出项目,减轻了参保用人单位的负担,加大了工伤保险的强制力度。2013 年年末,全国参加工伤保险人数 19 897 万人,增加 887 万人,其中参加工伤保险的农民工 7 266 万人,增加 86 万人[①]。我国的工伤保险政策对于保障劳动者合法权益、促进企业安全生产、维护社会稳定发挥积极作用。

第七节　社会救助政策

一、社会救助的概念及思想理论基础

社会救助是社会、经济、文化以及政治发展到一定历史阶段的产物,它是社会进步和社会文明的一个重要标志。社会救助是现代社会保障体系的第一块基石,它解除的是困难群体的生存危机,从而维护社会底线公平的制度安排,并具体体现着政府的公共责任和社会的道德良心。

1. 社会救助的概念

社会救助是国家和社会依据法律规定,对因自然灾害或其他经济、社会、个人的原因而导致生活困难的社会成员给予救助,以保障其最低生活水平的一项社会保障制度。

从上述定义出发,社会救助有以下几层具体含义:第一,社会救助的实施主体是国家和社会。实施社会救助是国家一项义不容辞的责任和义务,国家通过立法制定社会救助政策,为社会成员提供最低生活保障。同时,民间或社会团体对社会救助对象进行自发性救助,主要是以自发性的募捐和其他慈善性活动的形式来实现。第二,社会救助的对象是遭遇生活困境的社会成员。这些社会成员是指那些依靠自身能力不能维持生存,而需要国家和社会帮助的人,因此,社会救助对象具有选择性。第三,社会救助的目标是满足社会成员的最低生活需要。社会救助面对的是陷入生存困境并迫切需要国家和社会援助的社会成员,其救助水平通常以维持社会成员的最低生活需要为标准,从而是整个社会保障体系中待遇最低的制度安排。

---

① 国家统计局. 2013 年国民经济和社会发展统计公报. http://www.stats.gov.cn/tjsj/zxfb/201402/t20140224_514970.html. 2014-02-24/2014-02-27.

　　2. 社会救助的思想理论基础

　　社会救助在其发展过程中受到了各种价值观念、思想和理论的影响。其中,主要的社会救助思想理论有以下几种。

　　1）慈善思想

　　现代社会救助源于历史上的慈善事业。慈善是一种美德、善行和爱心,是人类最应当具备的基础性伦理道德。慈善最初只是个人的一种同情心、怜悯心或"利他"之心,是宗教使其具有了社会意义。宗教教义中所谓的普度众生、大慈大悲,把慈善行为的范围扩展到了广大民众。许多宗教机构根据宗教教义举办各种慈善事业,并一度成为西方国家维护社会稳定和保障社会成员生存权利的基本机制,时至今日,仍在发挥着补充国家正式社会保障制度安排的作用。显然,慈善事业的这种功能,给予政府以极大的启示,因此,当社会因贫穷而出现动荡时,政府为了平息民众的不满,避免政权危机,就利用宗教组织来实行较为广泛的救济,这样,慈善行为和慈善事业开始被赋予社会救助的色彩。因此,慈善思想对社会救助的产生和发展产生了重大影响,它不仅奠定了社会救助的道德基础,而且提供了社会救助最初的方法示范[①]。

　　2）《贝弗里奇报告》中的社会救助思想

　　1941 年,英国成立社会保险和相关服务部际协调委员会,着手制定战后的社会保障计划,经济学家贝弗利奇被任命为该委员会主席。1942 年,贝弗利奇提交了"社会保险和相关服务"的报告,即《贝弗利奇报告》。在该报告中,社会保障计划的目标是消除贫困,它包括社会保险、社会救助和自愿保险,而后两者对社会保险起补充作用。该报告提出了多层次的社会保障体系,其中社会救助保障水平最低,为最低层次的社会保障。该报告明确了社会救助用于满足未被社会保险覆盖的所有保障需要。尽管社会救助与社会保险明显不同,但社会救助在管理和操作上要与社会保险相结合。

　　《贝弗利奇报告》对于社会救助的享受资格和资金来源都给予了明确规定。该报告认为,必须通过经济状况调查证明该人或者家庭确实需要社会救助,而不需要缴费。此外,社会救助标准必须满足人们基本生活的需要,但标准必须比社会保险待遇要低。该报告认为,社会救助资金来源由国家财政直接负担[②]。《贝弗利奇报告》中一些有关社会救助方面的思想和理念至今仍具有重大的理论价值和实际意义。

---

　　①　郑功成. 社会保障学——理念、制度、实践与思辨[M]. 北京:商务印书馆,2000:52.

　　②　[英]贝弗利奇. 贝弗利奇报告-社会保险和相关服务[M]. 北京:中国劳动社会保障出版社. 2004:134.

3）反贫困理论

与社会保险、社会福利等其他社会保障制度相比，社会救助是一项最低层次的社会保障制度，它的首要目标是克服贫困，保障全体公民的生存权。因此，社会救助最核心的内容是对生活在贫困线以下的人们给予应有的救助，使其获得生存和发展的能力，是对贫困现象的一种事后救济办法。这其中蕴含着基于反贫困理论而来的社会救助理论。

反贫困理论构建主要有三个来源：一是后凯恩斯主义经济学，简称主流经济学。以保罗·萨缪尔森在《经济学》中提出的"收入可能性曲线"和阿瑟·奥肯在《平等与效率——重大的抉择》中提出的"漏斗理论"为代表；二是福利经济学。以霍布森、阿瑟·庇古和阿马蒂亚·森为标杆性人物；三是发展经济学。以瑞典经济学家冈纳·缪尔达尔的反贫困思想为代表。

美国经济学家拉格纳·纳克斯在《不发达国家的资本形成问题》中提出了著名的"恶性循环贫困"理论，他认为，发展中国家之所以存在着长期的贫困是因为这些国家的经济中存在着若干个互相联系、互相作用的"恶性循环系列"。其中，最主要的一个恶性循环是"贫困的恶性循环"：在供给方面，发展中国家较低的收入水平，意味着低储蓄率，由此造成资本形成不足，进而劳动生产率难以提高。低生产能力导致低产出，低产出则造成低收入；在需求方面，发展中国家的低收入意味着购买力低下，从而造成投资不足。美国经济学家纳尔逊以纳克斯的"贫困的恶性循环"理论为基础提出了"低水平均衡陷阱"理论。纳尔逊认为，只要人均收入低于人均收入的理论值，国民收入的增长就被更快的人口增长所抵消，使人均收入回到维持生存的水平上，并且保持不变；当人均收入大于这一理论值，国民收入超过人口增长时，人均收入相应增加，直到国民收入下降到与人口增长相等的水平。因此，发展中国家必须进行大规模的资本投资，使投资和产出的增长超过人口增长，才能冲出"低水平均衡陷阱"。

发展经济学学派的代表人物冈纳·缪尔达尔于1957年提出了"循环积累因果关系"理论。与其他学者不同的是，缪尔达尔从经济、政治、制度、文化、习俗等广泛的层面上研究发展中国家贫困的原因，指出发展中国家的贫困并不是纯粹的经济现象。缪尔达尔认为，社会经济发展的过程是一个动态的系统，其中，技术进步、社会、经济、政治、文化等各种因素互相联系，互相影响，互为因果，呈现出一种"循环积累"的变化态势，形成"累积性的循环"。典型的循环是，在发展中国家，由于收入水平低，导致人们的生活水平低，而生活水平低的一个直接后果就是营养不良、医疗卫生状况恶化，健康水平下降；另一个后果就是教育水平低下，从而使人口质量下降，劳动力素质不高，那么劳动生产率就难以提高，劳动生产率低下又最终导致低收入，从而开始了新一轮的贫困循环。所以，缪尔达尔的结论是，资本形成不足和收入分配不平等是导致发展中国家贫困的最重要因素①。

印度经济学家阿玛蒂亚·森是一位具有开创性的诺贝尔经济学奖获得者,他从可行能力剥夺的视角看待贫困。他指出贫困必须被视为基本可行能力的被剥夺,而不仅仅是收入低下,而这却是现在识别贫困的通行标准。把贫困作为可行能力不足与把贫困作为收入低下是有区别的,但这两种视角相互联系。提高人的可行能力一般也会扩展人的生产力和挣钱能力。更好的教育和医疗保健不仅能直接改善生活质量,同时,也能提高获取收入并摆脱收入贫困的能力;教育和医疗保健越普及,则越有可能使那些本来会是穷人的人得到更好的机会去克服贫困。因此,根本的问题要求我们按照人们能够实际享有的生活和他们实实在在拥有的自由来理解贫困和剥夺,发展人的可行能力直接顺应这些基本要求②。

可以说,这些反贫困理论成为各国制定社会救助政策的主要理论依据。

3. 社会救助的发展历程

社会救助是最早产生的社会保障形式,是从慈善事业发展而来的制度安排。对贫困者给予救济,最早可追溯到人类社会初期产生的社会成员之间的互助行为。当人们受到饥寒或疾病的威胁时,其他人会给予衣食等方面的帮助,这种互助互济的行为是人类社会得以繁衍和生存的条件。后来,社会用成文或不成文的社会规范将其固定下来,便有了世俗的慈善事业。慈善事业是与自然经济相联系的,它远不是真正意义上的社会救助。真正将社会救助作为一项制度并以立法的形式确定下来,是工业革命以后的事情。英国是最早进行工业革命的国家,当时被称为"羊吃人"的圈地运动使流动人口激增,社会动荡不安。1530—1557 年,英国议会通过13 个有关处理流浪者的法案,1601 年英国女王伊丽莎白一世颁布世界上第一部《济贫法》(旧《济贫法》)。1834 年英国议会又通过《济贫法》修正案,即新《济贫法》。新《济贫法》对贫民实行社会救济,安定了社会秩序,对英国在 19 世纪的大发展做出了贡献,也为欧洲其他工业化国家建立社会救助制度提供了制度借鉴。其他欧洲国家在土地革命后,也都实行了与英国类似的贫民救济计划,如瑞士在1847 年和 1871 年制定了《济贫法》,法国则发布了一些济贫法令。欧洲的济贫法采取了由政府出面强迫贫民劳动与救济相结合的原则,使社会团体实施的慈善救济转化成国家为责任主体的政府救济,其实只是慈善救济的发展,是宗教团体救济的扩大化,国家被推到了承担社会救助责任的历史阶段,并为社会救助制度确立了国家承担最终责任的原则。

随着社会发展和文明进步,到 20 世纪初,人们普遍认识到贫困的主要原因不

---

① 陈昕. 反贫困理论与政策研究综述[J]. 价值工程,2010(28):256.

② (印)阿玛蒂亚·森. 以自由看待发展[M]. 北京:中国人民大学出版社,2002:85-89.

在个人,而是由社会多方面的因素造成的。社会救助应成为国家和政府的一项职责,因贫困而得到社会的援助也是国民应该享受的基本权利之一。西方各国政府对在整个社会中起"保底"作用的社会救助制度都给予充分的认可和重视。尤其是1929—1931年,欧美各国爆发了严重的经济危机,导致了大量的贫困人口,社会陷入不稳定状态。在传统的济贫手段和社会保险都不足以解决问题的前提之下,各国政府不得不尝试建立社会救助制度,以弥补社会保险制度的不足。例如,英国1930年在政府应对经济危机的过程中,就提供了范围较宽的社会救助,当时称为"公共救助";1946年英国通过《国民救助法》,正式确立了社会救助制度;1966年又将国民救助改为补助待遇,弱化了原来的短期待遇,强化了长期待遇,以利于老年人。1986年的社会保障法对贫困救助做出了较大改革,将原来的贫困补助待遇改成了贫困收入支出。经过历年的补充完善,英国形成了一个健全的社会救助体系。在美国,1935年通过《社会保障法》,开始实施社会救助,并一直得到持续地发展①。

在20世纪七八十年代,西方世界的经济进入"滞胀"时期,贫困问题日趋严重,社会救助制度的作用又日益突出。由于经济危机的出现,财政预算不堪重负,各国政府觉得无法控制局面,再加上社会救助制度本身也面临着巨大挑战,原有的社会救助制度产生了一个制度依赖群体,因此,各国纷纷开始变革,期望由此带来财政上的转机以及家庭结构、社会结构的转变。目前,社会救助改革和调整的理念和措施主要有以下几方面:

第一,从消除收入贫困到消除能力贫困。世界银行《1990年世界发展报告》以贫穷问题作为评述重点,提出减轻贫困的战略:"回顾以往的发展经验,要迅速改善穷人的生活素质,并能在政治条件上保持不断提高,最有效的途径是实行从两方面减轻贫困的战略。第一方面是寻求一种能保证穷人最丰富的资产——劳动力用于生产建设的发展模式。第二方面是广泛地向穷人提供基本的社会服务,特别是初等教育,基本卫生保健和计划生育。第一方面是提供机会;第二方面是提高穷人利用这些机会的能力。"②为了打破贫穷的循环,许多国家将社会救助的目标从克服收入贫困上升到消除能力贫困,救助与发展相结合,提升救助对象的社会参与能力,协助他们自立、自强,最终消除社会排斥,实现社会整合。如为救助对象中有工作能力的人提供技能训练,就业辅导,创业贷款等,使他们有一技之长,自食其力。为儿童和青少年提供受教育的机会,让他们能在成长的过程中逐步摆脱贫穷。

第二,社会救助管理的专业化。社会救助管理的专业化,其内涵之一是管理人员的知识与技能的专业化,乃至职业化,这是现代社会救助工作的发展方向。专业

---

① 郑功成.社会保障概论[M].上海:复旦大学出版社,2005:248-249.

② 世界银行.1990年世界发展报告——贫困专题[M].北京:中国财政经济出版社,1991:3.

化的管理人员能提供高质量的管理与服务,推动社会救助工作健康发展。发展专
业社会工作教育,加强现职管理人员的专业培训,实行社会工作职级制度,社会工
作人员持证上岗等措施,是目前西方发达国家在社会工作包括社会救助领域通行
的做法。专业或职业的社会工作人员不仅具备专业社会工作知识与基本法律知
识,有较好的素质和专业技能,还有强烈的工作责任感和职业道德感。这对实现社
会救助的专业化管理,保证制度的良性运行与政策的准确落实,十分关键。

第三,加强社会服务体系,减少财政支出。在这方面,比较典型的是日本,由于
20世纪90年代以来经济泡沫的破裂,特别是1997年东南亚爆发的金融危机以及
人口老龄化趋势已使财政在巨额的社会保障支出面前捉襟见肘,迫使政府不得不
实施社会保障制度改革。在社会救助方面,主要通过扩大家庭服务,培养家庭护理
员,建立保健医疗和社区服务体系,以求在减少支出增加幅度的情况下解决老龄化
社会的医疗问题。在强调个人自我服务的同时,促进家庭看护服务质量的全面提
高。日本在1996年通过了《看护保险关联法》,建立了由个人负担部分费用的老年
看护制度。

二、国外社会救助政策

由于世界各国历来都有程度不同的贫困问题,社会救助作为最低层次和最古
老的生活保障措施,各国都不同形式地开展了这方面的工作。很多国家的现代社
会保障制度暂时可以没有社会保险或者社会福利,但不能没有社会救助,特别是近
现代以来,社会救助被纳入到了现代社会保障体系之中,逐步形成了规范的制度。
限于资料和篇幅,在此只能介绍一些有代表性国家的社会救助政策。

1. 英国的社会救助

英国于1601年颁布了《济贫法》,它标志着社会救助制度的建立。20世纪以
来,随着英国经济的发展和变化,《济贫法》已远不能应付经济社会发展变化中出现
的大量贫困和失业问题,英国政府制定了一系列新措施,采取了社会救助与社会保
险相结合的方式,《济贫法》的济贫职能逐渐为新的社会保障立法所代替,但《济贫
法)中的济贫精神仍在社会救助中得到了体现。1948年,英国通过并实施了《国民
救助法》。该法规定,凡是没有收入或收入太低,没有缴纳国民保险金者,可以领取
国民救助金;凡是没有收入或收入太低,没有缴纳国民保险金者,在患病、伤残和住
房等方面还可以申请救助,但数额少于参加保险的人。1976年,该法经过修订,更
名为《补充救助法》,主要是补充英国《国民保险法》在社会保障制度中的不足。

英国社会救助制度规定:凡是16岁以上的英国居民,收入来源不足以满足最
低生活需要者,都可申请社会救助;已得到充分就业的人,除特殊情况外,不得享受
社会救助,但如果其失业后重新工作,也可获得少数几天的救助;如果已得到充分

就业的人需要进行牙科治疗、配制眼镜、外科手术等,但又付不起这些费用,可以申请救助。有资格申请救助的居民,除了无权领取保险金、保险金期限已满和保险金收入不能维持最低生活需要这三种人外,还有一些处在保险计划之外的人,如被丈夫遗弃并有小孩抚养而不能出去工作的妇女,被监禁的犯人妻子和儿女,未婚的母亲及其孩子,无权领取退休金的70岁以上的老年人和40岁以上的盲人。此外,还有一种到处流浪的无业游民,也需要依靠社会救助当局设置的收容所解决食宿问题。

英国社会救助的内容主要包括低收入家庭救助、老龄救助和失业救助等。低收入家庭救助主要是对家长有全日工作、有子女,但收入低于官方贫困线的家庭进行救助。救助金由制度规定的贫困标准而定。低收入家庭还可获得一部分取暖费,有子女的可取得学校的免费牛奶和免费膳食以及免交国民保险税、处方费等,还可享受房租补贴等。老龄救助主要是对那些只有少量补助金的老年人给予救助,以弥补不足。失业救助则对那些领取失业保险金期满后的继续失业者进行的一种救助。救助金额按个人收入多少、被抚养的成年人、儿童的多少领取①。

2. 美国的社会救助

美国社会救助的内容主要有失业救助、医疗援助和其他形式救助。它是利用政府的财政拨款,对那些生活在最低生活水平线和低于这个水平线的公民进行救助和援助。

失业救助主要有失业津贴和解雇补贴金两种形式。失业津贴最先被用于汽车制造业,随后在钢铁工业、服装业、玻璃工业、橡胶工业、海运业,以及某些零售业中都采用了这一救济形式。领取失业津贴的人一般都是那些具有领取失业保险金资格的人,其费用由企业主及工会支付;享受失业津贴的人必须是在公司工作1年甚至2年以上的职工,如果职工拒绝接受公司为他安排的其他工作,那么他也就无权享受失业津贴;津贴费约为原工资的30%～45%。接受失业津贴的时间不超过1年。解雇补贴金原先主要是发给那些并非由于本人过错而永远被解雇的职工,现在范围已扩大到那些临时被解雇的职工。但是,领取解雇补贴金的人必须是至少为公司服务了10年的职工。解雇补贴金由公司支付,大多数一次付清,其数额等于该职工被解雇前一年或最近10年的年平均工资的一半。

医疗援助是政府出钱资助医疗卫生事业的一种形式。接受医疗援助的人不仅有老年人,还包括所有由政府赡养和需要给予护理的人。这些人主要有三种:一是穷苦的老年人。在美国,几乎有一半以上的老年人收入低于贫困线。他们中有1/5的人需要医疗援助;二是智力有严重缺陷者、盲人和残疾人;三是由单身父亲或母

---

①　多吉才让.中国最低生活保障制度研究与实践[M].北京:人民出版社,2001:32-33.

亲抚养的未成年子女。这些人几乎占了接受医疗援助的 2/3。此外,还可以为低收入家庭提供不能由健康保险报销费用的援助费,如一般治疗、治牙、治眼、精神病、醇中毒等。医疗援助的费用由各州政府公布实行,因而费用支付率由各州政府自行规定。联邦政府根据各州人均收入的情况分别给予 50%~70%的资助。享受医疗费用的人领取的援助费,约占医疗费用的 1/3~1/2。

在美国,除失业救助和医疗援助外,还有其他一些救助形式,主要有以下几个方面:一是补充家庭收入。补充家庭收入是由政府举办的对 65 岁以上没有得到社会保险保障的穷苦老人、盲人、残废者发给救助金的一项补充规定;二是抚养儿童家庭的补助。这是对那些绝大多数没有父亲的单身母亲家庭进行救助的措施。补助金由联邦政府、州和地方政府共同支付;三是食品券补贴。这是对低收入和贫困家庭发给食品券,按照政府补贴价格购买食品的一种办法;四是供应贫困学生早、中餐[①]。

3. 德国的社会救助

德国社会救助是构筑其整个社会"安全网"的重要措施之一。社会救助的主要功能是为了帮助被救助者能够维持最低生活水平,并力求使被救助者在最短的时间内靠本人的力量达到"自救"。按《联邦生活救助法》的有关规定,凡是生活在德国的居民,不论是德国人还是外国人,只要在遇到该救助法所列的各种困难时,都可以要求得到社会救助。

社会救助范围一般分为两类,一类是对日常生活发生困难的救助,即包括对被救助者的衣、食、住、家庭用具、取暖等方面的救助;另一类是对特殊困难的救助,主要包括保障基本生存的救助;受培训者的培训费、生活费的救助;对危及健康的预防性健康的救助;对疾病者的救助;对计划生育的救助;对孕妇和产妇的救助;对残疾人的救助;对肺病患者的救助;对盲人教育的救助;对病人护理的救助;为家庭主妇设立的因病不能料理家务的家庭救助;为特殊社会困难者,如无家可归者、流浪者和罪犯等设立的救助;对老人的救助;对居住在国外的德国人的社会救助等等。

社会救助资金主要来自财政拨款;各市、县、州和联邦政府下设各级社会救助的具体管理单位,但各地、各级管理机构的设置和名称不尽相同,有的称为福利联合会,有的是专设的福利管理处,有的则是政府专门的福利部。各级社会救助组织还包括他们创办的养老院、医院学校、福利中心等机构。社会救助的接受者一般不必提出申请,各级社会救助机构在了解被救助者的处境时,一般都会主动采取相应的救助措施[②]。

---

① 吕学静. 社会保障国际比较[M]. 北京:首都经济贸易大学出版社,2007:320.

② 多吉才让. 中国最低生活保障制度研究与实践[M]. 北京:人民出版社,2001:35-36.

总的来说,上述几个国家社会救助的内容和形式不完全一样,标准更是高低不一,相差悬殊。但它们有以下几个方面的特点:

第一,重视社会救助立法。各国都比较注意社会救助的法制建设,大多数国家制定了社会救助方面的法律法规。如英国、德国等国家最早的社会保障法规就是社会救助方面的法律规定,著名的救助法有英国的《济贫法》、德国的《联邦社会救助法》等。

第二,社会救助经费主要由政府承担。社会救助经费主要由政府承担,总体上以中央政府为主,但地方政府也要承担相应的比例。如美国,社会救助资金由联邦政府、州政府和地方政府共同负担,联邦政府、州政府和地方政府分担比例,由各州对该项目的实际支出和州人均收入来决定。人均收入较低的州,联邦政府负担的比例较高,反之,负担的比例就较低。

第三,确定最低生活保障标准。多数国家在社会救助方面一般都确定最低生活保障标准或者贫困线,对收入低于此标准的人员进行社会救助。贫困线的具体数额是动态的,根据经济发展水平确立。美国贫困线由各州确立,各州根据本州经济发展水平确立和调整贫困线具体标准。联邦政府在社会救助和社会福利支出方面,对人均收入相对低的州给予倾斜。

第四,注意依靠社会力量进行社会救助。政府积极鼓励民间组织在社会救助中发挥作用,如德国通过立法规定,社会救助要坚持政府与民间合作的原则,联邦社会救济法不得侵犯教会、宗教团体、民间福利团体的地位与活动,社会救助实施机构在与这些团体机构合作的时候,应考虑到其独立性,互相取长补短,并支援民间团体,除了现金的发放以外,民间团体的救助活动应优先进行。

三、我国的社会救助政策

和世界上其他国家的社会救助制度一样,我国的社会救助制度也是最早得到运用的一种社会保障形式。我国古代社会就提出了鳏寡孤独废疾者、皆有所养,选贤良、收孤寡、补贫穷、如是则庶人安政矣,慈幼、养老、赈穷、恤贫、宽疾、安富等大同社会的思想和治国安民之策。社会救助制度起初还只是慈善性的济贫救困,随着救助范围的扩大和需要解决问题的增多,逐渐演变成一种固定的制度。

1. 社会救助政策的发展历程

我国社会救助制度于建国后建立,起初只包括自然灾害救济、城乡困难户救济等,大多是临时性的、比较松散的救助措施。当时由于经济发展水平低、财政状况差以及对社会救助认识能力不足等原因,社会救助作用有如"杯水车薪",制度建设本身也处于蛮荒阶段。随着市场经济制度的建立和社会保障制度的完善,到了20世纪90年代后,开始设立了主要针对城镇贫困居民的最低生活保障制度,人们对于社会救助制度的认识也随着社会保障制度的总体变革得到深化。

　　1999 年,国务院颁布《城镇居民最低生活保障条例》,确立了最低生活保障制度,其他社会救助项目多属于政策规范甚至只是各个地方的自主尝试。2014 年 2 月 21 日,中华人民共和国国务院令第 649 号公布《社会救助暂行办法》①(以下简称《办法》)。该办法将最低生活保障、特困人员供养、受灾人员救助、医疗救助、教育救助、住房救助、就业救助和临时救助 8 项制度以及社会力量参与作为基本内容,确立了完整清晰的社会救助制度体系。《办法》共 13 章 70 条,自 2014 年 5 月 1 日起施行。这是我国第一部统筹各项社会救助制度的行政法规。《办法》将社会救助上升为根本性、稳定性的法律制度,为保障群众基本生活、解决急难问题构建起完整严密的安全网。

　　2. 社会救助政策的主要内容

　　《社会救助暂行办法》将最低生活保障、特困人员供养、受灾人员救助、医疗救助、教育救助、住房救助、就业救助和临时救助 8 项制度以及社会力量参与作为基本内容,分别设专章予以规范。下面就与劳工有关的社会救助政策进行分析。

　　1) 最低生活保障

　　根据《办法》,国家对共同生活的家庭成员人均收入低于当地最低生活保障标准,且符合当地最低生活保障家庭财产状况规定的家庭,给予最低生活保障。最低生活保障标准,由省、自治区、直辖市或者设区的市级人民政府按照当地居民生活必需的费用确定、公布,并根据当地经济社会发展水平和物价变动情况适时调整。最低生活保障家庭收入状况、财产状况的认定办法,由省、自治区、直辖市或者设区的市级人民政府按照国家有关规定制定。

　　2) 医疗救助

　　根据《办法》,国家建立健全医疗救助制度,保障医疗救助对象获得基本医疗卫生服务。医疗救助采取下列方式:第一,对救助对象参加城镇居民基本医疗保险或者新型农村合作医疗的个人缴费部分,给予补贴;第二,对救助对象经基本医疗保险、大病保险和其他补充医疗保险支付后,个人及其家庭难以承担的符合规定的基本医疗自负费用,给予补助。医疗救助标准,由县级以上人民政府按照经济社会发展水平和医疗救助资金情况确定、公布。

　　此外,国家建立疾病应急救助制度,对需要急救但身份不明或者无力支付急救费用的急重危伤病患者给予救助。符合规定的急救费用由疾病应急救助基金支付。疾病应急救助制度应当与其他医疗保障制度相衔接。

---

　　① 国务院办公厅. 社会救助暂行办法[EB/OL]. http://www.gov.cn/zwgk/2014-02/27/content_2622770.htm. 2014-02-27/2014-02-28.

3）住房救助

根据《办法》，国家对符合规定标准的住房困难的最低生活保障家庭、分散供养的特困人员，给予住房救助。住房救助通过配租公共租赁住房、发放住房租赁补贴、农村危房改造等方式实施。住房困难标准和救助标准，由县级以上地方人民政府根据本行政区域经济社会发展水平、住房价格水平等因素确定、公布。

4）就业救助

根据《办法》，国家对最低生活保障家庭中有劳动能力并处于失业状态的成员，通过贷款贴息、社会保险补贴、岗位补贴、培训补贴、费用减免、公益性岗位安置等办法，给予就业救助。最低生活保障家庭有劳动能力的成员均处于失业状态的，县级以上地方人民政府应当采取有针对性的措施，确保该家庭至少有一人就业。申请就业救助的，应当向住所地街道、社区公共就业服务机构提出，公共就业服务机构核实后予以登记，并免费提供就业岗位信息、职业介绍、职业指导等就业服务。

3. 社会救助政策的实施情况

社会救助是一项保民生、促公平的托底线、救急难、可持续的基础性制度安排，事关困难群众衣食冷暖，对于促进社会公平，确保全体人民共享改革发展成果，具有重要意义。在党中央、国务院的高度重视和正确领导下，近年来，我国社会救助事业发展很快，初步构建了以最低生活保障、医疗救助、住房救助、就业救助为主体，与劳工有关的社会救助政策。《办法》的出台，为社会救助事业发展提供了法律依据，有利于统筹社会救助体系建设，不断完善托底线、救急难、可持续的社会救助制度，形成保障困难群众基本生活的安全网。

据初步统计，2013 年我国城市低保救助 1 096 万户、2 061 万人，全年支出资金724.5 亿元；实施医疗救助 1 亿多人次，支出资金 260 亿元；实施临时救助 3 937 万户次，支出资金 93.4 亿元[①]。此外，住房救助、就业救助等救助制度有序推进，救助水平和覆盖面稳步提高，困难群众得到的实惠越来越多。

思考题

1. 简述我国与劳工有关的社会政策的现在和未来。
2. 中国的基本养老保险制度属于哪种模式？
3. 当前我国医疗保险制度属于哪种模式？
4. 如何解决"看病贵"的问题？

---

① 国新办就《社会救助暂行办法》有关情况举行新闻发布会［EB/OL］. http://www.china. com. cn/zhibo/2014-02/28/content_31616154. htm? show＝t. 201-02-28/2014-03-01.

5. 各国的失业保险制度有哪些类型？

6. 生育保险的主要意义是什么？

7. 与劳工有关的工伤保险的原则有哪些？

8. 国外工伤保险政策对我国有哪些启示？

9. 与劳工有关的社会救助政策有哪些？

10. 国外社会救助政策对我国有哪些启示？

本章参考文献

[1] 郑功成. 社会保障学[M]. 北京:中国劳动社会保障出版社,2005.

[2] 孟刚. 劳动权益保障[M]. 长春:吉林人民出版社,2001.

[3] 李迎生. 社会保障与社会结构转型[M]. 北京:中国人民大学出版社,2001.

[4] 刘燕生. 劳动者社会保障[M]. 北京:法律出版社,2004.

[5] 舒尔茨. 人的投资——人口质量经济学[M]. 北京:经济科学出版社,1991.

[6] 焦凯平等. 养老保险(第二版)[M]. 北京:中国劳动社会保障出版社,2009.

[7] 孙树菡,朱丽敏. 社会保险学(第二版)[M]. 北京:中国人民大学出版社,2012.

[8] 程晓明. 医疗保险学(第二版)[M]. 上海:复旦大学出版社,2010.

[9] 胡晓义,姚宏. 医疗保险和生育保险[M]. 北京:中国劳动社会保障出版社,2011.

[10] 邓大松. 社会保险学(第二版)[M]. 北京:中国劳动社会保障出版社,2009.

[11] 李珍. 社会保障理论(第三版)[M]. 北京:中国劳动社会保障出版社,2013.

[12] 赵曼,吕国营. 社会医疗保险中的道德风险[M]. 北京:中国劳动社会保障出版社,2007.

[13] 潘锦棠. 社会保障通论[M]. 济南:山东人民出版社,2012.

[14] 孙树菡. 工伤保险[M]. 北京:中国人民大学出版社,2007.

[15] 孙光德,董克用. 社会保障概论[M]. 北京:中国人民大学出版社,2008.

[16] 丁建定,杨凤娟. 英国社会保障制度的发展[M]. 北京:中国劳动社会保障出版社,2004.

[17] 郑功成. 社会保障学——理念、制度、实践与思辨[M]. 北京:商务印书馆,2000.

[18] 穆怀中. 社会保障国际比较[M]. 北京:中国劳动社会保障出版社,2002.

[19] 孙光德,董克用. 社会保障概论(修订版)[M]. 北京:中国人民大学出版社,2004.

[20] 郑功成.社会保障概论[M].上海:复旦大学出版社,2005.

[21] 吕学静.现代各国社会保障制度[M].北京:中国劳动社会保障出版社,2006.

[22] 张京萍.社会保障法教程(修订第二版)[M].北京:首都经济贸易大学出版社,2007.

[23] 吕学静.现代社会保障概论[M].北京:首都经济贸易大学出版社,2012.

[24] 多吉才让.中国最低生活保障制度研究与实践[M].北京:人民出版社,2001.

[25] 钟仁耀.社会救助与社会福利(第二版)[M].上海:上海财经大学出版社,2009.

[26] 郑秉文,于环,高庆波.新中国60年社会保障制度回顾[J].当代中国史研究,2010,(2).

第八章 劳动关系政策

本章主要包括劳动关系政策、结社政策、集体协商和集体合同政策、劳动争议解决政策、罢工政策。

劳动关系政策指由政府制定的用以保障劳动者基本权益的各类法律、法规和条例等。劳动关系政策的类型分为个别劳动关系政策、集体劳动关系政策以及社会劳动关系政策。改革开放以来，我国劳动关系发生重大变化，与此相适应，国家劳动关系政策也不断发展完善，大体上经历了三个发展阶段。

结社是指人们为了一定的宗旨并依据一定的原则，自愿结成一定的社会组织并采取组织行动的社会活动过程。结社自由在受宪法保障的同时，也可能带来一定的负面影响和作用，所以，对结社自由进行限制是结社自由中应有之义。劳工结社政策包括劳工结社权、工会法与工会章程、工会的性质、工会的职能、工会的法律地位、工会的组织制度、基层工会组织、工会的经费和财产、违反工会法的法律责任等。

集体谈判是指工会代表职工与雇主为了签订集体合同，围绕劳动报酬、工作时间以及其他雇佣条件而进行商谈和交涉活动。本章主要介绍集体协商的特点，功能，基本原则以及集体协商的代表和程序，集体合同的概念和特征，集体合同的内容和期限，集体合同审查、变更、解除和终止，集体合同的效力，违反集体合同法的法律责任等方面。

劳动争议是指劳动关系当事人因劳动权利义务发生分歧而引起的争议。我国目前劳动争议处理机制主要是劳动争议调解、劳动争议仲裁和劳动争议诉讼。罢工是工人为了表示抗议，而集体拒绝工作的行为。各国罢工政策有一个历史演变的过程，中国罢工政策也经历了变迁。对于中国劳动者自发罢工的法律性质，有"合法说"与"违法说"两种意见。

第一节 劳动关系政策概述

一、劳动关系政策的含义

劳动关系政策是社会政策的一部分，一般指由政府制定的用以保障劳动者基本权益的各类法律、法规和条例等。佟新认为，劳工政策要满足两方面内容：一是劳工政策的"控制性",即劳工政策要解决劳动者所需解决的公共问题,如劳动时间、劳动保护、劳动安全、最低工资标准等社会控制问题;二是劳工政策的"效能性",即劳工政策要有能力和具体的办法解决社会存在的损害劳动者权益的公共问题①。

　　劳动关系政策有广义与狭义两种含义。广义的劳动关系政策相当于劳动政策或劳工政策,指国家提供制度化的权益保障和服务介入市场以增进劳工权益的政策。从形式上看,包括由国家制定的用以保障劳动者基本权益和为劳动者提供服务的各类法律、行政法规和规范性文件。从内容上看,广义的劳动关系政策包括以下几个方面:①劳动条件政策:涉及工资、工时、招聘、解雇、退休、同工同酬等;②劳工福利政策:涉及社会保险、劳工休闲、教育、住房;③劳动环境政策:职业安全与卫生、工作场所等;④劳动监察政策:职业安全卫生、劳动条件、社会保险等方面的执法监察;⑤就业安全政策:职业培训、就业服务、工资支付和最低工资保障、劳务工、农民工等特殊群体的权益保障。广义的劳工政策还可延伸到那些对劳工问题有重要影响的政治、经济及社会政策方面,如党的全心全意依靠工人阶级的指导方针,公有制为主体的经济所有制结构。狭义的劳动关系政策是指调整劳动关系、保障劳动者基本权益的各项政策,包括劳动标准政策、劳动合同政策、集体协商和集体合同政策、劳动争议处理政策以及协调劳动关系的政策等。

　　鉴于本书的编写体例,本章所述的劳动关系政策主要涉及工会组建、集体协商、集体劳资争议,其含义比狭义的劳动关系政策的范围更小。

二、劳动关系政策的类型

1. 个别劳动关系政策

　　劳动关系政策即调整个别劳动关系的政策,个别劳动关系是指劳动者个人与劳动力使用者即用人单位(雇主)之间的劳动关系,它是劳动关系最直接、最本质的和最一般的形态。个别劳动关系是劳动关系系统的基础。劳动关系的从属性和人身性在个别劳动关系中得到充分体现。个别劳动关系政策涉及劳动标准政策、劳动合同政策、劳动条件政策、社会保险政策和劳动争议处理政策等。

2. 集体劳动关系政策

　　集体劳动关系,是指以工会为代表的劳动者与雇主或雇主组织所构成的社会关系。集体劳动关系是劳动关系系统的核心,其重要特点是劳动者一方是以工会组织为代表来介入劳动关系的。集体劳动关系改变了个别劳动关系中劳动者的相

---

　　①　佟新.劳工政策和劳工研究的四种理论视角[J].云南民族大学学报(哲学社会科学版),2008(5).

对弱势地位,使得劳动关系能够获得某种平衡。主体独立、权利对等、工会代表,是集体劳动关系的主要特征,交涉、谈判和协商确定劳动条件和劳动标准,是集体劳动关系的主要功能。集体劳动关系政策主要涉及劳动者结社政策、集体协商与谈判政策、集体合同政策、集体行动政策以及集体劳动争议处理政策等。

3. 社会劳动关系政策

社会劳动关系政策即整个社会层面的劳动关系政策。社会劳动关系又称为工业关系或产业关系,它使一种宏观层面的劳动关系,是一种以劳动力市场为基础,包括劳动力提供方的劳方、劳动力需求方的资方以及协调方的政府的三方关系。社会劳动关系已经不再局限于单纯经济关系的企业劳动关系,而具有社会的甚至政治的意义。社会劳动关系政策侧重于协调劳动关系三方机制的政策。

三、我国劳动关系政策的发展变化

新中国成立后,国家建立了高度集中的计划经济体制,在劳动关系方面,采用统包统分的方式建立劳动关系,这种方式一直延续到 20 世纪 80 年代初期。计划经济劳动关系的基本特征是劳动关系类型单一性、劳动关系内容计划性、劳动关系利益主体的一致性。劳动关系政策方面政府通常以大量劳动政策代替劳动法对劳动工作进行管理。用人单位和劳动者企业服从上级安排。严格限制劳动者流动,劳动关系一旦建立,没有政府的行政指令,终身保持不变,直至劳动者退休,即使调配也是国家用行政手段进行。

改革开放以来,随着国有企业改革和所有制结构的不断调整,我国劳动关系发生重大变化,与此相适应,国家劳动关系政策也不断发展完善,大体上经历了三个发展阶段。

第一阶段:1978—1991 年。党的十一届三中全会后,为配合国有企业改革和市场经济体制建立,国家在劳动就业、劳动用工、劳动报酬、社会保险及劳动关系等领域进行了改革,颁布了一系列相关的劳动政策。1979 年,围绕扩大企业经营自主权改革,劳动用工权和分配权开始下方给企业,奖金和计件工资制度开始恢复。1983 年,当时的劳动人事部颁布了《关于积极试行劳动合同制的通知》,开启了劳动合同制度的改革,在全国开始试行劳动合同制度。1984 年,国营企业开始打破传统的固定工制度,1985 年,国营企业普遍实行工资总额与经济效益挂钩办法,并逐步探索灵活多样的内部分配方式。1986 年 7 月,国务院颁布了《国营企业实行劳动合同制暂行规定》,明确规定,在国营企业新招用的工人中推行劳动合同制度,使企业可以根据生产的需要确定对劳动力的需求,当劳动合同期满时,企业可以根据需要,延续或终止合同。1987 年,国务院发布了《国营企业劳动争议暂行规定》,劳动争议处理制度得以恢复。1990 年,国有企业开始推行全员劳动合同制。这一时期的劳动关系政策是配合国有企业就业与用工制度改革和劳动力市场的建立，虽带有计划经济的特征，但把促进劳动关系的市场化作为政策目标，劳动关系政策的法治化水平较低。

第二阶段：1992—2001年。1992年，党的十四大提出建立社会主义市场经济体制的改革目标。同年，国务院发布了《全民所有制工业企业转化经营机制条例》，全面落实企业用工和工资分配自主权。1992年，《工会法》颁布实施，集体协商和集体合同制度开始在各类企业逐步推行。1993年，国务院颁布《企业劳动争议处理条例》，劳动争议处理范围扩大至各类企业。1993年，原劳动部颁布《劳动监察条例》，逐步实现对用人单位用工行为监管的法制化。1994年，第八届全国人大第八次会议审议通过了《劳动法》，1995年开始实施。《劳动法》的颁布标志着中国劳动关系政策发生转型，劳动关系调整开始走向法治化的轨道，劳动关系政策的重心开始向国际上普遍采取的保护劳动力市场中劳动者权益方向倾斜。"《劳动法》既是对20世纪90年代初期劳动者受损局面的扭转，同时也奠定了直到今天整个劳动关系政策的基准。它不仅有效地保护了劳动者权益，而且也对中国市场经济的完善与发展起到了重要的作用。"[1]1994年劳动部发布《工资支付暂行规定》，1995年国务院颁布《关于职工工作时间的规定》，1992年以后，国家相继颁布了《矿山安全法》、《矿山安全法实施条例》以及《职业病防治法》等法律法规，另外，国家还颁布了《女职工权益保护法》、《未成年工特殊保护规定》等，这些法律法规对劳动者在工资、工时、劳动安全与卫生以及女职工和未成年工等方面的权益进行保护，发挥了劳动关系政策倾斜保护劳动者这一劳动关系中的弱势群体权益的制度功能，由于这一时期的市场经济体制仍不完善，国有企业在1997年之后又加大了改革的力度，在"下岗分流、减员增效"的政策导引下，劳动关系政策促进劳动关系市场化的功能仍被继续保留。2001年8月，国家协调劳动关系三方会议制度开始建立。各地也逐步开始建立三方机制。各级协调劳动关系三方依托这个平台，共同研究解决劳动关系的重大问题。2001年国家修订了《工会法》，增加了"法律责任"一章，并明确规定"维护职工合法权益是工会的基本职责"。

第三阶段：2002年至今。2002年，党的十七大进一步确立了各种生产要素按贡献参与分配的原则。2006年，党的十六届六中全会做出构建社会主义和谐社会的重大决定，并提出发展和谐劳动关系的目标任务，为劳动关系政策的发展和完善确立了方向。这一时期的劳动关系政策呈现以下特点：

第一，劳动关系政策法治化水平进一步提高。2007年，我国《就业促进法》、

<hr>

① 吴清军，刘宇.劳动关系市场化与劳工权益保护——中国劳动关系政策的发展路径与策略[J].中国人民大学学报，2013(1):80-88.

《劳动合同法》、《劳动争议调解仲裁法》等重要法律相继颁布实施。其中《劳动合同法》明确"保护劳动者的权益,构建和发展和谐稳定的劳动关系"的立法宗旨,要求通过劳动合同的形式保护劳动者的合法权益,限制用人单位单方面决定劳动过程中涉及劳动者权益的事项。劳动关系政策保护劳动者权益的价值取向进一步明确。此外,《劳动保障监察条例》、《最低工资规定》、《工伤保险条例》、《安全生产许可条例》、《劳动合同法实施条例》、《劳动争议调解仲裁法实施条例》等行政法规的出台也为劳动关系政策的丰富和配套实施提供了制度保障。2012 年我国颁布《社会保险法》,劳动法律调整的法律体系进一步健全,劳动关系政策开始走向法治化时代。

第二,劳动关系政策开始关注集体劳动关系,集体劳动权益的保护逐步受到国家的重视。2004 年劳动部发布了《集体合同规定》,明确规定了集体协商与集体合同的基本制度,2010 年,国家人力资源和社会保障部、全国总工会以及中国企业联合会/中国企业家协会联合发布《关于深入推进集体合同制度实施彩虹计划的通知》,开始在全国范围内全面大力推行集体合同制度。全国总工会于 2010 年提出了"两个普遍",并于 2011 年下发了《中华全国总工会 2011—2013 年深入推进工资集体协商工作规划》。这些关于集体协商与集体合同的劳动关系政策,在一定程度上保护了劳动者的集体劳动权益。

第三,劳动法律法规的进一步完善和劳动法律的实施成为今后劳动关系政策完善的重点。

当前我国的劳动关系具有劳动关系运行市场化、劳动关系主体多元化、劳动关系双方利益明晰化和劳动关系调整法制化的特点,我们进入了发展具有中国特色和谐劳动关系的新时期,劳动关系政策开始走向法治化时代,但是,劳动关系政策的法治化远远没有完成,既有劳动关系政策制定或修改中的问题,也面临劳动关系政策实施中的挑战。

在劳动关系政策的制定方面,劳动关系调整的法治化虽然取得了进展,但仍面临诸多问题:第一,劳动关系政策没有有效地保障劳动者集体权益,劳动关系政策多侧重个人权利的内容,缺乏劳动者集体权利的规定;第二,没有形成一个以劳动法典为核心的健全的劳动法律体系,劳动立法存在层次较低,例如,目前集体协商和集体合同尚未制定专门的法律,立法层级仅停留在政府部门的规章层面;第三,劳动关系立法比较分散,立法质量有待进一步提高。

在劳动关系政策的实施方面,目前,我国的劳动关系政策的具体实施状况同劳动关系政策的规定之间存在着落差,如何使劳动关系政策落地,使劳动法律法规从"纸面上的法"变为"行动中的法",也是今后劳动关系政策完善的一个值得注意的问题。

第二节　结社政策

一、结社政策概述

(一) 结社自由的含义

公民结社自由是民主政治的基础,也是现代国家治理实践中得到普遍确认的宪法基本权利。结社是指人们为了一定的宗旨并依据一定的原则,自愿结成一定的社会组织并采取组织行动的社会活动过程。

结社自由有广义和狭义之分。广义的结社自由通常是指公民个人为了满足自己的需要,建立一定形式的社会组织的权利,它包括以营利为目的的结社和不以营利为目的的结社。狭义的结社自由是指公民不以营利为目的,为了一定的宗旨并按照一定的原则,自主、自愿、自由地组织各种社会团体进行活动的权利。

结社自由的基本内容,包括以下几个方面:①发起结社的自由,即公民自愿地组织社会团体进行活动的自由。这种结社自由意味着政府负有不干预结社的消极义务。②参与结社的自由,包括公民自愿地选择社团加入或者退出某种社团的自由。③维持和组织社会团体活动的自由,即参与团体是自愿的,一旦加入后必须按照团体行动规则从事活动。

(二) 结社自由的保障与限制

1. 结社自由的宪法保障

结社自由的价值不仅仅在于排除国家、政府对结社活动的非法干预,更在于公民通过主动的自我决定的结社活动自主地、能动地参与国家与社会事务的管理。

最早在宪法中规定结社自由的是 1919 年的德国魏玛宪法。第二次世界大战后,结社自由作为一项权利被许多国家的宪法明确规定。现在,大多数国家都秉承结社自由的价值理念,允许公民在本国宪政和法律的框架下自由设立社会组织。在我国,结社自由也早已被明确载入宪法。不仅如此,结社自由在许多重要的国际人权文件中作为基本自由权利得到了规定。1948 年的《世界人权宣言》第 20 条规定:"人人有和平集会结社自由之权;任何人不容强使隶属于某一团体。"1966 年的《经济、社会、文化权利国际公约》第 8 条规定,"人人有权为促进及保障其经济及社会利益而组织工会及加入其自身选择之工会,仅受关系组织规章之限制。"

《公民权利和政治权利国际公约》第 22 条规定,"人人有自由结社之权利,包括为保障其自本身利益而组织及加入工会之权利。对此项权利的行使不得加以限制。除去法律所规定的限制以及在民主社会中为维护国家安全或公共安全,公共秩序,保护公共卫生或道德,或他人的权利和自由所必需的限制。"

2. 结社自由的限制

结社自由在扩大了某些个人的权利的同时,可能会对其他个人权利行使造成压制和障碍;结社自由在促进民主法治的同时,也可能带来一定的负面影响和作用。所以,对结社自由进行限制是结社自由中应有之义。另一方面,结社自由的限制本身也应受到相应的规制。《公民权利和政治权利国际公约》第 22 条第 2 款就秉承了这一理念:"对结社自由权利的行使不得加以限制。除了法律所规定的限制以及在民主社会中为维护国家安全或公共安全、公共秩序,保护公共卫生或道德,或他人的权利和自由所必需的限制。"因此,只有当结社自由与国家安全、公共秩序发生价值冲突时,才能对结社自由进行必要的限制,这种限制应该是符合正义价值的,而且必须由法律规定。

世界各国的法律对结社自由的限制主要是结社程序方面的限制。关于结社程序各国和地区法律有预防制与追惩制之别。追惩制即公民可以自由地结社,不受任何机关的干预。只有在社团成立之后被发现有违法情形时,才会受到惩罚。政府对于其违法行为依法加以追究,甚至禁止社团活动,解散社团组织。预防制又有许可制与报告制之分。许可制,即结社原则上是禁止的,只有在得到国家行政机关的许可时才可以成立社团。报告制,即公民在成立社团之前要向行政机关报告,行政机关原则上只有异议权或事后审查权。只要行政机关没有行使异议权,社团即可宣告成立。此外,关于结社的限制还有结社主体与结社目的的限制。

(三) 我国结社自由政策评价及其完善

我国 1954 年宪法规定了公民的结社自由。现行宪法即 1982 年《宪法》第 35 条规定:"公民有言论、出版、集会、结社、游行、示威的自由。"1989 年国务院根据宪法关于公民结社自由的基本权利的规定颁布了《社会团体登记管理条例》,1998 年国务院重新制定颁布了新的《社会团体登记管理条例》,条例明确了社会团体成立的条件、登记管理机关、登记、变更和注销登记的程序及管理机关对社团监督管理的职责。它是我国一部专门保障公民结社自由和规范社团管理的行政法规。

我国社会团体管理有以下几个特点:

(1) 采用"双重"管理体制。根据我国《社会团体登记管理条例》和《民办非企业单位登记管理暂行条例》的规定,国务院民政部门和县级以上地方各级人民政府民政部门是本级人民政府的社会团体或民办非企业单位的登记管理机关。国务院有关部门和县级以上地方各级人民政府有关部门、国务院或者县级以上地方各级人民政府授权的组织,是有关行业、业务范围内社会团体或民办非企业单位的业务主管单位。双重管理体制即申请成立社团的第一道手续是先向业务主管单位提出申请经其审查同意,然后进入第二道程序,由发起人向登记管理机关申请筹备和设立登记。这种管理体制不仅在社团登记上带来难度,对社团开展活动也有负面的影响。

（2）实行归口登记、分级管理、限制竞争原则。归口登记是指除法律、法规规定免于登记外，1998 年以后，所有社团都由民政部门统一登记，其他部门登记的不能视为社团。分级管理，是指根据社团的规模，全国性社团由国务院的登记管理机关及相应业务主管部门负责管理监督，地方性社团由地方各级登记机关及相应的业务单位负责管理监督。限制竞争，是指我国的立法和政策倾向于控制民间组织的发展。在准入环节对竞争实施限制，通过对社会组织业务和规模实施限制。《社会团体登记管理条例》第 13 条和《民办非企业单位登记管理暂行条例》第 11 条均规定，在同一行政区域内已有业务范围相同或者相似的社会团体和民办非企业单位，没有必要成立的，对于非营利组织的成立申请不予批准。另外，两条例还规定，社会团体不得设立地域性的分支机构，民办非企业单位不能设立分支机构。

（3）社会团体规制的标准严格。《社会团体登记管理条例》第 10 条规定成立社团必须"有 50 个以上的个人会员或者 30 个以上的单位会员，个人会员、单位会员混合组成的，会员总数不得少于 50 个"。该条例第 10 条第 5 款还规定，成立社会团体的资金条件是："全国性的社会团体有 10 万元以上活动资金，地方性的社会团体和跨行政区域的社会团体有 3 万元以上活动资金。"

我国社团管理体制落后于现实社会的需要，既不能满足公民结社自由的需要，也不适应现代社会治理的要求。社团限制竞争原则等这些规定不利于社团开展活动，也会给社团参与社会治理带来负面的影响。

目前，国家正在对社会组织管理进行改革和创新，其趋势是：第一，社会组织管理将逐步实现政社分开、管办分离，大部分行政部门只行使行业指导职责，原则上不再作为社会组织业务主管单位；第二，加强结社立法，提升结社政策的法律层次，保障社会团体的独立的法律地位，同时，在重视法律保障公民结社自由基本权利的同时，注意结社自由的范围与限制，防止结社自由权的滥用。

二、劳工结社政策

（一）劳工结社权

劳工结社权又称劳工组织权或团结社权，是市场经济下劳动者最基本的权利。劳工结社权是指劳动者为实现维持和改善劳动条件之基本目的，而结成暂时的或永久的团体，并使其运作的权利，即劳动者组织工会并参加其活动的权利。

劳工结社权具有以下特点：①劳动结社权的主体限于劳动关系中的劳动者，而一般结社权的主体是全体公民。②劳工结社权的目的为了集体谈判，通过集体谈判争取更好的劳动待遇和社会经济地位，而一般结社权不以团体交涉为目的。③劳工结社权并非仅止于单纯的"国家免于干预"的结社自由，立法者还需要对劳工结社给与积极的权利保障;而一般结社权主要涉及权利的消极保障。④劳动结社权的组织形式特定,即只能成立工会。

(二) 工会法与工会章程

1. 工会法概述

工会法是保护劳动者集体劳动权利的法律,是职工群众结社自由的主要法律保障。工会法是调整工会关系即工会在其活动过程中与其他组织或个人以及工会内部所形成的社会关系的法律规范的总称。工会法是国家的基本法律,是宪法关于公民结社权的具体体现。

1950年6月29日,中央人民政府颁布了《中华人民共和国工会法》,对工会的法律地位与职责等作了明确的规定。1992年4月3日,第七届全国人大通过了新的《中华人民共和国工会法》,该法分为总则、工会组织、工会的权利和义务、工会基层组织、工会的经费和财产、附则等六章,共42条。2001年,全国人大常委会又对《工会法》进行了修改,增加了"法律责任"一章,并明确规定"维护职工合法权益是工会的基本职责"。

工会法具有以下特点:①工会法是权利保障法,以保护职工的结社权为根本目的。②工会法是组织法,具体规定了工会的成立程序、组织结构、权利义务,经费和财产等。③工会法是劳动法从而也是劳动关系政策的重要组成部分。

工会法的作用主要体现在:①工会法是保障职工结社权利的法律,是对宪法规定的工会结社自由的具体法律保障。②工会法把工会活动纳入法治轨道,为工会独立自主地开展工会提供了法律依据。③工会法为工会依法开展活动提供了多层次、全方位的法律保障。

2. 工会章程

工会活动除了以《工会法》等法律、法规作为自己的法律依据外,还需要遵守工会章程。工会章程是由工会组织在不与宪法、法律相抵触的前提下自己制定的内部组织规章和工作规则。《中国工会章程》由中国工会全国代表大会制定并通过,调整工会组织内部事务的,由各级工会组织和会员共同遵守的自治性文件。它根据我国《宪法》、《工会法》以及其他法律法规,明确而具体地规定中国工会组织的性质、纲领、工作方针、组织制度和机构、工会会员的权利义务,工会经费的收支及审查等各个方面的内容。

(三) 工会的性质

我国《工会法》规定,工会是职工自愿结合的工人阶级的群众组织。《中国工会章程》进一步明确规定:"中国工会是中国共产党领导的职工自愿结合的工人阶级群众组织,是党联系职工群众的桥梁和纽带,是国家政权的重要社会支柱,是会员和职工利益的代表。"这些规定是对我国工会性质的全面概括和集中反映。

（1）阶级性。工会的阶级性首先表现在工会是工人阶级成员联合的社会组织。《工会法》第3条规定工会成员必须是"在中国境内的企业、事业单位、机关中以工资收入为主要生活来源的体力劳动者和脑力劳动者"。这一规定,明确了工会以工人阶级作为自己的阶级基础,私营企业的老板、个体工商户还有农民等其他阶级的成员不能加入工会。其次,阶级性还表现为工会的成立和存在体现了工人阶级的利益要求,工会一切工作的出发点和最终归宿是为了维护职工的合法权益。第三,工会的阶级性表现为工会的奋斗目标是与工人阶级的奋斗目标相联系的。《工会法》规定:"工会必须遵守和维护宪法,以宪法为根本的活动准则,以经济建设为中心,坚持社会主义道路、坚持人民民主专政、坚持中国共产党的领导、坚持马克思列宁主义毛泽东思想邓小平理论,坚持改革开放,依照工会章程独立自主地开展工作。"

（2）自愿性。结社自由是我国宪法规定的公民的基本权利。组织工会自然也应遵循这一原则。职工参加或组织工会完全取决于自身的意愿,任何组织和个人不得阻挠和限制,也不能强迫他们参加和组织工会。自愿性为工会作为群众组织在结合方式方面的显著特点。职工的意愿是参加或组织工会的前提条件,除此之外没有任何附加条件。职工有权参加或退出工会组织,有权决定是否参加工会活动,会员的自愿是工会工作的生命和活力所在。因此,工会要以多数职工的意愿和要求作为工会工作的出发点,要通过代表和维护职工的合法权益来吸引广大职工参加这一组织。

（3）群众性。工会的群众性主要体现在三个方面:第一,工会是工人阶级实现阶级联合的最广泛的群众组织,工会的群众性要求工会在各个行业、产业、地区,按照"组织起来、切实维权"的方针,广泛地建立自己的组织,把不同行业、不同地区的职工都纳入到工会组织体系之中。第二,工会会员的构成具有工人阶级范围内的广泛性。《中国工会章程》规定:"凡在中国境内的企业、事业单位、机关和其他社会组织中,以工资收入为主要生活来源或者与用人单位建立劳动关系的体力劳动者和脑力劳动者,不分民族、种族、性别、职业、宗教信仰、教育程度,承认工会章程,都可以加入工会为会员。"这种规定,能够把职工群众广泛地联合起来,形成一支强大的统一的社会力量。第三,工会的活动方式和工作方法,主要采用引导、协商、教育和服务等方式。

（4）独立性。《工会法》规定,工会"依照工会章程独立自主地开展工作","国家保护工会的合法权益不受侵犯"。因此,在坚持党的领导的原则下,工会的运作应该独立于企业的管理,独立于地方行政权力,依法公正地维护职工的合法权益。

（四）工会的职能

工会的职能是工会所承担的社会角色和社会责任,它是工会性质的外在体现,决定着工会工作的经办方向,规定工会活动的基本内容。

　　1. 工会的社会职能

　　工会的社会职能取决于工会所处的特定的社会历史条件。现阶段,我国工会的社会职能体现为"维护、建设、参与、教育"四个方面。

　　1) 维护职能

　　工会的维护职能是指工会要在维护全国人民整体利益的同时,更好地代表和维护职工的合法权益。维护职能是工会的"天然"职能,是工会存在的合法性基础。维护职能既是资本主义条件下工会产生和发展的基本前提和动因,也是社会主义条件下工会能够存在的重要的客观基础。《工会法》第2条规定:"中华全国总工会及其各工会组织代表职工的利益,依法维护职工的合法权益。"第6条规定:"维护职工合法权益是工会的基本职责。工会在维护全国人民总体利益的同时,代表和维护职工的合法权益。工会通过平等协商和集体合同制度,协调劳动关系,维护企业职工劳动权益。"

　　工会实现维护职能的方式有二:一是总体的维护,即通过参与立法和政策、规划文件制定等行为,使职工合法权益从总体上得到应有的保障;二是具体的维护,即对个别职工或相同情况的职工群体的权益进行维护。

　　职工的合法权益是综合性的一系列权利,不仅包括经济利益、政治权利,还包括精神文化权利。工会的维护职能是维护职工政治权利、经济利益和精神文化权益的有机统一,需要着眼于维护职工的眼前利益和长远利益的统一。

　　2) 建设职能

　　工会的建设职能是工会动员和组织广大职工积极参与社会主义经济建设和改革,努力完成经济建设和社会发展任务。它是社会主义条件下工会组织与资本主义时期工会的一个根本区别。工会履行建设职能既是工人阶级的根本利益所在,又是职工具体利益实现的可靠保证。《工会法》第7条规定:"工会动员和组织职工积极参加经济建设,努力完成生产任务和工作任务。教育职工不断提高思想道德、技术业务和科学文化素质,建设有理想、有道德、有文化、有纪律的职工队伍"。工会作为群众组织,履行建设职能的路径主要体现在两个方面:一是以劳动者代表的身份参与调节企事业内部的劳动人事关系来保持企事业单位劳动人事关系的和谐稳定,调动职工的积极性、创造性和主动性,推动经济发展和改革开放;二是组织职工围绕企事业发展和生产,开展劳动竞赛和合理化建议、技术革新和技术协作等活动,提高劳动生产率和经济效益,促进经济发展。

　　3) 参与职能

　　工会的参与职能是指工会要发挥职工群众参政议政的民主通道的作用,代表和组织职工参与国家和社会事务的管理,参与企业事业单位的民主管理,实现对国家和企事业单位的民主参与、社会监督。工会的参与职能是社会主义民主政治制度的客观要求。工会的性质、地位和组织优势也决定了工会能够代表职工参与管理、履行自己的参与职能。工会的参与职工体现在两个方面：一是各级工会要成为职工群众有组织、有领导地参政议政的民主通道；二是工会依照法律规定通过职工代表大会或者其他形式,组织职工参与本单位的民主决策、民主管理和民主监督。职工代表大会是工会履行参与职能的重要载体,除此以外,工会与政府或企事业单位行政方召开的联席(或联系)会议、座谈会、集体协商和集体合同制度、职工董事和监事制度等也都是现代社会工会履行参与职能的重要方式。

4) 教育职能

工会的教育职能是指工会帮助职工不断提高思想政治觉悟和提高科学文化素质。职工群众只有具备了较高的思想政治素质和科学文化技术水平,才能够使工会履行维护职能更有力量,履行建设职能更有效果,履行参与职能更有实效。尤其是,职工队伍整体素质的提高是工会社会实践活动整体水平和实际能力全面提升的重要保证。

2. 维护职工合法权益是工会的基本职责

工会的上述四项职能是有机统一,不可分割的,但是也不是并列关系。"四项职能,维护居首",也就是说,维护职工合法权益是工会的基本职责,是工会一切工作的出发点和归宿,其他三项职能是实现这一职能的手段、途径和方法。

《工会法》第6条规定:"维护职工合法权益是工会的基本职责。"履行工会的维权职能,不仅是贯彻执行工会法的必然要求,也是社会现实和构建和谐劳动关系对工会工作的客观要求。在全面建设小康社会的新形势下,工会突出维权职能,既是工会本质属性的具体体现,是广大职工的共同企盼,也是构建和谐劳动关系,稳定社会大局的迫切需要。因此,要在改革、发展、参与、帮扶的过程中维护好职工合法权益。具体而言,主要有以下几个方面:

(1) 依法最大限度地把广大职工组织到工会中来。这是工会履行维护职能的组织保障。工会履行基本职责,必须坚持贯彻"哪里有职工哪里就要建立工会"、"组织起来、切实维权"的原则,及时在新建企业和改制企业建立工会组织,保证工会组建率和职工入会率有较大幅度的提高。

(2) 完善维权机制。工会履行维护职能不能离开机制建设。在社会主义市场经济的新形势下,工会维权机制的主要特点是:社会化维权渠道、职业化维权队伍、法制化维权手段,并且这三个特点贯穿于利益协调机制、诉求表达机制、矛盾调处机制和权益保障机制的全面建设中。

(3) 加大工会协调劳动关系的力度。工会在构建和谐劳动关系中,要主动维权、依法维权、科学维权。加大维权力度,必须把维护贯穿于推动改革、促进发展、积极参与、大力帮扶的全过程。要把劳动纠纷控制在法律制度的范围内,保障社会的和谐稳定。

(4) 切实为困难职工排忧解难。工会要树立"群众利益无小事"的理念,对困难职工,要运用工会的特点和优势,为职工排忧解难,救困解难,维护困难职工的合法权益。

(五) 工会的法律地位

工会的法律地位是工会的政治地位和经济地位在法律上的确认和体现。工会的法律地位集中体现在工会的权利和义务以及工会的法人资格等方面。

工会的权利义务是工会法的核心内容,也是工会开展活动的基本行为准则。工会的法人资格则是工会法律地位的具体化和实现条件。

1. 工会的权利

工会权利是指工会依法所享有的开展工作、进行活动以实现其任务的权利,具体体现为工会有权作出一定的行为和要求他人作出一定的行为。我国工会的权利广泛体现于经济政治和社会生活的各个方面。

(1) 工会的代表权。即工会有代表职工合法权益的权利。《工会法》第 20 条规定,工会代表职工与企业以及实行企业化管理的事业单位进行平等协商,签订集体合同。集体合同草案应当提交职工代表大会或者全体职工讨论通过。工会签订集体合同,上级工会应当给予支持和帮助。企业违反集体合同,侵犯职工劳动权益的,工会可以依法要求企业承担责任;因履行集体合同发生争议,经协商解决不成的,工会可以向劳动争议仲裁机构提请仲裁,仲裁机构不予受理或者对仲裁裁决不服的,可以向人民法院提起诉讼。第 27 条规定,企业、事业单位发生停工、怠工事件,工会应当代表职工同企业、事业单位或者有关方面协商,反映职工的意见和要求并提出解决意见。对于职工的合理要求,企业、事业单位应当予以解决。工会协助企业、事业单位做好工作,尽快恢复生产、工作秩序。

(2) 工会的维护权。即工会有依法维护职工合法权益的权利。《工会法》第 21 条规定,企业、事业单位处分职工,工会认为不适当的,有权提出意见。企业单方面解除职工劳动合同时,应当事先将理由通知工会,工会认为企业违反法律、法规和有关合同,要求重新研究处理时,企业应当研究工会的意见,并将处理结果书面通知工会。职工认为企业侵犯其劳动权益而申请劳动争议仲裁或者向人民法院提起诉讼的,工会应当给予支持和帮助。第 22 条规定,企业、事业单位违反劳动法律、法规规定,有侵犯职工劳动权益情形,工会应当代表职工与企业、事业单位交涉,要求企业、事业单位采取措施予以改正;企业、事业单位应当予以研究处理,并向工会作出答复;企业、事业单位拒不改正的,工会可以请求当地人民政府依法作出处理。第 29 条规定,县级以上各级总工会可以为所属工会和职工提供法律服务。

（3）工会的参与权。参与权即工会有代表职工参与国家和社会事务的管理的权利。《工会法》第33条规定,国家机关在组织起草或者修改直接涉及职工切身利益的法律、法规、规章时,应当听取工会意见。县级以上各级人民政府制定国民经济和社会发展计划,对涉及职工利益的重大问题,应当听取同级工会的意见。县级以上各级人民政府及其有关部门研究制定劳动就业、工资、劳动安全卫生、社会保险等涉及职工切身利益的政策、措施时,应当吸收同级工会参加研究,听取工会意见。第34条规定,县级以上地方各级人民政府可以召开会议或者采取适当方式,向同级工会通报政府的重要的工作部署和与工会工作有关的行政措施,研究解决工会反映的职工群众的意见和要求。各级人民政府劳动行政部门应当会同同级工会和企业方面代表,建立劳动关系三方协商机制,共同研究解决劳动关系方面的重大问题。第28条规定,工会参加企业的劳动争议调解工作。地方劳动争议仲裁组织应当有同级工会代表参加。第19条规定,企业、事业单位违反职工代表大会制度和其他民主管理制度,工会有权要求纠正,保障职工依法行使民主管理的权利。法律、法规规定应当提交职工大会或者职工代表大会审议、通过、决定的事项,企业、事业单位应当依法办理。

（4）工会的协商谈判权。即工会有代表职工与企业一方就劳动报酬、工作时间、休息休假、劳动安全卫生和社会保险福利等事项进行协商谈判,签订集体合同的权利。《工会法》第20条规定,工会代表职工与企业以及实行企业化管理的事业单位进行平等协商,签订集体合同。

（5）工会的监督权。即工会对国家行政机关和用人单位在执行劳动法律法规和相关政策时有监督的权利。《工会法》第23条规定,工会依照国家规定对新建、扩建企业和技术改造工程中的劳动条件和安全卫生设施与主体工程同时设计、同时施工、同时投产使用进行监督。对工会提出的意见,企业或者主管部门应当认真处理,并将处理结果书面通知工会。第24条规定,工会发现企业违章指挥、强令工人冒险作业,或者生产过程中发现明显重大事故隐患和职业危害,有权提出解决的建议,企业应当及时研究答复;发现危及职工生命安全的情况时,工会有权向企业建议组织职工撤离危险现场,企业必须及时作出处理决定。第25条规定,工会有权对企业、事业单位侵犯职工合法权益的问题进行调查,有关单位应当予以协助。第26条规定,职工因工伤亡事故和其他严重危害职工健康问题的调查处理,必须有工会参加。工会应当向有关部门提出处理意见,并有权要求追究直接负责的主管人员和有关责任人员的责任。对工会提出的意见,应当及时研究,给予答复。

（6）获得法律救济权利。即当工会合法权益受到侵害时有权请求政府或法院对其权利进行救济,使其被侵害的权利得以恢复或补救的权利。《工会法》第49条规定,工会对违反本法规定侵犯其合法权益的,有权提请人民政府或者有关部门予以处理,或者向人民法院提起诉讼。第54条规定,侵占工会经费和财产拒不返还的,工会可以向人民法院提起诉讼,要求返还,并赔偿损失。

2. 工会的义务

工会的义务即工会应该承担的、必须履行的责任,表现为工会必须作出一定的行为或被禁止作出一定的行为。工会的义务主要包括:

(1) 维护国家政权,支持和协助政府及企业行政工作。《工会法》第5条规定,工会组织和教育职工依照宪法和法律的规定行使民主权利,发挥国家主人翁的作用,通过各种途径和形式,参与管理国家事务、管理经济和文化事业、管理社会事务;协助人民政府开展工作,维护工人阶级领导的、以工农联盟为基础的人民民主专政的社会主义国家政权。《工会法》第27条规定,企业、事业单位发生停工、怠工事件,工会应当代表职工同企业、事业单位或者有关方面协商,反映职工的意见和要求并提出解决意见。对于职工的合理要求,企业、事业单位应当予以解决。工会协助企业、事业单位做好工作,尽快恢复生产、工作秩序。第30条规定,工会协助企业、事业单位、机关办好职工集体福利事业,做好工资、劳动安全卫生和社会保险工作。

(2) 动员和组织职工参加社会主义经济建设。《工会法》第7条规定,工会动员和组织职工积极参加经济建设,努力完成生产任务和工作任务。教育职工不断提高思想道德、技术业务和科学文化素质,建设有理想、有道德、有文化、有纪律的职工队伍。

(3) 教育职工,提高职工素质。《工会法》第31条规定,工会会同企业、事业单位教育职工以国家主人翁态度对待劳动,爱护国家和企业的财产,组织职工开展群众性的合理化建议、技术革新活动,进行业余文化技术学习和职工培训,组织职工开展文娱、体育活动。

(4) 为职工服务。《工会法》第6条规定,工会必须密切联系职工,听取和反映职工的意见和要求,关心职工的生活,帮助职工解决困难,全心全意为职工服务。

3. 工会的法人资格

工会的法人资格是工会法律地位的实现条件。工会属于社会团体法人。《工会法》第14条规定,中华全国总工会、地方总工会、产业工会具有社会团体法人资格。基层工会组织具备民法通则规定的法人条件的,依法取得社会团体法人资格。我国《民法通则》规定,法人必须具备四个条件:①依法成立;②有必要的财产或经费;③有自己的名称、组织机构和场所;④能够独立承担民事责任。

工会社会团体法人的定位既区别于企业法人,也区别于事业单位法人。企业法人是指具有符合国家法律规定的资金数额、企业名称、组织章程、组织机构、住所等法定条件,能够独立承担民事责任,经主管机关核准登记取得法人资格的以营利为目的的经济组织。企业法人以营利为目的,工会法人则以维护职工合法权益为其宗旨。事业单位法人是指按照国家法律、法规、规章的规定设立,具备法人条件,经事业单位登记管理机关核准登记成立的面向社会直接为国民经济和社会提供服务,以实现社会公益职能为主要目的的社会组织。工会法人虽然也有实现国家某些职能的目的,且兼具公益法人的某些职能,但工会法人的基本职责是维护职工合法权益。工会的社会团体法人资格为工会的存在与开展社会活动提供了物质条件,也保证了工会在劳动关系协调及民事活动中与其他法人具有平等的地位。

(六) 工会的组织制度

我国工会的组织原则是民主集中制。《工会法》第 9 条规定,工会各级组织按照民主集中制原则建立。

1. *基本组织制度*

《工会法》第 9 条规定,各级工会委员会由会员大会或者会员代表大会民主选举产生。企业主要负责人的近亲属不得作为本企业基层工会委员会成员的人选。各级工会委员会向同级会员大会或者会员代表大会负责并报告工作,接受其监督。工会会员大会或者会员代表大会有权撤换或者罢免其所选举的代表或者工会委员会组成人员。上级工会组织领导下级工会组织。《工会法》第 10 条规定,企业、事业单位、机关有会员 25 人以上的,应当建立基层工会委员会;不足 25 人的,可以单独建立基层工会委员会,也可以由两个以上单位的会员联合建立基层工会委员会,也可以选举组织员一人,组织会员开展活动。女职工人数较多的,可以建立工会女职工委员会,在同级工会领导下开展工作;女职工人数较少的,可以在工会委员会中设女职工委员。企业职工较多的乡镇、城市街道,可以建立基层工会的联合会。县级以上地方建立地方各级总工会。同一行业或者性质相近的几个行业,可以根据需要建立全国的或者地方的产业工会。全国建立统一的中华全国总工会。

2. *工会的设立与撤并*

《工会法》第 11 条规定,基层工会、地方各级总工会、全国或者地方产业工会组织的建立,必须报上一级工会批准。上级工会可以派员帮助和指导企业职工组建工会,任何单位和个人不得阻挠。第 12 条规定,任何组织和个人不得随意撤销、合并工会组织。基层工会所在的企业终止或者所在的事业单位、机关被撤销,该工会组织相应撤销,并报告上一级工会。

3. *工会干部的配备*

《工会法》第 13 条规定,职工 200 人以上的企业、事业单位的工会,可以设专职工会主席。工会专职工作人员的人数由工会与企业、事业单位协商确定。第 41 条规定,企业、事业单位、机关工会委员会的专职工作人员的工资、奖励、补贴,由所在单位支付。社会保险和其他福利待遇等,享受本单位职工同等待遇。第 15 条规定,基层工会委员会每届任期 3 年或者 5 年。各级地方总工会委员会和产业工会委员会每届任期 5 年。

4. 工会干部的法律保护

《工会法》第 17 条规定,工会主席、副主席任期未满时,不得随意调动其工作。因工作需要调动时,应当征得本级工会委员会和上一级工会的同意。罢免工会主席、副主席必须召开会员大会或者会员代表大会讨论,非经会员大会全体会员或者会员代表大会全体代表过半数通过,不得罢免。第 18 条规定,基层工会专职主席、副主席或者委员自任职之日起,其劳动合同期限自动延长,延长期限相当于其任职期间;非专职主席、副主席或者委员自任职之日起,其尚未履行的劳动合同期限短于任期的,劳动合同期限自动延长至任期期满。但是,任职期间个人严重过失或者达到法定退休年龄的除外。

(七) 基层工会组织

《工会法》除了第 10 条规对基层工会委员会的成立作出规定外,还对基层工会组织作了其他规定,具体内容如下:

基层工会委员会定期召开会员大会或者会员代表大会,讨论决定工会工作的重大问题。经基层工会委员会或者三分之一以上的工会会员提议,可以临时召开会员大会或者会员代表大会。

国有企业的工会委员会是职工代表大会的工作机构,负责职工代表大会的日常工作,检查、督促职工代表大会决议的执行;集体企业的工会委员会,应当支持和组织职工参加民主管理和民主监督,维护职工选举和罢免管理人员、决定经营管理的重大问题的权力;其他企业、事业单位的工会委员会,依照法律规定组织职工采取与企业、事业单位相适应的形式,参与企业、事业单位民主管理。

企业、事业单位研究经营管理和发展的重大问题应当听取工会的意见;召开讨论有关工资、福利、劳动安全卫生、社会保险等涉及职工切身利益的会议,必须有工会代表参加。企业、事业单位应当支持工会依法开展工作,工会应当支持企业、事业单位依法行使经营管理权。

基层工会委员会召开会议或者组织职工活动,应当在生产或者工作时间以外进行,需要占用生产或者工作时间的,应当事先征得企业、事业单位的同意。基层工会的非专职委员占用生产或者工作时间参加会议或者从事工会工作,每月不超过三个工作日,其工资照发,其他待遇不受影响。企业、事业单位、机关工会委员会的专职工作人员的工资、奖励、补贴,由所在单位支付。社会保险和其他福利待遇等,享受本单位职工同等待遇。

（八）工会的经费和财产

1. 工会经费和财产来源

《工会法》第 42 条规定,工会经费的来源:①工会会员缴纳的会费;②建立工会组织的企业、事业单位、机关按每月全部职工工资总额的百分之二向工会拨缴的经费;③工会所属的企业、事业单位上缴的收入;④人民政府的补助;⑤其他收入。前款第二项规定的企业、事业单位拨缴的经费在税前列支。

工会财产的来源有:①由政府和企事业行政直接拨给;②工会经费购置。《工会法》第 45 条规定,各级人民政府和企业、事业单位、机关应当为工会办公和开展活动,提供必要的设施和活动场所等物质条件。

2. 工会经费和财产的法律保护

《工会法》第 43 条规定,企业、事业单位无正当理由拖延或者拒不拨缴工会经费,基层工会或者上级工会可以向当地人民法院申请支付令;拒不执行支付令的,工会可以依法申请人民法院强制执行。

《工会法》第 46 条规定,工会的财产、经费和国家拨给工会使用的不动产,任何组织和个人不得侵占、挪用和任意调拨。《工会法》第 54 条规定,侵占工会经费和财产拒不返还的,工会可以向人民法院提起诉讼,要求返还,并赔偿损失。

（九）违反工会法的法律责任

违反工会法的法律责任,是指违法工会法律规范依法应当承担的法律后果,包括民事责任、行政责任和刑事责任。《工会法》第 49 条规定,工会对违反本法规定侵犯其合法权益的,有权提请人民政府或者有关部门予以处理,或者向人民法院提起诉讼。违反工会法的法律责任主要有以下四种情形:

1. 侵犯职工结社权的法律责任

依据《工会法》第 50 条的规定,违法阻挠职工依法参加和组织工会或者阻挠上级工会帮助、指导职工筹建工会的,由劳动行政部门责令其改正;拒不改正的,由劳动行政部门提请县级以上人民政府处理;以暴力、威胁等手段阻挠造成严重后果,构成犯罪的,依法追究刑事责任。依据第 52 条规定,职工因参加工会活动而被解除劳动合同的,由劳动行政部门责令恢复其工作,并补发被解除劳动合同期间应得的报酬,或者责令给予本人年收入二倍的赔偿。第 53 条规定,非法撤销、合并工会组织的,由县级以上人民政府责令改正,依法处理。

2. 侵犯工会工作人员合法权益的法律责任

《工会法》第 51 条规定,违反工会法规定,对依法履行职责的工会工作人员无正当理由调动工作岗位,进行打击报复的,由劳动行政部门责令改正、恢复原工作;造成损失的,给予赔偿。对依法履行职责的工会工作人员进行侮辱、诽谤或者进行人身伤害,构成犯罪的,依法追究刑事责任;尚未构成犯罪的,由公安机关依照治安管理处罚条例的规定处罚。第52条规定,工会工作人员因履行本法规定的职责而被解除劳动合同的,由劳动行政部门责令恢复其工作,并补发被解除劳动合同期间应得的报酬,或者责令给予本人年收入二倍的赔偿。

3. 侵占工会经费和财政的法律责任

《工会法》第54条规定,侵占工会经费和财产拒不返还的,工会可以向人民法院提起诉讼,要求返还,并赔偿损失。

4. 工会工作人员的法律责任

《工会法》第55条规定,工会工作人员违反法律规定,损害职工或者工会权益的,由同级工会或者上级工会责令改正,或者予以处分;情节严重的,依照《中国工会章程》予以罢免;造成损失的,应当承担赔偿责任;构成犯罪的,依法追究刑事责任。

第三节　集体协商与集体合同政策

一、集体协商政策

(一) 集体协商的概念

集体协商,在国外通常称为"集体谈判"或"劳资谈判"。集体谈判由英国学者韦伯夫妇首先提出,他们的著作《产业民主论》指出:在无工会组织的行业,劳动者个人无论是在找工作,还是接受或拒绝雇主提供的就业待遇时,除了考虑自己的状况外,并没有和其他同伴进行交流。为了出卖劳动力,劳动者个人不得不与雇主进行艰难的交涉,但如果工人们团结起来,推选代表以整个团体的名义与雇主谈判,其弱势地位将会立刻得到改变。刚开始的集体谈判还是劳动者自发的、无组织的,到后来慢慢落实为一种制度。国际劳工组织《促进集体谈判公约》第2条将集体谈判定义为:集体谈判是以一名雇主、一些雇主或一个或是几个雇主组织为一方,一个或数个工人组织为另一方,双方就以下目的所进行的所有谈判:①确定工作条件和就业条件;②调整雇主与工人之间的关系;③调整雇主组织与工人组织之间的关系。这一定义描述了集体谈判的主题和内容,即集体谈判是工会和资方确定就业条件和待遇的交涉过程。集体谈判是市场经济国家调整劳动关系的核心制度,不仅规定了劳动者的工资福利水平,而且确立了以集体协商的方式调整劳动关系的法律体系。

在中国,集体谈判是指工会(或职工代表)代表职工与雇主(或雇主组织),为签订集体合同围绕劳动报酬、工作时间以及其他雇用条件等为签订集体合同而进行商谈和交涉活动。

集体合同,依据其订立过程中是否含有集体协商,可分为谈判型和非谈判型。谈判型订立程序即集体协商程序,非谈判型订立程序,一般为社会主义国家所适用。2004年,我国施行的《集体合同规定你跟》将两种程序合并,确立了集体协商制度。《集体合同规定》第4条规定:"用人单位与本单位职工签订集体合同或专项集体合同,以及确定相关事宜,应当采取集体协商的方式。"

我国《劳动法》和《劳动合同法》在集体劳动关系调整中使用平等协商一词,平等协商更侧重协商过程。西方市场经济国家一般使用集体谈判或劳资谈判。集体谈判和集体协商从严格意义上将存在一定的差异:集体谈判强调利益差异性,集体行动被视为谈判的手段;而集体协商强调利益的一致性,并且以政府的协调处理为后盾。"协商与集体谈判的不同之处在于,它不是一个决策的过程,而是一个咨询的过程,它强调在劳工关系中的合作而不是敌手关系……协商与集体谈判不同,谈判的结果取决于双方能否达成一致,而在协商中,决策的最终力量总是在管理者手中。"①

(二) 集体协商的特点

集体协商是一种法律行为,合法性是其首要特点,即集体协商是在法律范围内的协商,协商代表的产生、协商的内容、协商的程序等都必须符合法律法规的规定。经过协商订立的集体合同,具有法律约束力。除此之外,集体协商还具有以下几个特点:

1. **集体协商的主体是职工团体与用人单位或用人单位团体**

集体协商制度承认劳动关系的双方——雇主和工人——是两个不同的利益主体,双方在劳动条件和就业条件的谈判中具有平等的地位。《劳动法》第33条规定,"集体合同由工会代表职工与企业签订;没有建立工会的企业,由职工推举的代表与企业签订。"《劳动合同法》第51条规定,"集体合同由工会代表企业职工一方与用人单位订立;尚未建立工会的用人单位,由上级工会指导劳动者推举的代表与用人单位订立。"可见,职工团体在我国主要指工会或职工代表,工会组织可以是企业内工会,也可以是产业工会、行业工会、地方各级工会组织或其上级工会等;未建立工会的,由本单位职工民主推荐,并经本单位半数以上职工同意;用人单位一方主要指企业等使用劳动力的组织,用人单位团体主要是各类企业家协会或行业协会等。

2. **集体谈判的内容是围绕劳动条件的改善和劳动关系处理原则展开的**

我国《集体合同规定》第8条,采取列举方式规定了集体合同的15项内容:即

---

① [美]约翰·P.温德姆勒.工业化市场经济国家的集体谈判[M].北京:中国劳动出版社,1994:12.

劳动报酬、工作时间、休息休假、劳动安全与卫生、补充保险和福利、女职工和未成年工特殊保护、职业技能培训、劳动合同管理、奖惩、裁员、集体合同期限、变更、解除集体合同的程序、履行集体合同发生争议时的协商处理办法、违反集体合同的责任、双方认为应当协商的其他内容。

3. 集体协商是签订集体合同的法定必经程序

集体协商是签订集体合同的前置程序,集体合是集体协商达成的协议。集体协商能够达成一致的,双方签订集体合同;如果协商不能达成一致的,集体合同最终不能产生。我国《集体合同规定》第 32 条规定:"集体协商任何一方均可就签订集体合同或专项集体合同以及相关事宜,以书面形式向对方提出进行集体协商的要求。一方提出进行集体协商要求的,另一方应当在收到集体协商要求之日起 20 日内以书面形式给以回应,无正当理由不得拒绝进行集体协商。"集体协商不一定都能签订集体合同,如果劳动者与用人单位意见达不成一致,就不可能签订集体合同。但是,集体合同的形成必须要经过集体协商,未经集体协商的集体合同无效,不具有法律效力。

4. 集体协商的运作具有灵活性

集体协商在运作过程中呈现复杂多元的模式。市场经济国家已经形成多层次、多级别的谈判模式,主要有国家级、产业行业级和企业级三种。集体协商的方式也比较灵活,双方可以就一项或多项内容或事项进行协商。工会(或职工代表)和用人单位认为企业劳动关系存在什么问题,就可以启动集体协商进行沟通,达成一致后可以签订集体合同或专项集体合同。集体协商未达成一致的,双方还可以约定下一次集体协商的时间、地点及内容,进行反复协商。

(三) 集体协商的功能

集体协商是市场经济国家调整劳动关系的基本手段和重要机制,是工会实现维权职能途径之一,也是判断企业经营管理水平、对职工权益维护力度和构建和谐劳动关系的重要标准。

集体协商的最终成果即集体合同不仅体现了企业的劳动关系,而且也规定了企业的基本发展目标和职工的基本权益及其保障条件。同时,集体合同也是对劳动法律的补充和具体化,被称为"企业的小宪法",受到广泛的重视。随着经济全球化的发展和产业结构调整的深化,集体谈判对调整劳动关系和维护劳动者权益的作用将会越来越凸显。通过集体协商,劳资双方就涉及劳资双方利益的一些问题进行交涉和磋商,从而达到某些妥协和双方都能接受的条件。集体协商能够培育民主平衡、制约劳资双方的力量。

通过集体协商订立集体合同,是社会主义市场经济体制下劳动关系调整体系的重要组成部分,是保护劳动者合法权益的重要手段,有助于劳动关系的和谐稳定。

(四) 集体协商的基本原则

开展集体协商、签订集体合同应当遵循以下原则：

1. 合法原则

集体协商必须符合法律规定。首先，集体协商主体必须具备合法资格；其次，集体合同的内容必须合法，经过集体协商达成的集体合同中的各项具体劳动标准不得低于劳动法律法规规定的标准；最后，集体协商必须按照法律、法规规定的程序进行。

2. 平等协商原则

所谓平等协商原则即在集体协商以及签订集体合同的过程中，劳动关系双方的法律地位平等，协商中双方应互相尊重，不能强迫，更不能采取威胁、引诱等不正当手段，强迫对方接受自己的条件和要求。

3. 诚实信用原则

诚实守信即双方当事人在集体协商过程中，应该保持诚实信用，如实地公开资料，客观地提出主张，合理地陈述理由；在订立和履行集体合同的过程中应当讲诚实、守信用，善意地行使权利履行义务，不得规避法律和合同义务。

4. 兼顾双方合法权益原则

集体协商要兼顾双方合法权益，公平地确定双方的权利义务。这就要求劳动关系双方从用人单位的实际出发，通过协商，针对用人单位经济发展水平和劳动关系现状，本着互谅互让，共谋发展的精神合理确定劳动标准和劳动条件，实现劳动者和用人单位的互利共赢。

5. 不得采取过激行为原则

不得采取过激行为原则也即平和原则，是指在集体协商过程中，双方当事人要加强协商和沟通，减少对抗和冲突。即使发生协商解决不成，也应依法申请当地劳动保障行政部门组织各方协调处理，不得采取过激行为。

(五) 集体协商的代表

1. 集体协商代表的产生

1) 集体协商代表产生的相关法律规定

集体协商代表是代表集体协商主体进行谈判的人。《集体合同规定》第 19 条规定，集体协商代表，是指按照法定程序产生并有权代表本方利益进行集体协商的人员。集体协商双方的代表人数应当对等，每方至少 3 人，并各确定 1 名首席代表。职工一方的协商代表由本单位工会选派。未建立工会的，由本单位职工民主推荐，并经本单位半数以上职工同意。

2) 首席代表的产生

职工一方的首席代表由本单位工会主席担任。工会主席可以书面委托其他协商代表代理首席代表。工会主席空缺的,首席代表由工会主要负责人担任。未建立工会的,职工一方的首席代表从协商代表中民主推举产生。

用人单位一方的协商代表,由用人单位法定代表人指派,首席代表由单位法定代表人担任或由其书面委托的其他管理人员担任。

3) 其他代表的产生

集体协商双方首席代表可以书面委托本单位以外的专业人员作为本方协商代表。委托人数不得超过本方代表的三分之一。首席代表不得由非本单位人员代理。

4) 区域性、行业性集体协商代表的产生

区域性行业性集体协商代表应按照规范程序产生。职工一方的协商代表由区域内的工会组织或行业工会组织选派,首席代表由工会主席担任。企业一方的协商代表由区域内的企业联合会/企业家协会或其他企业组织、行业协会选派,也可以由上级企业联合会/企业家协会组织区域内的企业主经民主推选或授权委托等方式产生,首席代表由企业方代表民主推选产生。

2. 集体协商代表的保护及变更

1) 集体协商代表的保护

协商代表代表用人单位或职工进行集体合同内容的协商,为用人单位或职工谋取利益,因此协商代表,尤其是职工一方的协商代表的利益应当得保护,不得无故侵害协商代表的合法权益。首先,企业内部的协商代表参加集体协商视为提供了正常劳动;其次,职工一方协商代表在其履行协商代表职责期间劳动合同期满的,劳动合同期限自动延长至完成履行协商代表职责之时,除出现下列情形之一的,用人单位不得与其解除劳动合同:严重违反劳动纪律或用人单位依法制定的规章制度的;严重失职、营私舞弊,对用人单位利益造成重大损害的;被依法追究刑事责任的;最后,职工一方协商代表履行协商代表职责期间,用人单位无正当理由不得调整其工作岗位。

2) 集体协商代表的变更

工会可以更换职工一方协商代表;未建立工会的,经本单位半数以上职工同意可以更换职工一方协商代表。用人单位法定代表人可以更换用人单位一方协商代表。协商代表因更换、辞任或遇有不可抗力等情形造成空缺的,应在空缺之日起15 日内按照本规定产生新的代表。

(六) 集体协商的程序

集体协商要经过反复多次的讨价还价,协商的过程实际上是劳资双方求同存异、逐步形成共识、解决矛盾和分歧的过程。这一过程大体上包括以下几个阶段。

1. 要约阶段

要约即提出协商要求，是集体协商的第一步。集体协商任何一方均可就签订集体合同或专项集体合同以及相关事宜，以书面形式向对方提出进行集体协商的要求。一方提出进行集体协商要求的，另一方应当在收到集体协商要求之日起 20日内以书面形式给予回应，无正当理由不得拒绝进行集体协商。

2. 准备阶段

协商代表在协商前应进行下列工作：①熟悉与集体协商内容有关的法律、法规、规章和制度；②了解与集体协商内容有关的情况和资料，收集用人单位和职工对协商意向所持的意见；③拟定集体协商议题，集体协商议题可由提出协商一方起草，也可由双方指派代表共同起草；④确定集体协商的时间、地点等事项；⑤共同确定一名非协商代表担任集体协商记录员。记录员应保持中立、公正，并为集体协商双方保密。

3. 召开协商会议

集体协商主要采用协商会议的形式，集体协商会议由双方首席代表轮流主持，并按下列程序进行：①宣布议程和会议纪律；②一方首席代表提出协商的具体内容和要求，另一方首席代表就对方的要求作出回应；③协商双方就商谈事项发表各自意见，开展充分讨论；④双方首席代表归纳意见。

集体协商未达成一致意见或出现事先未预料的问题时，经双方协商，可以中止协商。中止期限及下次协商时间、地点、内容由双方商定。

经集体协商达成一致的，应当形成集体合同草案或专项集体合同草案，由双方首席代表签字。

4. 讨论通过阶段

经双方协商代表协商一致的集体合同草案或专项集体合同草案应当提交职工代表大会或者全体职工讨论。职工代表大会或者全体职工讨论集体合同草案或专项集体合同草案，应当有三分之二以上职工代表或者职工出席，且须经全体职工代表半数以上或者全体职工半数以上同意，集体合同草案或专项集体合同草案方获通过。集体合同草案或专项集体合同草案经职工代表大会或者职工大会通过后，由集体协商双方首席代表签字。

5. 确认阶段

关于集体合同的确认世界各国有"认可制"和"备查制"两种方式。"认可制"要求集体合同必须经过行政部门确认方能生效。

我国法律对集体合同的确认采用的是"认可制"。集体合同或专项集体合同签订或变更后，应当自双方首席代表签字之日起 10 日内，由用人单位一方将文本一式三份报送劳动保障行政部门审查。劳动保障行政部门对报送的集体合同或专项集体合同应当办理登记手续。劳动保障行政部门应当对报送的集体合同或专项集体合同的下列事项进行合法性审查：集体协商双方的主体资格是否符合法律、法规和规章规定；集体协商程序是否违反法律、法规、规章规定；集体合同或专项集体合同内容是否与国家规定相抵触。

劳动保障行政部门自收到文本之日起 15 日内未提出异议的，集体合同或专项集体合同即行生效。

6. 公布阶段

生效的集体合同或专项集体合同，应当自其生效之日起由协商代表及时以适当的形式向本方全体人员公布。

二、集体合同政策

（一）集体合同的概念和特征

集体合同又称团体协议，是指工会组织（或职工代表）与用人单位（或其团体）之间通过集体协商订立的，以规范劳动关系和劳动条件为内容的书面协议。我国《集体合同规定》第 3 条规定："本规定所称集体合同，是指用人单位与本单位职工根据法律、法规、规章的规定，就劳动报酬、工作时间、休息休假、劳动安全卫生、职业培训、保险福利等事项，通过集体协商签订的书面协议。"

我国集体合同包括用人单位集体合同、行业性集体合同或者区域性集体合同，同时也包括综合性集体合同和专项集体合同。

集体合同本质上是一种合同关系，具备合同的一般特征、相比于其他合同，集体合同具有以下特征：

1. 主体的特定性

集体合同的当事人不是任意的劳动法律关系主体，当事人一方为能够依法代表职工的工会组织或职工推举的代表，另一方是与之对应的用人单位或其团体。

2. 集体合同具有特定的内容

集体合同以全体劳动者的共同权利义务为内容，除了专项集体合同外，集体合同的内容一般涉及劳动关系的各个方面。集体合同的内容包括三个方面：一是实体性条款，即劳动报酬、工作时间、休息休假、劳动安全与卫生、补充保险和福利、女职工和未成年工特殊保护、职业技能培训、劳动合同管理、奖惩、裁员、集体合同期限；二是程序定条款即变更、解除集体合同的程序、履行集体合同发生争议时的协商处理办法等；三是双方认为应当协商的其他内容。

3. 双方承担义务的差异性

企业不履行合同的义务，要承担法律和经济责任，而工会在集体合同中承担的义务,主要属于社会道义性质,因此,工会一般不负法律和经济责任。

4. 形式和程序的规范性

集体合同是要式合同,必须采取书面形式,必须经过集体协商程序。集体合同经人力资源社会保障行政部门审核后生效。

5. 法律效力的扩张性和约束性

集体合同,除对当事人有一定的约束力外,还能够覆盖双方主体所各自代表的劳动者群体和用人单位群体。集体合同是劳动合同的基本标准,集体合同的规定对用人单位与劳动者签订劳动合同中的劳动报酬和劳动条件等标准具有约束力。集体合同对劳动合同缺失或约定不明确的具有替补适用效力。

(二) 集体合同的内容和期限

1. 集体合同的内容

集体合同通常涉及以下内容:

(1) 劳动报酬。主要包括:用人单位工资水平、工资分配制度、工资标准和工资分配形式;工资支付办法;加班、加点工资及津贴、补贴标准和奖金分配办法;工资调整办法;试用期及病、事假等期间的工资待遇;特殊情况下职工工资(生活费)支付办法;其他劳动报酬分配办法。

(2) 工作时间。主要包括:工时制度;加班加点办法;特殊工种的工作时间;劳动定额标准。

(3) 休息休假。主要包括:日休息时间、周休息日安排、年休假办法;不能实行标准工时职工的休息休假;其他假期。

(4) 劳动安全与卫生。主要包括:劳动安全卫生责任制;劳动条件和安全技术措施;安全操作规程;劳保用品发放标准;定期健康检查和职业健康体检。

(5) 补充保险和福利。主要包括:补充保险的种类、范围;基本福利制度和福利设施;医疗期延长及其待遇;职工亲属福利制度。

(6) 女职工和未成年工特殊保护。主要包括:女职工和未成年工禁忌从事的劳动;女职工的经期、孕期、产期和哺乳期的劳动保护;女职工、未成年工定期健康检查;未成年工的使用和登记制度。

(7) 职业技能培训。主要包括:职业技能培训项目规划及年度计划;职业技能培训费用的提取和使用;保障和改善职业技能培训的措施。

(8) 劳动合同管理。主要包括:劳动合同签订时间;确定劳动合同期限的条件;劳动合同变更、解除、续订的一般原则及无固定期限劳动合同的终止条件;试用期的条件和期限。

(9) 奖惩。主要包括:劳动纪律;考核奖惩制度;奖惩程序。

(10) 裁员。主要包括:裁员的方案;裁员的程序;裁员的实施办法和补偿标准。

除上述内容之外,集体合同还包括集体合同期限、集体合同的变更或解除程序、履行集体合同发生争议时的协商处理办法、违反集体合同的责任、双方认为应当协商的其他内容。

2. 集体合同的期限

我国《集体合同规定》第 38 条规定:"集体合同或专项集体合同期限一般为 1 至 3 年,期满或双方约定的终止条件出现,即行终止。集体合同或专项集体合同期满前 3 个月内,任何一方均可向对方提出重新签订或续订的要求。"

(三) 集体合同审查

依据我国《集体合同规定》,集体合同或专项集体合同签订或变更后,应当自双方首席代表签字之日起 10 日内,由用人单位一方将文本一式三份报送劳动保障行政部门审查。劳动保障行政部门对报送的集体合同或专项集体合同应当办理登记手续。

集体合同或专项集体合同审查实行属地管辖,具体管辖范围由省级劳动保障行政部门规定。中央管辖的企业以及跨省、自治区、直辖市的用人单位的集体合同应当报送劳动保障部或劳动保障部指定的省级劳动保障行政部门。

劳动保障行政部门应当对报送的集体合同或专项集体合同的下列事项进行合法性审查:集体协商双方的主体资格是否符合法律、法规和规章规定;集体协商程序是否违反法律、法规、规章规定;集体合同或专项集体合同内容是否与国家规定相抵触。

劳动保障行政部门对集体合同或专项集体合同有异议的,应当自收到文本之日起 15 日内将《审查意见书》送达双方协商代表。《审查意见书》应当载明以下内容:集体合同或专项集体合同当事人双方的名称、地址;劳动保障行政部门收到集体合同或专项集体合同的时间;审查意见;作出审查意见的时间。《审查意见书》应当加盖劳动保障行政部门印章。

用人单位与本单位职工就劳动保障行政部门提出异议的事项经集体协商重新签订集体合同或专项集体合同的,用人单位一方应当根据规定将文本报送劳动保障行政部门审查。

(四) 集体合同的变更、解除和终止

1. 集体合同变更和解除的条件

双方协商代表协商一致,可以变更或解除集体合同或专项集体合同。有下列情形之一的,可以变更或解除集体合同或专项集体合同:用人单位因被兼并、解散、破产等原因,致使集体合同或专项集体合同无法履行的;因不可抗力等原因致使集体合同或专项集体合同无法履行或部分无法履行的;集体合同或专项集体合同约

定的变更或解除条件出现的;法律、法规、规章规定的其他情形。

2. 集体合同变更的程序

变更或解除集体合同或专项集体合同适用集体协商程序。也就是说,集体合同的变更或解除,一般应该经过当事人协商,但在某些情况下,也允许单方解除合同。

3. 集体合同的终止

集体合同或专项集体合同期限一般为 1 至 3 年,期满或双方约定的终止条件出现,即行终止。

(五) 集体合同的效力

集体合同的效力是指集体合同成立之后所具有的法律上的约束力,包括对人的效力、时间效力和对劳动合同的效力。

1. 集体合同对人的效力

集体合同对人的法律效力,是指集体合同对什么人具有法律约束力。我国《劳动法》第 35 条规定,依法签订的集体合同对企业和企业全体职工具有约束力。职工个人与企业订立的劳动合同中劳动条件和劳动报酬等标准不得低于集体合同的规定。《劳动合同法》第 54 条规定,依法订立的集体合同对用人单位和劳动者具有约束力。依据上述规定,在一个用人单位内部,只要工会与用人单位订立了集体合同,工会就代表了全体职工,而不是只代表工会会员,所以集体合同的效力不仅适用于工会会员,也适用于非工会会员。集体合同生效后录用的新员工,也受集体合同的约束。对用人单位而言,法人代表的变动不影响集体合同的效力。此外,行业性、区域性集体合同对当地本行业、本区域的用人单位和劳动者具有约束力。

2. 集体合同的时间效力

集体合同的时间效力是指集体合同从什么时间开始发生效力,什么时间终止其效力。集体合同的时间效力通常以其存续时间为标准,一般从集体合同生效之日,如果当事人另有约定的,应在集体合同中明确规定。依据我国《集体合同规定》,集体合同或专项集体合同期限一般为 1 至 3 年,期满或双方约定的终止条件出现,即行终止。集体合同或专项集体合同期满前 3 个月内,任何一方均可向对方提出重新签订或续订的要求。

3. 集体合同对劳动合同的效力

集体合同的效力高于劳动合同。用人单位与劳动者订立的劳动合同中劳动报酬和劳动条件等标准不得低于集体合同规定的标准。

集体合同相对于劳动合同具有补充适用的效力。《劳动合同法》第 11 条规定:"用人单位未在用工的同时订立书面劳动合同,与劳动者约定的劳动报酬不明确的,新招用的劳动者的劳动报酬按照集体合同规定的标准执行;没有集体合同或者集体合同未规定的,实行同工同酬。"第 18 条规定:"劳动合同对劳动报酬和劳动条件等标准约定不明确,引发争议的,用人单位与劳动者可以重新协商;协商不成的,适用集体合同规定;没有集体合同或者集体合同未规定劳动报酬的,实行同工同酬;没有集体合同或者集体合同未规定劳动条件等标准的,适用国家有关规定。"

(六) 违反集体合同法的法律责任

1. 集体合同签订方面的法律责任

集体合同签订方面的法律责任主要是行政责任。《工会法》第 53 条规定,无正当理由拒绝进行平等协商的,由县级以上人民政府责令改正,依法处理。

2. 集体合同履行方面的责任

集体合同履行的法律责任即违反集体合同的责任,这种责任的性质是违约责任,主要承担赔偿民事责任。《劳动合同法》第 56 条规定,用人单位违反集体合同,侵犯职工劳动权益的,工会可以依法要求用人单位承担责任;因履行集体合同发生争议,经协商解决不成的,工会可以依法申请仲裁、提起诉讼。

第四节　劳动争议解决政策

一、劳动争议政策的演变

对于劳动争议的定义,不同学者的解释、说法不尽相同。一般认为,劳动争议是指劳动关系当事人因劳动权利义务发生分歧而引起的争议。其中有的属于既定权利的争议,包括适用劳动法、集体合同、劳动合同等的既定内容而发生的争议;有的属于利益争议,是当事人主张的权利和义务所发生法律上没有明确规定,涉及当事人之间的利益分配,它取决于当事人的博弈力量。

西方国家对劳动争议的处理,有的由普通法院审理,有的由特别的劳工法院处理。由特别的劳工法院处理劳动争议,可以追溯到 13 世纪的欧洲的行会法庭。法国 1806 年于里昂创设了劳动审理所,此后意大利、德国等国才相继设立了劳工法庭。很多国家处理劳动争议采取自愿调解、强制调解、自愿仲裁和强制仲裁 4 项措施。

我国在 1949 年制定了《关于劳资关系暂行处理办法》和《劳资关系解决程序的暂行规定》,劳动部于 1950 年制定了《劳动争议仲裁委员会组织及工作规则》和《关于劳动争议解决程序的规定》,根据这些规定,我国初步建立了一套包括协商、调解、仲裁和审判的劳动争议处理制度。但此后劳动争议制度一度终止,1956—1986年改用来信来访制度处理劳动争议。但这种政策带来很多问题,诸如浪费人力、物力和使纠纷久拖不决等。

　　党的十一届三中全会后中国实行改革开放政策后,劳动关系领域的改革也不断深入,劳动争议也不断增加。为了有效解决日益增多的劳资纠纷,1987 年 7 月,国务院发布《国营企业劳动争议处理暂行规定》,恢复了在国有企业中的劳动争议处理制度。

　　党的十四大后,明确提出全面发展社会主义市场经济,中国的劳动关系发生的变化更加明显,劳动争议大量增加。1993 年 7 月,国务院颁布了《企业劳动争议处理条例》,劳动争议处理制度扩大到了各种性质的企业之中。1994 年 7 月 5 日,全国人大常委会审议通过了《劳动法》,在第 10 章《劳动争议》内肯定《企业劳动争议处理条例》的各项内容,并特别规定因签订集体合同发生争议、当事人协商解决不成的,当地人民政府劳动行政部门可以组织有关各方协调处理;因履行集体合同发生的争议,当事人协商解决不成的,再通过仲裁、法院审判程序处理。2007 年 12 月 29 日,第十届全国人民代表大会常务委员会通过《中华人民共和国劳动争议调解仲裁法》,自 2008 年 5 月 1 日起施行。2011 年 11 月 30 日,人力资源和社会保障部公布《企业劳动争议协商调解规定》。

二、劳动争议解决

　　各国处理劳动争议的机构不尽相同。有些国家规定仲裁后不服可向法院起诉,有的则仲裁、审判由当事人选择。我国《劳动法》第 79 条规定:"劳动争议发生后,当事人可以向本单位劳动争议调解委员会申请调解,调解不成,当事人一方要求仲裁的,可以向劳动争议仲裁委员会申请仲裁,当事人一方也可以直接向劳动争议仲裁委员会申请仲裁。对仲裁裁决不服的,可以向人民法院提起诉讼。"《劳动争议调解仲裁法》第 4 条规定:"发生劳动争议,劳动者可以与用人单位协商,也可以请工会或者第三方共同与用人单位协商,达成和解协议。"第 5 条规定:"发生劳动争议,当事人不愿协商、协商不成或者达成和解协议后不履行的,可以向调解组织申请调解;不愿调解、调解不成或者达成调解协议后不履行的,可以向劳动争议仲裁委员会申请仲裁;对仲裁裁决不服的,除本法另有规定的外,可以向人民法院提起诉讼。"据此,我国目前劳动争议处理机制主要是劳动争议调解、劳动争议仲裁和劳动争议诉讼。

1. 劳动争议调解

　　劳动争议调解,是指劳动争议调解组织对用人单位和劳动者发生的劳动争议,以法律为依据,以协商的方式,使双方当事人达成协议,消除纷争的劳动纠纷解决方式。劳动争议调解应当遵循以下原则:当事人自愿原则,依据事实及时调解;对当事人在适用法律上一律平等;同当事人民主协商,尊重当事人申请仲裁和诉讼的权利。

发生劳动争议,当事人可以到下列调解组织申请调解:①企业劳动争议调解委员会;②依法设立的基层人民调解组织;③在乡镇、街道设立的具有劳动争议调解职能的组织。

企业劳动争议调解委员会由职工代表和企业代表组成。职工代表由工会成员担任或者由全体职工推举产生,企业代表由企业负责人指定。企业劳动争议调解委员会主任由工会成员或者双方推举的人员担任。劳动争议调解组织的调解员应当由公道正派、联系群众、热心调解工作,并具有一定法律知识、政策水平和文化水平的成年公民担任。当事人申请劳动争议调解可以书面申请,也可以口头申请。口头申请的,调解组织应当当场记录申请人基本情况、申请调解的争议事项、理由和时间。调解劳动争议,应当充分听取双方当事人对事实和理由的陈述,耐心疏导,帮助其达成协议。

经调解达成协议的,应当制作调解协议书。调解协议书由双方当事人签名或者盖章,经调解员签名并加盖调解组织印章后生效,对双方当事人具有约束力,当事人应当履行。自劳动争议调解组织收到调解申请之日起 15 日内未达成调解协议的,当事人可以依法申请仲裁。达成调解协议后,一方当事人在协议约定期限内不履行调解协议的,另一方当事人可以依法申请仲裁。因支付拖欠劳动报酬、工伤医疗费、经济补偿或者赔偿金事项达成调解协议,用人单位在协议约定期限内不履行的,劳动者可以持调解协议书依法向人民法院申请支付令。人民法院应当依法发出支付令。

劳动争议调解解决劳动争议是一种十分有效又有利于改善双方关系的方式,在劳动争议处理过程中调解占有很重要的地位。但由于企业劳动争议调解委员会的调解不具有法律效力,因此,对一些争议较大、矛盾突出的劳动争议,调解方式就难以解决了。同时,调解的非强制性,不具法律效力,本身需要靠当事人的自我约束。因此,劳动争议协调应当赋予当事人选择的权利,而不能强迫。

2. 劳动争议仲裁

劳动争议仲裁是指劳动关系当事人将劳动争议提交法定的仲裁机构——劳动争议仲裁委员会,由其对双方的争议进行梳理,并作出对双方具有约束力裁决的纠纷解决方式。

劳动争议仲裁委员会按照统筹规划、合理布局和适应实际需要的原则设立。省、自治区人民政府可以决定在市、县设立;直辖市人民政府可以决定在区、县设立。直辖市、设区的市也可以设立一个或者若干个劳动争议仲裁委员会。

劳动争议仲裁委员会不按行政区划层层设立。劳动争议仲裁委员会由劳动行政部门代表、工会代表和企业方面代表组成。劳动争议仲裁委员会组成人员应当是单数。

根据《劳动争议调解仲裁法》第二条之规定,劳动争议仲裁委员会主要处理用人单位与劳动者发生的下列劳动争议:

(1) 因确认劳动关系发生的争议;

(2) 因订立、履行、变更、解除和终止劳动合同发生的争议;

(3) 因除名、辞退和辞职、离职发生的争议;

(4) 因工作时间、休息休假、社会保险、福利、培训以及劳动保护发生的争议;

(5) 因劳动报酬、工伤医疗费、经济补偿或者赔偿金等发生的争议;

(6) 法律、法规规定的其他劳动争议。

企业与职工为劳动争议的当事人。企业法人由其法定代表人参加仲裁活动。依法成立的其他企业或单位由其主要负责人参加仲裁活动。劳动争议仲裁委员会依法履行下列职责:

(1) 聘任、解聘专职或者兼职仲裁员;

(2) 受理劳动争议案件;

(3) 讨论重大或者疑难的劳动争议案件;

(4) 对仲裁活动进行监督。

劳动争议仲裁委员会下设办事机构,负责办理劳动争议仲裁委员会的日常工作。当事人对仲裁不服的,除法律规定依法终结的以外,可以自收到仲裁裁决书之日起15日内向人民法院提起诉讼。一方当事人在法定期限内不起诉又不履行仲裁裁决的,另一方当事人可以申请人民法院强制执行。

仲裁是处理劳动争议的最重要的程序。是处理劳动争议的必经程序,不经仲裁,当事人就无权直接向人民法院申请诉讼。仲裁程序介于调解与法院判决之间,既具有调解程序的灵活性,又具有法院审判或诉讼的作用。

3. 劳动争议诉讼

劳动争议诉讼按照人民法院审理民事案件的程序进行。人民法院也担负处理劳动争议案件的任务。《劳动法》第83条规定:"劳动争议当事人对仲裁裁决不服的,可以自收到裁决书之日起15日内向人民法院提起诉讼。"《劳动争议调解仲裁法》第5条规定:"对仲裁裁决不服的,除本法另有规定的外,可以向人民法院提起诉讼。"调解、仲裁、诉讼是三个处理劳动争议的程序,这三个程序都是相对独立的,三者之间不能互相取代,它们在争议的处理中有着不同的地位,同时又是互相衔接的,具有某种递进性。其中,调解是当事人自愿选择的程序,不是必须程序。仲裁则是争议处理必不可缺的程序,诉讼是劳动者权利救济的最后一道屏障。只有在经过了仲裁并对仲裁裁决不服且符合法律规定的情况下,当事人才可以向法院起诉,否则法院是不予受理的,可见仲裁是诉讼的必经程序。

第五节　罢工政策

一、罢工政策概述

罢工行动,或被简称为罢工,是工人为了表示抗议,而集体拒绝工作的行为。在以集体劳动为主的工作行业,如工厂、煤矿等,罢工往往能够迅速得到雇主、政府和公众的注意,从而工人所提出的要求就更可能获得保证。

部分国家明确禁止所有公共事业的员工参与罢工。美国的《铁路劳工法案》明确限制了航空和铁路业员工可以合法进行罢工的场合。美国的《国家劳资关系法案》则允许罢工,但也禁止了某些罢工可导致国家危机的行业,如公共运输工人及公务员。

大部分极权国家完全禁止罢工,在一些共产主义政权国家,如前苏联,罢工被视为反革命行为,是一律禁止的。1975 年、1978 年的中国宪法中的公民权利包括罢工自由,但后来 1982 年删除,至今仍未恢复。实际上,罢工权是劳动基本权的基本构成。劳动者能否享有罢工权,直接关系到劳动基本权是否完整。关于中国的罢工权问题,由于涉及中国的人权状况评价,又与工人队伍的稳定和社会安定直接相关,因此历来是学术研究中的一个敏感问题,但实际上,中国时有因劳资纠纷等问题产生的罢工。某些国家,如墨西哥,罢工虽不违法但会受到政府的严密监察。

二、西方罢工政策的变迁

在西方国家,罢工是工人运动的重要形式之一。工会是劳工在举行罢工等集体行动中自发组织起来的。从 18 世纪后半叶到 19 世纪上半叶,英、法、德、美等国先后完成产业革命,资本主义终于最后战胜封建主义,从而巩固了自己的统治地位。同时,工人阶级也在成长壮大起来。劳工大众为改善自己的生活条件和劳动条件,不断展开斗争,包括罢工,并成立了工会。在许多国家,工会经历了被禁止、被限制、允许存在和立法加以保护的过程。1871 年,英国颁布了世界上的第一个工会法。劳资之间开始举行协商对话、订立团体协约,尽力协调双方关系,但罢工斗争仍不断出现。19 世纪末至 20 世纪初,一些国家开始在立法中对罢工行为作出规定。其立法措词一般是,对和平罢工不予干涉,否则即加以禁止。在宪法里规定罢工权则是第二次世界大战以后的事。许多国家积累了处理罢工事件的丰富经验,并在法律上作出了适当规定。

各国的罢工事件,不可避免地造成了经济损失,影响到社会公共生活秩序。劳工一方也是有得又有失。经过政府居间调停、斡旋、劳资双方的反复谈判等多种方式的运用,罢工事件终于一件件都能在劳资双方均表满意或相互退让妥协中得到处理,宣告结束。许多国家关于罢工的法律规定并非尽善尽美,执行中也未全部得到遵守;但应该承认,罢工立法对于抑制和减少罢工事件的发生以及罢工事件的处理,对于保护劳工合法权益、协调劳资关系、促进经济发展,均起到了十分重要的作用,这是劳资双方和社会各界有目共睹并一致承认和予以赞许的事实。

三、中国罢工政策的变迁与争论

新中国成立之后,1950 年 6 月 29 日,中央人民政府即公布了《工会法》。对于罢工问题,由于事实上罢工事件极少发生,更由于对劳动争议即使在公有制企业中也将长期存在的形势认识不足以及民主和法制观念很差,20 多年中从未在法律上做出过规定。首先做出规定是 1975 年《宪法》,其第 28 条规定,"公民有言论、通信、出版、集会、结社、游行、示威、罢工的自由"。1978 年《宪法》第 45 条规定:"公民有言论、通信、出版、集会、结社、游行、示威、罢工的自由,有运用'大鸣、大放、大辩论、大字报'的权利"。1980 年 9 月全国五届人大三次会议通过修改 1978 年《宪法》第 45 条的决议案,取消了原有的"有运用'大鸣、大放、大辩论、大字报'的权利"的规定,关于罢工自由的规定没有取消。直到 1982 年通过的新宪法中,才取消了"罢工自由"的规定。

当时中国宪法中规定罢工自由,实际上完全是为了适应当时"文化大革命"中特殊形势下特殊斗争中的特殊需要,它完全没有体现出规定罢工权是为了赋予劳工大众在自身权益受到雇主或其他用工者极度侵害时以自卫斗争武器的立法宗旨。十一届三中全会以后急需拨乱反正,恢复政治、经济和社会生活正常秩序。当时,"十年动乱"中形成的无政府主义思想的余毒影响还很大,"罢工自由"的规定,只会助长某些职工停工、怠工、散漫、怠惰、不遵守纪律、不服从生产指挥等种种恶习和违纪行为的发展。1982 年《宪法》取消"罢工自由",是有充分理由的。

谈到罢工,人们总是将它与政治联系起来。当然,引发罢工有政治因素,有些罢工也有政治目的。但是,就罢工的实质来讲,是一种经济行为和经济手段,从更严格的意义上讲,罢工属于劳动关系的范畴,是劳动关系中的劳动者维护自己利益的武器,是劳动者自助自卫的最后的手段。我国发生罢工的基本原因,主要是由于劳动关系领域仍然存在着争议和纠纷。在这种争议或纠纷不能完全通过体制内制度化的渠道来解决,或解决劳动争议的方法还不规范时,劳动者群众在不得已的情况下,为了维护自己的权益,只好诉诸于体制外的工人斗争手段。

改革开放以来,随着社会主义市场经济体制的建立,我国劳动关系发生了深刻变化。一方面是市场条件下不同经济主体的利益诉求得到承认,中国的劳动关系已基本完成了市场化转型,但另一方面劳动关系力量平衡的法制环境和运行机制却没有形成。在计划体制的劳动用工制度被市场化的劳动关系所取代的同时,企业员工工资福利、国有企业裁员增效、私营企业劳动保险等因素引发的罢工事件也呈日趋增多态势。特别是近几年,劳动关系领域的罢工事件呈现出"高位运行"的趋势。劳资矛盾所引发的罢工事件攀升已是不容回避的事实。

实际上,对于劳动者自发罢工的法律性质,出现了不同的意见,可以分为"合法说"与"违法说"两种针锋相对的意见。"合法说"是我国较为主流的一种学说,陈志武、常凯、周永坤是主要代表。持"合法说"的学者认为,我国宪法没有禁止罢工行为,不仅如此,他们还认为自发罢工有两个合法的依据:一是《经济、社会和文化权利国际公约》;二是《工会法》。面对我国媒体对本国工人行动的一片赞扬,何力、侯玲玲无疑对自发罢工的违法性进行了最为完整的阐述。他们认为,这一罢工事件不仅是个人违法,而且是一次集体违法、违约行为。一是违反了《集会游行示威法》;二是违反了劳动合同和《劳动合同法》,既是违约行为,也是违法行为;这些学者还认为这种违法的低成本使其容易蔓延。

思考题

1. 简述我国劳动关系政策的变迁及趋势。
2. 简述我国工会的性质与职能。
3. 简述集体协商的含义和特点。
4. 简述集体协商的程序。
5. 简述集体合同的概念和特征。
6. 如何理解集体合同的效力?
7. 简述我国劳动争议处理机制的内容与程序。
8. 谈谈你对中国罢工政策的认识。

本章参考文献

[1] 佟新. 劳工政策和劳工研究的四种理论视角[J]. 云南民族大学学报(哲学社会科学版),2008(5).

[2] 吴清军,刘宇. 劳动关系市场化与劳工权益保护——中国劳动关系政策的发展路径与策略[J]. 中国人民大学学报,2013(1).

[3] [美]约翰·P. 温德姆勒. 工业化市场经济国家的集体谈判[M]. 何平,等,译. 北京:中国劳动出版社,1994.

［4］常凯. 论中国的罢工权立法［DB/OL］. http://www. 51labour. com/labour-law/show-8773. html.

［5］董保华. 劳动者自发罢工的机理及合法限度［J］. 甘肃社会科学,2012(1).

［6］王全兴. 劳动法学［M］. 北京:高等教育出版社,2004.

第九章　劳动关系三方协商机制

本章概括了三方协商机制的概念、发展和特征、职能，分析了三方协商机制的理论基础，介绍了我国三方协商机制的建立和发展、组织形式和运行方式、工会与政府联席会议制度以及在和谐劳动关系与和谐社会建设中的作用。

第一节　劳动关系三方协商机制概述

一、三方协商机制的概念

(一) 定义

三方协商机制是工业化市场经济国家协调劳动关系的一种重要机制。在我国，三方协商机制是指在国家、地方以及产业领域，由政府、经营者组织和工会组织，根据相关法律并遵循一定的议事规则，就有关涉及劳动关系的重大问题进行协商的一种制度。三方协商中，政府代表国家，经营者组织代表雇主和管理方，工会代表职工。在我国社会主义市场经济条件下，由政府、工会和经营者组织结成的三方协商关系是劳动关系的一种重要表现形式。

(二) 主体

1. 政府

政府有广义和狭义之分。广义的政府是国家权力机关的总称，包括立法、行政、司法机关等。狭义的政府仅指国家机关中依法享有行政权力、履行行政职能的机关。劳动关系三方协商机制中的政府主要使用狭义的政府概念，各国一般由主管劳动行政事务的部门代表政府负责参与该领域的具体和日常工作。

虽然其他国家政府（狭义的政府）在三方协商机制中所起的作用大小不一，但对于我国而言，由于尚处于由计划经济向市场经济的转型过程中，劳动关系复杂多变，且事关社会经济和政治的稳定，由政府在三方协商机制中起主导作用尤为重要。具体来说，政府的主导作用应当体现在：

（1）着眼于改革、发展和稳定的大局，有关涉及劳动关系调整的重大事项，应切实摆在中央政府、各级地方政府及相关立法部门的议事日程上，并作为政府应承担的一项重要社会责任。同时，应通过政府授权的方式，明晰参与三方协商的政府劳动行政部门的基本职责，以弱化各级劳动行政部门所持主张的部门色彩，使之直接体现和代表国家的政策意向。

（2）尽管三方协商机构的主要负责人由劳动行政部门出任（一些工业化市场经济国家还经由政府正式任命程序）并负责协调和处理三方协商的日常事务，但是政府还应选派专职人员负责联络三方协商的日常事务及进展情况，如遇三方协商出现重大纷争或久拖不决的重大议题，劳动行政部门可提请政府适时调处和斡旋。此外，从一些工业化市场经济国家的通行做法看，当劳动关系领域发生较大规模的劳动争议危及到社会公共秩序或公众利益时，政府可经相关法律程序进行必要干预。

（3）各级政府劳动行政部门应通过强有力的执法监督和社会监控手段，确保三方协商达成的各项决议能够为劳动关系双方自觉遵守，以维护国家法律、法规及政策的严肃性和有效性。同时，政府劳动行政部门对三方协议的落实和履行应起表率作用。

2．工会

我国工会是中国共产党领导下、职工自愿结合的工人阶级的群众组织，是党和政府联系职工的桥梁和纽带。依照《工会法》规定："中华全国总工会及其各工会组织代表职工的利益，依法维护职工的合法权益。"

具体到三方协商机制中，我国《工会法》第三十四条规定："各级人民政府劳动行政部门应当会同同级工会和企业方面代表，建立劳动关系三方协商机制，共同研究解决劳动关系方面的重大问题。"劳动关系三方协商机制的运作包括国家级、地方级和产业级，因此，作为职工代表参与的工会组织主要是中华全国总工会、地方各级总工会以及各产业工会。

为更好维护职工的权益，必须加强工会的代表性。实践中，明晰工会的代表性有待解决两个问题：一是适应市场经济发展要求，坚定不移地推进工会自身改革，逐步消除工会在干部人事制度和活动方式等方面存在的"行政化色彩"，以及工会在经费管理方面存在的依附性；二是在非公有制企业继续加大工会组建力度，以使劳动争议涉及的职工合法权益能够通过工会组织得到主张。解决这两个问题的基础是着力强化和塑造基层工会的代表性，使基层工会能够依法履行其基本职责，成为职工群众信赖的组织。只有立足在这个基础上，广大职工的合法权益与意愿心声才能顺畅且如实传至三方协商的决策层面，进而为国家相关政策的制定提供依据并得到国家立法的支持和保护。需要指出的是，增强基层工会的代表性，固然有赖于基层工会的自身努力，但更重要的还有赖于上级工会的鼎力扶持以及来自工会自身改革的支持力度。

3．经营者组织

我国劳动关系三方协商机制建立之初，国家层面代表经营者的组织是中国企业联合会/中国企业家协会。该组织成立于计划经济时期,当时的企业均为国有企业,这就意味着中国企业联合会/中国企业家协会代表的主要是国有企业。随着市场经济体制的发育和企业类型日趋多元化,单一的雇主组织已不能充分代表企业的利益,2011年7月召开的国家协调劳动关系三方会议第十六次会议决议增加中华全国工商业联合会为成员单位,与中国企业联合会/中国企业家协会共同作为企业方代表。实践中,许多地方也对参与的经营者组织进行变通,实行了三方四家(或五家、六家)的协调机制,将当地工商联、个体私营协会、外企协会等组织纳入其中,共同作为企业方代表。

因此,就经营者组织而言,现阶段面临的首要任务,是应对企业所有制类型的多元化趋势和工会的组建格局,着力推进各种不同类型经营者组织的组建工作,最大限度地将各类企业尤其是外资和个私企业广泛吸纳到组织中,并通过经营者组织的自身整合、内部协调和职能转变,以增强经营者群体的认同感和凝聚力。经营者组织的健全与完善,将约束企业经营者或雇主的行为使其更趋理智;在产业或区域内发生一些较大规模的争议时,经营者组织的积极介入有助于争议得到理性解决。相反,如果经营者组织形同虚设或缺位,可能导致企业经营者或雇主在日常复杂的劳动关系事务中各行其是,从而助长劳动争议的无序状态。

(三) 原则

1. 主体独立

三方协商机制实质上是政府与劳动关系双方的代表组织结成的一种以社会伙伴关系为纽带、以共同利益为基础、以劳动关系调整为目标的社会对话机制。主体独立是指参与协商的三方代表——政府、雇主组织和工人组织其地位是独立的,代表不同的利益主体。各方都有独立的发言权和表决权,不受其他方的制约。这种独立性为三方充分行使各自权利奠定了重要基础。

2. 权利平等

权利平等是三方平等协商的基础和条件,也是三方协商机制的重要特征。在涉及劳动关系重大问题的协商过程中,由于各方代表的利益主体不同,各方的要求和目的会有很大的差距。缩短这种差距,达到各方都能接受的方案,必须充分行使各方的权利,而且这种权利必须是平等的,任何一方都不能凌驾于它方之上,单方无权对它方发号施令。这种特征能在协商中充分保护弱者的地位。

3. 民主议事

民主议事是三方协商机制的重要特征。只有在协商过程中充分发扬民主,充分听取各方、甚至每位代表的意见,才能形成比较科学和可行的方案和意见。

4. 充分合作

三方协商机制的目的就是在民主协商的基础上达成共识,因此,在协商过程中三方要充分合作,即达到在协商基础上的合作,并且通过友好协商,互解互谅,达成共识,取得各方都能接受的方案。

5. 定期协商

三方协商机制需要协商的事务都是涉及劳动关系中的重大问题,而且三方协商机制大多是一种议事制度,因此,一般都采取定期协商的方式,如每季度召开一次协商会议,或每半年召开一次协商会议等等。

(四) 模式

从世界范围看,由于各国经济、社会、政治条件和历史传统的不同,三方协商机制呈现出不同的模式。从参与的主体来看,可以分为三方的形态和三方以上多主体参与的形态;从政府介入的程度和方式来看,可以分为政府直接参与模式和间接参与的模式;从三方协商的方式来看,可以分为信息交流、咨询和协商共决等多种方式;从三方协商的层级来看,可以分为国家、地方、社会区域以及产业等多个不同层级。

二、三方协商机制的发展与特征

(一) 三方协商机制的发展

1. 国际劳动立法运动的兴起是三方协商机制产生的直接动因

三方协商机制发端于 19 世纪末,至 20 世纪 20 年代初步形成为一种制度。19 世纪下半叶,劳动立法作为国际工人运动共同的行动纲领,不仅得到了各国工人的响应,而且得到了一些党派和社会活动家的关注。他们主张,为保证社会及劳资关系的稳定,应对工人的合理要求给予理解和同情,并通过劳动立法适度限制雇主剥削工人行径的为所欲为。这些主张后被法国、德国和瑞士等国家的议会和政府所接受,并在 1890 年举行了由这些国家的政府派代表参加的第一次讨论劳动事务的国际会议。1898 年 8 月,在瑞士工人联合会的倡导下,13 个国家的工人组织的代表在苏黎世举行了劳动保护的首届国际代表会议。1901 年,由工人组织、学者和一些国家的政府代表在瑞士成立了国际劳动立法协会。这是一个非官方的具有三方协商色彩的关于劳动事务的国际机构。第一次世界大战爆发后,这一组织解体。但这个协会在组织构成及通过国际劳动公约的程序等方面提供了经验,并为后来的国际劳工组织所继承。

第一次世界大战结束后,经巴黎和会讨论通过,拟定了有关劳动问题的 9 项原则宣言和国际劳工组织章程草案,并作为凡尔赛合约的第 13 部分,即所谓《国际劳动宪章》。国际劳工组织据此于当年成立。国际劳工组织先是作为国际联盟的一个自治的附属机构,第二次世界大战后又成为联合国的一个专门机构。这个组织是一个政府间的国际组织,但在组织原则上又有其独特之处,即体现政、劳、资三方性的体制和三方协商的议事规则。这种体制和规则,保证了会员国的政府代表、雇主代表和工人代表都有权参加该组织有关劳动关系的重大事务的讨论和决定。国际劳工组织的成立和活动,确立了劳动关系事务和劳动立法的三方性原则,这一原则逐步被世界各国所接受,并作为处理本国劳动关系事务和劳动立法的原则。

2. 市场经济和社会政治的发展为三方协商机制的运作提供了条件

一方面,市场经济以及与之相伴随的现代化大工业的充分发展,使劳动关系成为最主要的社会经济利益关系。一些工业化市场经济国家的历史表明,在资本主义经济和工业化进程快速发展阶段,社会分配领域中的贫富差距日益拉大,劳动关系双方的矛盾不断激化,劳资冲突接连不断,社会关系日趋紧张。如何化解矛盾,摆脱困境,就成为各国政府不能回避的挑战。而建立劳动关系三方协商机制,由政府、雇主和工会就共同关心的问题进行平等协商、谈判和信息交流,以促进社会公正和劳工权益的发展,就成为各工业化国家竞相选择和摆脱困境的一条出路。二战之后,社会伙伴和三方协商的理念逐步被西方各国所接受,并广泛应用于劳动关系的各个领域,逐步成为一种制度化、法律化的社会行为规则。

另一方面,民主政治的发展使三方协商机制的建立成为可能。在资本主义社会早期发展阶段,虽然也存在着不同的利益主体,但他们之间的政治地位和权利是不平等的,居于强势地位的资本家利益集团,可以凭借国家权力以及他们对国家权力的影响力来残酷剥削和压榨被统治阶级,被统治阶级只能通过非制度的各种自发反抗的诉求方式进行利益表达,根本不存在协商的政治条件。工人阶级的长期反抗及由此带来的社会矛盾冲突,迫使资产阶级政府不能不为缓和日趋尖锐的劳资对立和社会冲突,寻找一种和平的方式,于是劳动立法、民主政治的推进和社会对话就成为必然选择,这就为劳动关系三方协商机制的建立提供了条件。实践表明,通过三方协商和社会对话,能够使各方利益群体的利益得以表达,并能够就各方共同关心的经济、社会、政治问题交换意见、沟通交流、协商谈判,同时通过各方参与来化解争端和解决争议,使各方群体的利益得到公平体现。

(二) 三方协商机制的特征

三方协商机制实质上是政府与劳动关系双方的代表组织结成的一种以社会伙伴关系为纽带、以共同利益为基础、以劳动关系调整遵循公平、公正原则为目标的社会对话机制,因此,三方协商机制至少有三个显著特点:

(1) 它的运作空间或适用范围主要在劳动关系领域。在这个领域中,三方协商机制的着力点绝非拘泥于企业层面的劳动关系具体事务,而主要是在产业和广阔的社会层面为规范劳动力市场及劳动关系变化,确立并实施相关的社会政策、宏观调控措施和法律制度保障。

(2) 它体现出政府决策和社会参与之间的有机结合。通过这种结合,将有助于使国家的法律和政策主张能够最大限度地容纳劳动关系双方的利益诉求。从这个意义上讲，通过三方协商形成的国家与社会间的对话机制，无疑是我国社会主义政治文明建设进程中的一个亮点。

（3）它的运作过程始终以三方平等协商为基本原则，该原则要义具体体现为：恪守法律、相互尊重、民主议事、求同存异、合作共事、共谋发展。

三、三方协商机制的职能

三方协商机制所承担的协商职能十分丰富，几乎所有与三方相关的经济和社会议题都可以涉及。但是一般来说，三方关注的焦点大多是与劳动关系密切相关的宏观经济和社会政策方面的重大议题，反映的是各方参与者就经济和社会政策问题所达成的共识。1960年，在国际劳动组织通过的《公共当局、雇主组织和工人组织之间在产业和国家一级协商与合作的建议书》中，就有关三方协商机制应涉及的主要内容提出过建议，我国《工会法》对我国三方协商机制的职能也有具体的规定，其中第三十四条第二款规定三方协商机制要"共同研究解决劳动关系方面的重大问题"。依照法律规定和一些地方性三方协商机制运作的初步经验，2001年国家级协调劳动关系三方会议制度建立暨第一次会议明确提出，三方会议的主要任务是加强三方的友好合作，共同就涉及全国劳动关系的重大问题进行平等协商，并提出意见和建议。具体来说，包括以下三个方面：

（一）促进劳动关系各方间的协商与合作

主要是定期通报和交流各自在协调劳动关系中的情况和问题，研究和分析全国劳动关系的基本状况以及发展趋势，并对一些涉及劳动关系方面带有全局性、倾向性的重大问题进行沟通协商，形成共识。

（二）促进劳动立法和劳动法律制度体系的建立与实施

主要是对有关涉及调整劳动关系的法律、法规、规章和政策的制定、完善、实施和监督提出意见和建议，通过三方参与，使其更趋合理和完善；或汇聚三方共识，形成文件，通过三方会签的形式下发，起到规范劳动关系的作用。

（三）促进经济社会协调发展

通过研究分析经济体制改革政策和经济社会发展规划对劳动关系的影响，并提出各自的政策意见和建议；对跨地区或在全国具有重大影响的集体劳动争议或群体性事件进行调查研究，并提出解决的意见和建议；对地方建立的三方协调机制及企业开展的平等协商与签订集体合同等协调劳动关系的工作进行指导和协调；指导各地方的劳动争议处理工作，总结推广典型经验，等等。

第二节 我国劳动关系三方协商机制的理论基础

一、中国特色社会主义理论体系

党的十八大报告明确提出建设中国特色社会主义"五位一体"的总体布局。建设中国特色社会主义的总体布局从"三位一体"、"四位一体"扩展为经济、政治、文化、社会、生态建设的"五位一体",总体布局更加完善,党对中国特色社会主义建设的规律从认识到实践都达到新的水平。

早在1986年,党的十二届六中全会首次提出以经济建设为中心、坚定不移地进行经济体制改革,坚定不移地进行政治体制改革、坚定不移地加强精神文明建设的总体布局,这一"三位一体"总体布局从党的十三大一直延续到十六大。党的十六届六中全会提出构建社会主义和谐社会的重大任务,总体布局拓展为"四位一体",增加了社会建设。党的十八大提出生态文明建设,总体布局又拓展为"五位一体"。

"五位一体"中,经济建设、政治建设、文化建设、社会建设和生态建设这五大要素,互为条件、相互促进,又分别对应着公民的经济、政治、社会、文化、生态五大权益,其根本目的,就是为了更好地实现、发展和维护广大人民群众的利益。

职工群体是人民群众的重要组成部分,其各项权益的实现对于建设中国特色社会主义事业意义深远。随着经济社会的发展,职工群体的物质生活方面的需求不断增长,经济权利意识增强,职工群体往往通过各种途径,甚至不惜通过停工、集会等集体行动维护自身经济权益。与此同时,职工群体其他更高层次的需求包括政治、文化、社会、生态等方面的权益需求也在增长。在政治权益方面,职工群体的权利意识不断增强,希望自己的知情权、参与权、选择权、监督权得到充分尊重,要求行使更多民主权利;在社会权益方面,职工群体已不满足一些简单的、不完善的公共服务,而是要求获得较好的社会服务和社会保障;而近些年,职工的生态权益意识也在迅速增长,许多由生态权益受损而引发的群体性事件中,都有职工群众的参与。在变化了的环境面前,如何通过有效的制度安排,确保职工群体经济利益、政治利益、文化利益、社会权益、生态利益的逐步实现,是执政党和政府迫切需要解决的问题。三方协商机制的建立和有效运行,有助于劳动者需求的及时表达和落实,有助于维护、实现、并发展职工群体的各项权益,有助于提升相关政策的民主化、科学化水平,从源头上维护职工群体的各项权益。

二、和谐劳动关系与和谐社会理论

在我国,劳动关系三方协商机制的建立,是适应社会主义市场经济条件下劳动关系的发展和变化而提上日程的。在市场化改革过程中,劳动关系发展变化最突出的方面集中表现在:劳动关系主体明晰化,劳动关系的类型多样化、复杂化,劳动关系中的各种矛盾显现化,同时,劳动关系所覆盖的从业人员和社会领域不断扩大。因此,劳动关系成为反映我国社会利益关系的基本方面,成为影响我国经济社会发展的重要因素。

整体上看,劳动关系的调整需要从微观和宏观两个层面入手。在微观层面尤其在企业,劳动关系的有效调整,主要依靠法律以及劳动合同和集体合同等一系列相关法律规范,并通过劳动者、工会、经营者的共同努力与合作得以实现。而在宏观层面,劳动关系的有效调整,则还需要国家通过立法、积极的社会政策,并通过与劳动关系双方的代表组织之间的通力合作,即通过劳动关系三方协商机制加以积极引导。可见,上述两个方面互为条件,相辅相成,缺一不可。也就是说,劳动关系三方协商机制,是适应基层企事业劳动关系调整的客观要求而建立的。

劳动关系三方协商机制的建立、运作和发展是以构建和谐劳动关系的理论为基础的。和谐劳动关系的理论不仅是建立三方协商机制的着眼点,也是推进其发展的指导思想和任务目标。在我国社会主义市场经济条件下,和谐劳动关系的基本要义是强调:劳动关系双方的权利义务关系,应当遵循国家的法律并通过相关法律制度加以规范和调整;劳动关系双方的矛盾和分歧,更多的是采取人民内部矛盾的方式加以调处,并以确保社会的稳定为前提;劳动关系双方的正当利益需求,主要应通过协商、互利、公平与公正的交涉方式得以实现;劳动关系协调与稳定地可持续发展,应以劳动者在社会物质财富创造中的主体地位和积极性与创造性的发挥为基本动力,等等。和谐劳动关系的上述理论,无疑是指导三方协商机制实际的重要立论。

不仅如此,以和谐劳动关系作为三方协商机制的理论基础,也顺应了当今国际社会主张劳动关系由对立走向缓和与合作的主流趋势。劳动关系双方的矛盾,不应再被当作单方受益的游戏,而应被当作一种双方共赢的游戏。随着人类社会的发展,劳动关系已进入知识经济时代,知识的重要性逐渐显现出来。知识经济时代最重要的标志之一,就是对广大劳动者的智力投入,以此焕发出劳动者的智慧和创造力,从而通过劳动关系的和谐发展带来经济社会的繁荣。

社会和谐是中国特色社会主义的本质特征,也是我国劳动关系三方协商机制始终围绕的发展目标。一方面,社会和谐的理论指导三方协商机制的发展提供正确的方向,社会和谐的形成为三方协商的有效运行营造良好的外部条件;另一方面,在和谐社会理论的指导和引领下,劳动关系三方协商机制的有效运行,反过来又能够为构建和谐社会注入活力。因此说,构建和谐社会和推进三方协商机制互为条件,相辅相成。

现实中,构建社会主义和谐社会所面临的任务仍十分艰巨,许多社会突出问题和矛盾集中反映在劳动关系领域,因此加大对劳动关系的协调力度,不断化解和消除劳动关系中存在的各种矛盾和纠纷,维护劳动者合法权益,实现社会的公平、公正以及劳动关系运作的和谐顺畅,就成为三方协商机制的基本任务。而三方协商机制要肩负起这一历史责任,发挥其在社会宏观领域中的协调劳动关系的重要作用,就必须以和谐社会的理论为指导,按照构建和谐社会的目标要求,进一步明确自身的定位,健全完善组织机构,形成能够符合和贴近劳动关系不断变化的客观实际,从而以更加有效的活动方式积极引导劳动关系健康有序地发展,使和谐劳动关系成为构建和谐社会的一个坚实基础。

第三节　我国劳动关系三方协商机制的建立和发展

一、我国三方协商机制的建立和发展

(一) 我国三方协商机制的建立和发展

1990 年 9 月 7 日,全国人大常委会批准了国际劳动组织第 144 号公约,即1976 年国际劳动组织通过的《三方协商促进履行国际劳动标准公约》,表明我国向国际社会做出在劳动关系调整中实施三方协商机制的承诺。

2001 年 8 月,国家级的协调劳动关系三方会议制度正式建立。劳动和社会保障部、中华全国总工会、中国企业联合会/中国企业家协会三方,在北京召开了国家协调劳动关系三方第一次会议,通过了《国家协调劳动关系三方会议制度》,这标志着我国国家级三方会议制度的建立。

2001 年 10 月 27 日,第九届全国人大常务委员会第二十四次会议通过修改的《中华人民共和国工会法》,首次在法律中明确规定建立劳动关系三方协商机制。该法第三十四条第二款规定:"各级人民政府劳动行政部门应当会同同级工会和企业方面代表,建立劳动关系三方协商机制,共同研究解决劳动关系方面的重大问题。"

目前,全国省、市、县三级普遍建立了三方协商机制,并已经向乡镇、街道和各类工业园区延伸。

(二) 我国三方协商机制的组织形式和运行方式

在国家层面,劳动关系三方会议由劳动和社会保障部、中华全国总工会、中国企业联合会/中国企业家协会和中华全国工商业联合会三方组成。劳动和社会保障部、中华全国总工会、中国企业联合会/中国企业家协会、中华全国工商业联合会各出一个领导担任执行主席。同时各方派出代表参加定期召开的三方会议。地方层面的三方协商机制的组成也大体相同。每次协商会议的议题,大多由各方协商确定,其中一些议题根据需要还可请政府或其他有关部门以及相关研究机构的人员参加。三方协商会议或委员会一般下设办公室,负责日常事务联络工作。

在我国,目前三方协商机制的运作大多采取会议制度的形式。此种会议制度的主要特点是:定期会议、议题明确、充分协商、面向实际。2001 年 8 月,国家级三方协商第一次会议规定,三方会议原则上每季度召开一次,如有需要,也可临时召开会议。2004 年 4 月,国家级三方协商第六次会议根据工作的实际需要,将会议制度修订为三方会议原则上每四个月召开一次。如有需要,可临时召开会议。后来,实际上形成每半年一次的会议制度。

通常,三方协商会议的例会轮流在三方各自选定的地点召开。在每次召开会议两周之前,各方须向三方会议的办公室提出书面议题,由办公室商各方确定后并报告会议主席和副主席。临时会议的召开,其时间、地点、议题等,也由提议方提交办公室,并同时与另外两方协商确定。会议的召开,由三方协商会议的执行主席主持。每次召开三方协商会议,三方代表充分协商交流,并指定专人记录形成会议纪要。根据议题的重要程度,可将会议纪要上报或下发。

二、工会与政府联席会议制度是我国三方协商机制的有益补充和创新发展

(一) 工会与政府联席会议制度的建立

1984 年 10 月,中共十二届三中全会通过了《中共中央关于经济体制改革的决定》,标志着我国的经济体制改革从此进入了以城市为重点的阶段,即进入了以国有企业改革为重点的阶段。国企改革涉及到职工利益的方方面面,给新时期的工会工作提出了挑战。在这样的背景下,以陕西和福建为代表的省级工会组织,率先探索了工会与政府联席会议制度。

1988 年 8 月,在中共陕西省委的支持下,陕西省政府和省总工会联席会议制度宣布建立。1988 年 12 月 20 日,陕西省人民政府与陕西省总工会在省总工会机关会议室召开了第一次联席会议。福建的工会与政府联席会议制度的建立几乎也是同步进行的。1989 年年初,在时任福建省长王兆国的倡导和支持下,省政府与省总工会召开了首次联席会议(时称"协商对话会议")。同年 12 月,福建省政府与省总工会召开了第二次会议,会议名称正式确定为联席会议。1991 年,福建省政府办公厅下发了《福建省人民政府办公厅、省总工会关于建立政府与工会联席会议

制度的通知》，标志着省级联席会议制度的建立。习近平同志在福建省担任省长时，将省政府与省总工会的联席会议确定为省政府三大联席会议制度之一（政府同人大、政协、工会）。

　　党中央和国务院对于工会与政府联席会议制度明确表示了支持的态度。早在1985年，党中央和国务院就曾经提出，各级工会应参加同级政府涉及职工利益的重大方针政策和改革措施的讨论和决策。1989年7月，江泽民召集了出席全国总工会第十一届三次主席团扩大会议的部分同志座谈。会上，江总书记指出，"联席会议是工会参政议政的好形式，是有组织有纪律有领导的民主渠道。"同年12月，中共中央[1989]12号文件《关于加强和改善党对工会、共青团、妇联工作领导的通知》提出"省、自治区、直辖市以及大中城市的人民政府，可以定期、不定期地通过与同级工会召开座谈会或联席会议等形式，通报政府的一些政策、法规及重要工作部署，研究解决工会反映职工群众的一些问题。"中央以文件形式肯定和确认了联席会议制度。

（二）工会与政府联席会议制度的发展

　　过去20年，工会与政府联席会议制度取得了大发展，一方面是在全国范围内的"普遍开花"；另一方面，各地根据自己的独特发展阶段和面临挑战，针对不同议题做出不同的深入探索。在陕西和福建之后，全国大多数的省和直辖市，根据《工会法》和《省（直辖市）工会条例》的相关规定，出台了工会与政府联席会议制度的相关政策。

　　1994年1月，陕西省人大常委会通过地方立法，对县以上各级人民政府与同级工会建立联席会议制度做出法律规定（《陕西省实施〈工会法〉办法》），标志着陕西省政府和省总工会联席会议作为协商民主的一种制度正式确立下来。陕西省的工会与政府联席会议制度不仅长期坚持下来，而且对于联席会议的议题进行了性质的划分。以2000年5月陕西省政府和省总工会第十二次联席会议为例，当时会议议题大体上分为两类，一是围绕改革开放和现代化建设的中心任务，共商深化企业改革、开展群众性经济技术活动、加强职工民主管理、改进职工思想政治工作等事项；二是研究解决有关劳动就业、工资分配、社会保障、生活福利等职工普遍关心的切身利益问题，包括涉及工会组织合法权益的具体问题。各项议题有："关于在国有企业破产兼并中切实维护职工合法权益的建议"、"关于依法建立和规范公司制企业职工董事、职工监事制度的意见"、"关于政府及有关部门进一步做好新建企业工会组建工作的建议"、"关于进一步实施'送温暖工程'的建议"、"关于加强依法收缴工会经费的建议"、"关于在全省地市县建立和完善政府与工会联席会议制度的建议"。总结发现，在前11次联席会议讨论的50个议题中，除6个议题因条件限制或其他原因没有达成一致意见外，44个议题都商定了解决办法，并在实际工作中逐步得到了落实。

1995 年，福建省政府办公厅下发了《关于实行政府与工会联席会议制度的通知》，要求在全省范围市、县两级全面推行联席会议制度。截至目前，全省 9 个设区市、83 个县(市、区)和平潭综合实验区已经全部建立政府与工会联席会议制度，并做到精选议题、实时召开。部分县(市、区)还积极探索创新，逐步将联席会议制度向乡镇一级延伸。联席会议已经从依赖领导重视的传统运作模式，逐渐形成"按制度办事、按规范运作"的常态机制。

各地在召开首次工会与政府联席会议以及将其制度化方面时有创新。2000 年 12 月，北京市政府与市总工会首次召开联席会议，决定在市、区两级政府建立与同级工会的联席会议制，并将这种工会参政议政的民主机制在全市推开；2002 年 5 月，湖北省人民政府印发《关于县级以上地方人民政府与本级总工会建立联席会议制度的若干规定》的通知，并规定了联席会议的内容和确定的事项应形成会议纪要。该纪要经决定召开会议的政府审定后，以该级政府会议纪要的形式正式下发；2003 年 4 月，安徽省人民政府下发了《关于建立市、县人民政府与同级工会联席会议制度的通知》，规定市、县政府办公室对联席会议确定的事项要形成纪要，并会同工会方面共同检查督促落实。此外，参加人员除了政府有关负责人和同级工会负责人之外，根据会议的具体内容，可以安排有关部门和人员出席或列席。必要时，可邀请部分职工代表、劳动模范、基层工会干部、新闻记者旁听，会后发布新闻。

截至 2012 年年底，全国共 30 个省(区、市)建立工会与同级政府联席会议制度，23 个省(区、市)的地(市)一级全部建立联席会议制度。各级工会围绕构建"规范有序、公正合理、互利共赢、和谐稳定"的和谐劳动关系目标，积极推进工会与同级政府联席会议制度建设，推动健全完善协调劳动关系三方机制。

（三）工会与政府联席会议制度在和谐社会建设中的作用

工会与政府联席会议制度，有助于推进政府决策民主化和科学化。各级工会以及工会所代表的广大职工是社会主义事业的建设者和参与者。工会代表在联席会议上针对各项议题的建言献策，既可以促进政府在决策过程中不犯或少犯错误，也有助于政府决策兼顾到广大职工的利益，从而有助于决策的科学化和合理化。因此说，联席会议制度密切了政府与职工群众的沟通和联系，增强了政府工作的群众基础，是对社会主义民主政治建设的积极探索。

工会与政府联席会议制度，有利于工会更好地充当桥梁与纽带的作用。联席会议制度是新形势下工会工作的创新。工会是党和政府联系职工群众的桥梁和纽带。联席会议制度为地方工会发挥参政议政作用找到一个基本的形式和渠道。工会既可以提出新的政策建议，又可以针对不合理的政策提出修改意见，参政议政作用的加强有利于工会自身职能定位的清晰化，从而更好地做好"桥梁和纽带"。

工会与政府联席会议制度,本质上是更好地服务于广大职工的合法权益,从而促进了和谐社会的实现。联席会议制度是一个很好的平台,这个平台推动政府和工会平等地共同面对职工群众的要求,实事求是地协调和处理涉及职工具体利益的普遍性问题,维护职工合法权益,增强广大职工通过正常渠道反映和解决问题的信心,促进职工队伍和社会稳定,对社会和谐稳定做出了积极的贡献。

三、三方协商机制在和谐劳动关系与和谐社会建设中的作用

(一) 我国三方协商机制在和谐劳动关系建设中的作用

三方协商机制的基本目标是促进劳动关系的和谐发展,也是其发挥作用的基本着力点。从我国经济社会的现实来讲,卓有成效的三方协商机制,能够通过协调劳动关系,促进整个社会经济利益关系的良性治理;从我国经济社会的发展来讲,卓有成效的三方协商机制,能够通过协调劳动关系,形成对经济改革与构建社会和谐的推动力量。

在当代社会中,三方协商机制有着独特的作用和影响。这种作用和影响表现在,它所涵盖的与劳动关系领域相关的议题,诸如劳动立法、促进就业、工作条件、劳动报酬、劳动标准、职业培训、社会保障、劳动争议处理等,几乎无一不是市场经济条件下社会经济关系领域中的重大问题。这些问题的处理是否得当,既关系到经济的发展、改革的深入,也关系到社会的稳定,因而成为衡量政府是否具有良好的综合治理能力的关键指标。尤其是当面对劳动关系领域内可能发生的规模较大或社会影响波及面广的突发事件,三方协商机制能否起到有效缓冲矛盾纷争的应急作用,以确保社会经济秩序乃至政局的稳定,这将成为检验三方协商机制作用实效的一个重要标志。从某种意义上说,三方协商机制存在的价值和魅力,并非体现在劳动关系处于平稳与和谐发展的阶段,而恰恰是在发生重大劳资纷争和社会冲突的危难关头。在三方协商机制起步发展阶段,未雨绸缪,以超前眼光应对劳动关系行为可能给社会经济和公共秩序带来的负面影响乃至可能造成的动荡或损失,以尽快建立起行之有效的调控和应急机制,将是三方协商机制建设面临的一项紧迫任务。因此,通过三方协商机制,使政府、工会、经营者组织通过相互沟通、平等协商、求同存异、通力合作,是应对和解决劳动关系不断遇到的新情况、新问题,进而实现我国经济社会平稳健康发展的有效途径。

(二) 我国三方协商机制在和谐社会建设中的作用

三方协商机制的独特的作用和影响还体现在,我们能够通过三方协商机制去寻找出当代社会所面临的关键性挑战,实现对社会变革的控制和把握,探寻现代化的发展取向。现代化是一个在竞争环境下不断发展和创新的复杂过程,这一过程既存在机遇,也面临挑战。在把握机遇和应对现代化所带来的严峻挑战方面,三方

协商机制能够发挥独特作用,能够在经济全球化和劳动关系复杂多变的情况下,通过三方的积极参与和良好的社会伙伴关系,促进社会的和谐,化解社会的风险,实现社会的平稳发展。

(三) 发挥工会在三方协商机制中应有作用

在三方协商机制中,工会就与职工群体密切相关的议题与政府和雇主组织进行协商,这些议题包括经济与社会政策、产业政策、劳动与工会立法、就业政策、劳动合同制度、平等协商和集体合同制度、劳动标准、劳动安全卫生、社会保险、重大劳动争议与突发事件的处理、劳动法律监督检查等。工会参与劳动关系三方协商机制,其作用主要体现在:第一,在宏观层面,代表职工参与国家事务管理和劳动政策制定。通过三方协商机制的平台,工会向决策者反映职工群体的诉求,这有助于提升劳动政策的科学性;同时,工会参与三方协商机制,也是职工群体参与国家事务管理、实现民主权利的体现,这有助于提升劳动政策的民主性。第二,代表并维护职工群体的合法权益,协调劳动关系。劳动关系三方协商机制是协调劳动关系的重要平台。工会参与三方协商机制,旨在通过代表并维护职工群体的合法权益,以实现协调劳动关系的目的。我国目前劳资冲突事件的发生,绝大多数是由于职工群体的利益受到侵害,因此,借助三方协商机制的平台,更好维护职工群体的利益,是工会义不容辞的责任。因此,工会应该更加积极地参与到三方协商机制中,不应拘泥于一般性的情况沟通、信息交流或会议发文的活动方式,而应力争展开更加务实的专项工作,同时会同其他两方,积极探讨其同地方劳动争议仲裁委员会和人民法院在处理不同类型劳动争议方面的职责分工、优势互补和一体化的新型模式。

回顾 10 多年来我国三方协商机制的发展历程,实践证明其作用和影响力已经开始对我国经济社会的发展乃至对我国的现代化进程产生积极效果。这就需要我们面对劳动关系不断发展变化的实际,不断总结经验,进一步增强三方协商机制的实效性,使其在社会主义市场经济条件下臻于完善。

思考题

1. 如何理解三方机制在创建和谐劳动关系和促进社会和谐中的作用?
2. 如何看待工会与政府联席会议制度?

本章参考文献

[1] 中国共产党第十八届中央委员会第三次全体会议公报[EB/OL]. http://

news. xinhuanet. com/house/hk/2013-11-13/c_118121862. ht,2014-03-01.

[2] 中共中央关于全面深化改革若干重大问题的决定[EB/OL]. http://www. sn. xinhuanet. com/2013-11/16/c_118166672. htm,2014-03-01.

[3] 习近平同中华全国总工会新一届领导班子进行的集体谈话[EB/OL]. http:// news. xinhuanet. com/politics/2013-10/23/c_117844453. htm,2014-04-01.

[4] 李克强在工会十六大关于经济形势报告[EB/OL]. http://www. gov. cn/ ldhd/2013-11/04/content_2525806. htm,2014-04-01.

[5] 中国工会十六大报告[EB/OL]. http://www. workercn. cn/16da/.

后　　记

　　中国劳动关系学院是我国工会与劳动关系研究的重要阵地,将公共管理的基础理论与工会、劳动关系领域相结合是我的夙愿,自 20 世纪 90 年代以来我一直从事劳动行政领域的研究。自 2007 年起,顺应我国劳动政策的快速发展进程,由我牵头、多位老师参与,开始为本系行政管理、劳动与社会保障专业的本科生开设《劳动政策》课程。教学过程中,由于现有市场上系统的劳动政策教材还比较缺乏,我们的授课讲义由老师们自己编写。这些讲义经历了授课实践的磨砺,日臻完善。

　　为使更多学生、劳动政策研究者全面系统地了解劳动政策的基础理论,我们决定将多年的授课讲义修改完善,加以出版。本书旨在帮助劳动政策的初学者领会劳动政策的基础框架,了解劳动政策的基本理论和研究领域,掌握劳动政策的主体理论和方法,理清劳动政策过程的发展脉络,实现对现实劳动问题的理性观察与认识。

　　本书由我和李杏果老师一起提出写作大纲和写作要求,本系多位老师参与教材的写作。具体分工是:前言由赵祖平、李杏果、郭振家撰写,第一章由赵祖平、杨洪晓、王永茂撰写,第二章由李杏果撰写,第三章由胡晓东撰写,第四章由张善柱撰写,第五章由王祎、刘秀琼撰写,第六章由崔钰雪撰写,第七章由颜少君、郭鹏、池振合、张燕、吕茵撰写,第八章由杨思斌、刘泰洪撰写,第九章由赵祖平、李杏果、郭振家撰写。我撰写后记,统筹定稿。

　　本书能最终完成,离不开多方面的鼓励和支持。首先要感谢学院及系领导对教材写作的关心和支持;其次,要感谢参与本书的各位老师在写作中所付出的辛劳;最后,要感谢参考文献中所引用到的诸位作者,是他们的作品给予我们进一步思考和创作的空间。

　　劳动政策研究是一个不断发展的过程。由于编者的水平有限,书中舛误难免,敬请读者不吝批评指正。

赵祖平

2014 年 5 月于北京